표적집단을 위한
긍정적 행동지원

-문제행동의 조기 예방과 대응을 위한 표적집단 중재-

Laura A. Riffel · Melinda Mitchiner 공저
박지연 · 김예리 공역

학지사

"호미로 막을 것을 가래로 막는다."라는 우리나라 속담이 있습니다. 지금은 조금만 애쓰면 해결할 수 있는 일이지만 기회를 놓치면 큰 수고를 들여야 한다는 의미입니다. 같은 의미를 가진 "A stitch in time saves nine."이라는 영어 속담도 있는 것을 보면, 문제를 빨리 발견하여 조치를 취해야 이후의 고생을 덜 수 있음에도 불구하고 많은 사람이 시기를 놓쳐 결국은 가래를 쓰거나 아홉 번의 바느질을 하는 것이 동서양의 보편적인 문제인 것 같습니다. 이 책은 문제행동이 최고조에 달하기 전에 호미로 막는 방법 또는 한 땀의 바느질로 꿰매는 방법인 '표적집단 중재'에 대한 것입니다.

표적집단(targeted group)은 학교나 학급의 모든 학생에게 제공되는 일반적인 행동지원으로는 행동이 개선되지 않는 학생들을 일컫는 용어입니다. 교육현장에서 사용되는 용어 중에서는 '관심군'이 가장 유사한 의미를 갖는다고 생각됩니다. 이 책의 저자인 Riffel 박사와 Mitchiner 박사는 오랜 기간에 걸쳐 심각한 문제행동을 보이는 학생들에게 행동지원을 실시하고 이 학생들과 함께 일하는 성인들에게 연수를 제공해 왔으며, 1저자인 Riffel 박사는 2011년에 심각한 문제행동을 보이는 학생, 즉 레드 존(red zone) 학생을 위한 개별 중재를 다룬 책을 출판한 바 있습니다(국내에서는 『개별 학생을 위한 긍정적 행동지원: 심각한 문제행동을 보이는 학생을 위한 개별 중재』라는 제목으로 번역되어 있습니다). Riffel 박사와 Mitchiner 박사는 개별 중재를 실행하는 과정에서 이렇게 많은 시간, 노력, 인력이 필요한 개별 중재를 해야 할 만큼 문제가 심각해지기 전에 조치를 취할 수 있다면 학생과 부모, 교사 모두가 훨씬 더 행복해질 수 있으리라는 생각에 2015년 옐로 존(yellow zone) 학생들을 위한 이 책을 출간하게 되었습니다. 물론 처음부터 심각한 문제행동을 보이는 학생들도 존재합니다. 그러나 많은 학생은 자신의 문제행동이 효과적으로 원하는 바를 얻게 해 준다는 것을 서서히 학습하면서 더 심각한 문제행동을 보이기 때문에, 문제행동의 강도가 아직 크지 않을 때 이 정도는 별문제 아니라며 안심하는 대신 신속하게 예방과 대응의 노력을 기울여야 합니다. 이러한 노력을 표적집단 중재라고 하며, 이 책은 저자들이 다년간의 경험을 통해 익힌 효과적인 호미 사용법을 알려 주고 있습니다. 일반적으로 대부분의 일반 학교에서는 전교생의 10~15% 정도가 표적집단 중재를 필요로 하기 때문에 이 책은 특수교사뿐 아니라 일반교사들에게도 유익한 정보를 제공해 줄 것입니다.

기상 관측 이래 가장 뜨겁고 길었다는 2018년의 폭염 중에 진행된 번역 작업이었지만 책 곳곳에 제시된 흥미로운 예시와 주옥같은 중재 전략을 가장 적절하게 전달할 수 있는 용어와 표현을 찾느라 잠시나마 더위를 잊을 수 있었습니다. 오랜 기간 국내에서 긍정적 행동지원을 실행하고 연구해 온 역자들로서는 태평양 건너편의 먼 나라에서 같은 일을 해 온 저자들과 책을 통해 교감할 수 있었던 행복한 시간이었습니다. 모쪼록 문제행동의 초기 대처를 고민하는 많은 분에게 이 책이 도움이 되기를 바랍니다. 마지막으로 이 책의 출간을 위해 애써 주신 학지사 김진환 사장님, 박지영 선생님께 감사드리고, 교열 작업을 도와준 이화여자대학교 대학원 특수교육과 백예은 선생님, 임보령 선생님에게도 고마움을 전합니다.

2019년 1월
역자 일동

차례

1장

서론

학교차원의 긍정적 행동중재 및 지원(School-wide Positive Behavioral Interventions and Supports, 이하 SWPBIS)은 학생 지도를 위한 체계다. 이것은 학교가 학생의 문제행동을 감소시키는 동시에 학업성취를 높이게 해 주는 다층적 지원체계다. 충실하게 실행된 SWPBIS는 긍정적인 학교 분위기를 조성하고 학교 내 모든 이의 안전을 강화한다.

SWPBIS에서는 보편적 중재(1차 지원), 표적집단 중재(2차 지원), 개별 중재(3차 지원)의 3개 차원으로 지원이 제공된다(〈표 1-1〉 참조). 보편적 중재에서는 학교의 각 영역을 대표하는 학교차원의 팀이 긍정적으로 서술된 학교차원의 기대행동(behavioral expectations) 3~5가지를 결정한다. 학생들은 이 기대행동을 배운다. 교직원들은 학교차원의 기대행동과 바람직한 행동의 시범을 보이고 학생들이 이를 연습할 기회를 제공한다. 이 행동을 잘 수행한 학생들은 긍정적인 강화를 받는다. 보편적 중재를 위한 지원팀은 지속적인 자료 수집과 자료를 활용한 의사결정을 책임질 뿐 아니라 문제행동에 대한 일련의 후속결과를 개발하는 업무도 맡게 된다. 보편적 중재의 초점은 학교차원의 기대행동 개발이지만, 이 단계에서는 차별화 교수(differentiated instruction)와 같은 학업중재도 효과적이다(Sailor, 2009).

2차 지원은 보편적 중재에 반응하지 않는 학생들을 대상으로 효율적이고 효과적인 표적집단 중재를 제공하는 것이다. 이 중재는 더 심각한 문제행동을 보일 소지가 있는 소수의 학생을 대상으로 한, 보다 강력한 중재이므로 보편적 중재에 비해 더 많은 지원이 필요하다.

2차 지원에도 불구하고 여전히 지원을 필요로 하는 학생들은 3차 지원을 받게 된다. 3차 지원은 가장 심각한 행동문제를 보이는 학생의 문제행동을 예방하고 학생의 문제행동에 반응하는 데 필요한 지원과 중재를 말한다

표 1-1 SWPBIS의 세 가지 차원

구분	내용
보편적 중재	• 공동의 목표하에 학교 내 모든 장소에서 모든 학생에게 동일하게 적용되는 훈육 및 지원 • 교실 및 교실 외 장소에서 정기적으로 지도할 3~5개의 명확하게 서술된 기대행동 • 기대행동 수행에 대한 학교차원의 인정 및 강화 체계 • 문제행동에 대한 대응계획과 후속결과 체계 • 의사결정을 위한 자료 수집과 활용 • 전교생 중 80~90%의 학생에 대한 성공적인 문제행동 예방(보편적 중재가 충실하게 실행되었을 때) • 증거기반의 학급 관리 실제
표적집단 중재	• 학교차원의 기대(expectations)와 일관된 교실의 일과(routines)와 단서(cues) 지도 • 적극적 감독 • 경미하거나 저빈도로 발생하는 행동 실수에 대한 재지도(redirection) • 효과적인 학업 교수와 교육과정 • 표적집단에 대한 명백한 기술 지도 • 적절한 행동에 대한 인정 • 성인의 지원 증가 • 목표행동의 수행에 대한 빈번한 피드백 • 일반화와 유지를 위한 계획
개별 중재	• 학생이 소속된 학교와 그 학교가 소속된 교육구(district)에서 위촉된 행동지원 전문성을 가진 개별 중재팀원들 • 기능기반의 행동지원계획 • 자료에 기반을 둔 팀의 의사결정 • 자기조절방법 지도 • 사회성 기술 지도 • 소그룹 활동의 조정과 개별화된 교수와 교육과정

출처: Everett, Sugai, Fallon, Simonsen, & O'Keeffe (2011).

(Crone, Hawken, & Horner, 2010). 이러한 학생들에게는 학교, 가족, 기관 간 협력을 포함하는 고도로 개별화된 접근이 필수적이다. 개별 중재는 기능평가, 팀 기반의 종합적 진단과 중재, 학업지원과 행동지원의 연계, 개별화된 중재, 개별화된 행동지원계획과 기관 간 협력을 포함한다(Crone & Horner, 2003). 3차 중재는 보통 전교생 중 3~5% 정도의 학생들에게 제공된다.

표적집단 중재에서 개별 중재로 넘어가야 하는 시점

한 학생이 2차 지원에서 3차 지원(즉, 표적집단 중재에서 개별 중재)으로 넘어가는 데 필요한 훈육실 의뢰 횟수나 교실에서의 방해행동 횟수가 정해져 있는 것은 아니다. 이것은 옐로 존(yellow zone)과 레드 존(red zone) 팀이 결정해야 한다. SWPBIS 프로그램에서는 보편적 중재를 위한 그린팀(green team), 표적집단 중재를 위한 옐로팀(yellow team), 강도 높은 개별 중재를 위한 레드팀(red team)을 구성하게 된다. 이 세 팀의 팀원은 중복될 수도 있지만, 각 팀은 자료를 이용하여 각 단계에서 학교가 무엇을 해야 할지에 집중한다. 어떤 교사의 교실에서는 문제아였던 학생이 다른 교사가 담당하는 학급에서는 모범생일 수도 있다. 이는 교실의 구조, 과목의 성격이나 또래 및 교직원과의 특정 관계 등에 의한 것일 수 있다. 팀은 자료에 근거하여 옐로 존 전략이 성공적이지 못하다는 판단을 하게 되고 레드 존 전략의 실행을 결정할 것이다.

표적집단 중재(2차 지원)

지금까지 긍정적 행동지원 분야의 연구들은 주로 1차 지원과 3차 지원에 중점을 두었다. McIntosh, Campbell, Carter와 Dickey(2009)는 보편적 중재에서 제공되는 것 이상의 지원이 필요하지만 개별 중재가 필요할 정도로 문제행동이 심각하지는 않은 10～15%의 학생을 위한 2차 지원이 제대로 연구되지 못하고 있다고 지적했다. 그러나 최근에는 2차 지원 대상 학생들에게 효과적인 증거기반 중재의 탐색에 관심을 두는 연구자들이 많아지고 있다.

2차 지원은 어떤 지원이 마련되어야 하는지를 결정하기 위해 학생들에 대한 보편적 선별을 가능한 한 일찍 실시한다. 표적집단 중재는 또한 학교차원의 보편적 중재 노력에도 불구하고 어려움을 보이는 학생들에 대한 계속적인 진보 점검을 포함한다. 표적집단 중재는 소집단 활동이라든지 소수의 학생 지원을 목표로 하는 특정 중재의 직접 제공 등과 같은 교실에서의 중재도 포함한다. 이에 더하여 2차 지원에서 사용하는 증거기반 교수는 학업지원도 제공한다. 표적집단 중재를 적용함에 따라 교실의 전반적 기능이 향상되며 학생들의 참여가 활발해지고 방해행동이 줄어든다(Crone et al., 2010).

표적집단 중재의 주요 역할은 다음과 같다. ① 구조와 예측성을 증가시킴, ② 학생의 행동에 따르는 성인의 피드백을 증가시킴, ③ 학업과 행동 수행을 연계함, ④ 가정과 학교 간 의사소통을 증진시킴, ⑤ 의사결정을 위해 자료를 수집하고 활용함(Sailor, 2009). 2차 지원은 보편적 중재에서 제공되는 것 이상의 지원을 필요로 하는 약 10～15%의 학생을 위한 것이다(Gresham, 2004).

2차 지원은 보편적 중재에 반응하지 않고 계속 행동상의 어려움을 보이는 학생들을 위한 마법의 '해결책'으로 간주되기도 한다. 안타깝게도 학생의 행동을 마술처럼 변화시킬 요술 지팡이나 마법의 가루는 없다. 그러나 동일한 교육 환경에 몸담고 있는 교직원들이 협력하여 표적집단 중재를 필요로 하는 학생들에게 지원을 제공하는 과정에 참여한다면 마법의 가루를 뿌린 것 같은 일이 일어나곤 한다. 이 장 다음에 나오는 여러 장에 그 마법의 가루가 포함되어 있다.

각 장 내용의 개요를 제시하기 전에 모든 학생에게 효과적인 중재란 존재하지 않음을 언급하고 싶다. 이 책에서 우리는 중재가 실시된 환경에서 성공적이었던 중재를 소개할 것이다. 그 중재들 중 일부는 '체크인 체크아 웃(Check-In/Check-Out, 이하 CICO)'이라고도 불리는 행동교육 프로그램 (Behavior Education Program, 이하 BEP)이나 '확인과 연계(Check & Connect)' 등과 같이 충실하게 실행될 경우 효과가 있음을 지지하는 확고한 연구기반 을 가지고 있다. 어떤 중재는 아직은 증거기반이라고 할 수 없지만 전망이 밝 다. 어떤 중재는 특정 상황에서 효과적이긴 했지만 이를 지지하는 연구기반 이 없다. 이 책에는 이러한 여러 수준의 중재가 포함되어 있는데, 이는 이 중 재들이 2차 지원을 필요로 하는 학생들에게 성공적이었고 미국 내 여러 교사 가 이 중재들을 성공적으로 실행해 왔기 때문이다.

학생들이 처한 상황에 따라 중재에 다르게 반응할 수 있다는 점도 지적하 고 싶다. 예를 들면, 시골의 소규모 학교에서 긍정적 결과를 거둔 중재가 도 시의 대규모 교육구에서 실행되면 다른 반응이 나올 수 있다. 이 책을 읽는 동안 이 점을 유념하기 바란다. 우리는 이 책을 읽는 당신이 보편적 중재 이 상의 지원을 필요로 하는 학생들의 행동성과를 향상시키는 데 유익할 것이라 고 생각되는 모든 요소를 적용해 보기를 권한다.

2장은 학급에서의 규칙, 절차, 일과의 중요성에 초점을 둔다. 이 장에서는 학생의 행동을 긍정적으로 형성할 규칙을 어떻게 만드는지에 대한 지침을 제 공할 것이다. 또한 학급의 일과와 절차를 논의하고 이를 교실에 자리 잡게 하 는 데 도움이 될 예를 제시하려 한다. 다음으로 사전교정(precorrection)과 적 극적 감독(active supervision)을 포함하여 적절한 행동을 격려할 여러 전략에 대해 설명할 것이다. 우리는 또한 일련의 체계를 통해 적절한 행동을 인정해 줄 방법을 논의하고, 마지막으로 부적절한 행동에 반응하기 위한 일련의 전 략을 논의할 것이다.

3장은 학업이나 행동의 어려움을 가진 학생을 지원할 학습 전략에 초점을 둔다. 우리는 이 장에서 교실에서의 보편적 선별, 차별화 교수, 행동 기법뿐 아니라 학업지도 및 행동지도 전략을 소개할 것이다.

4장에서는 소집단을 위한 표적집단 중재를 다룬다. 여기에는 분노관리를 포함한 사회성 기술 집단 프로그램이 포함된다. 이에 더하여 위험군 학생들을 지원하기 위한 숙제 클럽과 특별활동 클럽 등의 방과 후 클럽을 소개할 것이다. 2차 예방 학생들에게 사용할 수 있는 또래교수와 교수적 수정에 대한 정보도 제공할 것이다. 이 장에서는 멘토의 활용도 다루게 된다.

5장에서는 교실에서 적용할 수 있는 개별 학생 중재를 다룬다. 이 장에서 논의할 중재는 또래들에 비해 더 많은 지원을 필요로 하나 포괄적인 기능평가를 필요로 할 정도는 아닌 학생들에게 효과적인 촉진제로 작용한다. 이 장은 개별 학생 차원에서의 일반적 중재를 강조한다. 5장에 포함된 전략에는 학생의 자기조절, 선택기회, 프리맥 원리(강화의 상대성 원리), 근접성 통제, 좌석 배치, 유머, 또래 멘토링, 조직화 기술 등이 있다. 학생의 필요에 따라 이러한 전략은 개별 학생 또는 몇몇 학생에게 유익할 것이다.

6장에서는 계획의 중요성과 문제 발생 시 대처 계획의 필요성을 강조할 것이다. 한마디로 말해서 계획하지 않으면 실패할 수밖에 없다. 이 장에서 우리는 교실을 어떻게 정비해야 할지, 문제행동에 대해 어떤 계획을 세워야 할지, 교사는 어떻게 준비되어야 할지, 학생들이 도착하기 전 교실이 어떻게 준비되어 있어야 할지를 논의할 것이다.

7장에서는 소집단 학생들의 행동 향상을 기록할 행동 평정지를 소개한다. 이 서식은『개별 학생을 위한 긍정적 행동지원: 심각한 문제행동을 보이는 학생을 위한 개별 중재(Positive Behavior Support at the Tertiary Level: Red Zone Strategies)』(Riffel, 2011)에 제시된 바 있지만 2차 예방 전략으로도 유용하다.

8장에서는 CICO라고도 부르는 '행동교육 프로그램'과 '확인과 연계'라는 두 중재를 소개한다. 이 중재들이 2차 지원을 필요로 하는 학생들에게 효과적임을 입증하는 연구가 증가하고 있다. CICO는 교실에서의 문제행동 감소, 훈육실 의뢰 감소, 학생의 학업 참여 증진에 효과적인 표적집단 중재라는 점에서 다층적 지원체계에 잘 맞는다(Crone, Horner, & Hawken, 2004; Hawken & Horner, 2003; March & Horner, 2002). CICO는 이러한 지원을 필요로 하는 집단에 속한 학생들에게 유사한 행동 전략을 적용한다는 점에서 효율적이다. CICO의 목표는 문제행동을 보이는 학생들이 더 큰 문제를 가진 집단에 포함되는 것을 막는 동시에 학업 성공과 사회적 유능함을 성취하도록 지원하는 것이다(Crone et al., 2010).

'확인과 연계'는 학교가 학업중단의 위험을 가진 학생을 판별하고 그 학생의 개별 요구를 다룰 수 있는 멘토를 연결하여 학업을 마칠 수 있도록 지원하기 위해 고안된 중재다. 이 중재는 고등학교 고학년생들에게 적용할 수 있으며 초등학생처럼 어린 학생에게도 적용 가능하다. 이 중재는 중재 대상 학생을 위한 장기적 연계와 책무성을 촉진한다.

교실 배치를 다루는 9장은 풍수설(인간의 존재와 주변 환경의 조화를 다루는 중국의 철학체계)의 원칙에 따라 교실 환경을 조성하는 데 초점을 둔다. 9장에서 우리는 학급 분위기 조성의 중요성을 논의한다. 이 장에서는 교실에서의 생산성, 학습, 창의력을 증진시키기 위한 색의 선택, 사물의 배치와 관련된 아이디어를 공유할 것이다.

10장은 가정에서 학교, 학교에서 집, 주말에서 주중, 주중에서 주말과 같은 주요 전이 시간을 성공적으로 다루는 방법에 중점을 둔다. 대부분의 학생들에게 학교는 구조화와 예측성을 제공해 주는 곳이므로 학교에서 집으로 가거나 집에서 다시 학교로 오는 일은 학생들의 스트레스를 높인다. 이 장에서 우리는 학생들이 이러한 전이를 성공적으로 할 수 있게 도울 건설적인 방법을 제안할 것이다.

11장에서는 교육자로서 학생의 문제행동에 제대로 반응하는 것이 얼마나 중요한지를 역설할 것이다. 우리의 반응을 조절하고 강압적 상호작용(coercive interactions)을 알아채고 이를 예방하며 폭발행동(위기행동)의 주기를 이해함으로써 우리는 문제행동을 보이는 학생에게 효과적으로 개입할 준비를 더 잘하게 된다. 학생의 행동에 능숙하게 반응하는 능력은 교수 기회뿐 아니라 바람직한 행동도 증진시킨다.

12장에서는 행동의 기능에 바탕을 둔 중재의 예시를 소개할 것이다. 교실에서 발생한 특정 행동과 그 행동 이면의 기능에 근거한 중재를 살펴볼 것이다. 이 장에는 교실에서의 바람직한 행동을 증진시킬 중재를 실행하는 3명의 교사가 등장한다. 초등학교, 중학교, 고등학교별로 예시가 제공될 것이다. 한 유치원이 3세반과 4세반 교실 여러 곳에서 문제행동의 감소를 위해 시도한 노력도 제시된다.

13장에서는 수립된 계획을 어떻게 실행할 것인지와 계획이 효과적으로 실행되고 있는지를 어떻게 확인할 것인지를 설명한다. 이를 위하여 기초선(중재 시작 전 상태)에 비해 행동이 감소되고 있는지 결정하는 방법과 그 적용 예시를 제공한다.

14장에서는 당신의 교실에서 매일 만나는 학생들에게 적용할 중재 서식의 예시를 제공한다. 이 서식들은 출처만 바르게 표기한다면 얼마든지 복사하여 사용할 수 있다.

맺음말

이 책에서 제공될 정보가 당신과 당신의 학생에게 유용하기를 바란다. 교실에서 도전적 행동을 보이는 학생들에게 긍정적인 학교 경험을 하게 해 주려는 열망을 가지고 그 과정에서 도움을 받기 위한 자료로 이 책을 집어 든 당신에게 존경과 감사를 보낸다.

2장

행동관리를 통해 교실 내 구조와 예측성 높이기

이 장은 교실 환경에서 구조와 예측성을 높이는 데 초점을 둔다. 우리는 다음과 같은 것들을 살펴볼 것이다.

- 학급의 규칙, 절차, 일과를 개발하는 방법
- 적절한 행동을 격려하는 데 활용할 전략
- 부적절한 행동을 줄이는 데 활용할 전략

SWPBIS의 보편적 중재는 학교의 모든 환경과 상황에서 학생, 교직원, 지역사회 구성원에게 긍정적인 사회적 분위기를 조성하기 위해 고안된 것이다(Colvin, Kame'euni, & Sugai, 1993). 많은 학교가 SWPBIS의 실행을 시작함에 따라 교실뿐 아니라 교실 외의 영역에도 초점을 두고 SWPBIS를 진행하게 되었다. 이런 점에서 교실에서의 지원은 보편적 중재와 표적집단 중재의 중간 성격을 띠곤 한다. 모든 학교에서는 몇 가지 체계가 서로 일정 부분을 공유하며 영향을 주고받는데, 이러한 체계로는 학교전체, 교실, 교실 외 특정 환경, 개별 학생 등이 있다(Crone & Horner, 2003).

이러한 체계들 안에서 학생과 교사 모두에게 학교 경험의 중심부가 되는 곳은 교실이다. 교실은 학생과 교사가 자신들 시간의 대부분을 보내는 곳이다. 규칙, 절차, 일과는 교실의 문화와 분위기에 큰 영향을 미친다. 교사가 조성한 구조가 우리가 전혀 이해할 수 없는 방식으로 학생들에게 장기간 영향을 미치는 곳도 교실이다. 규칙이 명확하게 정의되어 있고 학생들이 학급절차를 잘 이해하고 있으며 수립된 일과를 통해 학생들이 대부분의 시간을 성공적으로 잘 보내고 있는 교실은 예측성이 높다고 할 수 있다(Kern & Clemens, 2007). 그러한 환경에서 학생들은 문제행동을 적게 보이며 교실에서 일어나는 일에 참여할 가능성이 크다(Newcomer, 2008).

학급규칙

교실의 행동관리는 학교차원의 기대행동과 조화를 이루는 학급규칙을 판별하고 수립하는 데서 시작된다(Lo, Algozzine, Algozzine, Horner, & Sugai, 2010; Sugai & Horner, 2009). 학급규칙은 학급 구조 및 학급 관리의 강력한 요소로, 교실이라는 환경 안에 있는 모든 사람이 함께 살아가기 위한 조건을 조성하는 것이다. 또한 학급규칙은 교실의 행동 맥락을 결정한다.

학급규칙을 정할 때 중요한 것은 규칙을 긍정적으로 서술하는 것이다. 규칙을 서술할 때는 문제행동을 예방하기 위해 기대되는 행동을 판별하여 그것을 묘사해야 한다. 학급규칙은 학생이 하면 안 되는 행동이 아닌 해야 할 행동을 알려 주어야 한다(Colvin et al., 1993). 긍정적으로 서술해야 한다는 점과 학생이 해야 할 일을 알려 주어야 한다는 점 외에 학급규칙이 갖추어야 할 조건은 다음과 같다. ① 학급규칙은 다섯 가지를 넘지 않아야 한다. ② 관찰 가능하고 측정 가능해야 한다. ③ 학교차원의 기대와 일관되어야 한다. ④ 쉬운 말로 기술되어야 한다. ⑤ 학급 학생들의 발달 수준에 맞아야 한다. ⑥ 학급의 요구(needs)를 보여 주는 자료에 근거해야 한다. ⑦ 규칙을 만들 때 학생의 참여를 가능한 한 최대화해야 한다. ⑧ 교사의 적극적 모델링과 교수가 수반되어야 한다(Sugai & Horner, 2002; Kern & Clemens, 2007; Newcomer, 2008).

학급규칙을 만들 때는 규칙(rules)과 기대(expectations)의 차이에 유념해야 한다. 규칙은 '태도, 행동, 과정, 계획을 결정하는 원칙이나 규정'으로 정의

되는 반면, 기대는 '기다리고 바라는 바'로 정의된다(Rule, 2011; Expectation, 2011). 규칙은 교실의 질서를 유지하기 위해 특정된 것이고, 기대는 여러 환경에서 성공을 증진시키는 광범위한 행동 기준인 셈이다(Newcomer, 2008). [그림 2-1]과 〈표 2-1〉은 학교차원의 기대행동과 일관되는 학급규칙의 예를 보여 준다. 이러한 규칙들은 긍정적으로 진술되고, 관찰 가능하고 측정 가

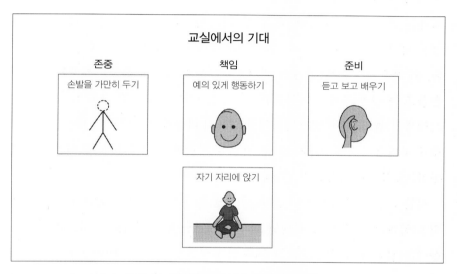

[그림 2-1] 교실에서의 기대(초등학교 수준)

표 2-1 학교차원의 기대에 따른 학급규칙

기대	학급규칙
존중	• 손발은 가지런히, 내 물건은 제자리에 둡니다. • 발표하고 싶을 때는 손을 들고 선생님이 이름을 부르실 때까지 기다립니다.
책임	• 수업이 끝날 때마다 알림장에 숙제를 적어 둡니다. • 조용히 과제를 해야 하는 시간에는 선생님의 허락을 받은 후 말합니다. • 과제는 마감 시간 전이나 마감 시간에 맞추어 제출합니다.
준비	• 종이 울리기 전에 학용품(책, 종이, 펜)을 준비하여 책상 앞에 앉습니다. • 선생님이 시키시는 일은 바로 실천합니다.

능하며 학교차원의 기대와 일관될 뿐 아니라 그 수가 적절하고 쉬운 말로 되어 있다.

학급규칙에 구체성이 없으면 오해가 발생하기 쉽고 학급규칙의 부적절한 사례가 발생하게 된다. 학급규칙의 부적절한 사례는 교실에서의 기대가 구체적으로 판별되지 못했을 때 발생한다. 이런 규칙은 주관적 해석이나 잘못된 해석의 여지가 많다. 예를 들면, '존중'에는 다양한 의미가 있다. 어떤 학생에게는 존중이 단순히 타인에게 소리를 지르지 않거나 타인을 때리지 않는 것을 의미할 것이다. 또 다른 학생에게 존중은 "부탁드려요." 또는 "감사합니다."와 같은 말을 의미할 수도 있다. 또 다른 학생에게 존중은 발표하기 전에 손을 드는 것과 과제를 어려워하는 친구를 돕는 것을 뜻할 수도 있다. 다음은 오해하기 쉽고, 너무 일반적이어서 해석이 다양한 학급규칙의 예다. ① 수업 중에 자지 않기, ② 떠들지 않기, ③ 다른 사람에게 친절하기, ④ 어른을 공경하기, ⑤ 바르게 행동하기, ⑥ 배우는 자세 갖기.

모든 교실은 각기 다르다. 따라서 성공적인 학급 관리를 위해 요구되는 바도 다양하다. 그러나 효과적인 교실은 학급규칙을 수립하고 지도하고 강화한다는 점에서 그렇지 않은 교실과 쉽게 구분된다(Sugai, Horner, & Gresham, 2002). 교사는 학급규칙을 정할 때 교실에서의 학생 행동에 의미 있고 긍정적인 영향을 미칠 규칙에 초점을 두어야 한다. 학생이 동의하고 공감할 수 있는 학급규칙을 만드는 것이 중요하다. 학급규칙이 명확하고 학생의 행동이 긍정적으로 구체화되며 일관성 있게 학급규칙을 교수하고 관찰하고 강화하는 환경에 놓일 때 학생들의 성공 가능성은 높아진다(Newcomer, 2008).

절차와 일과

규칙을 정한 후에는 교실에 도입할 절차를 판별하고 적용해야 한다. 절차란 '일을 하는 데 거쳐야 할 일정한 차례나 방법'을 말한다(Procedure, 2011).
학급절차란 과제를 달성하기 위해 교실에서 취해야 하는 일정한 행동을 말
한다. 학급일과는 이러한 학급절차를 통해 개발된다. 일과란 '규칙적이고 일
정하거나 습관적 · 사무적 · 기계적인 절차'를 말한다(Routine, 2011). 이러한
정의가 특별히 매력적일 것은 없지만, 학급일과의 수립에서 비롯되는 구조
와 예측성은 학생들이 학급규칙을 통해 구체화된 기대를 성공적으로 달성하
게 해 준다. 모둠에 참여하거나 교실에서 밖으로 나가기 위해 준비할 때 일과
가 수립되어 있으면 분산을 최소화할 수 있고 교실이 효율적으로 운영된다.
일과를 통해 확보되는 구조와 예측성은 유능한 교사들의 마음을 끌기 마련
이다.

　일과는 교사 스스로를 구조화해 준다는 점에서도 유용하다. 연구에 의하
면 유능한 교사일수록 학년 초뿐 아니라 한 학년 내내 규칙과 일과를 체계적
으로 지도하는 것으로 나타났다(Sugai & Horner, 2009). 이런 교사들은 필요에
따라 규칙과 일과를 복습하고 반복 지도하는데, 특히 방학 전이라든지 문제
행동이 증가하는 시기에 그렇게 한다(Oliver & Reschly, 2007). 〈표 2-2〉는 당
신의 학급을 위해 고려할 만한 절차의 예를 보여 준다.

　절차를 개발할 때는 〈표 2-3〉에서 보는 것처럼 '누가, 언제, 어디서, 무엇
을, 어떻게, 왜'를 포함하는 일련의 질문을 하는 것이 중요하다(Newcomer,
2008).

　학급절차는 일과가 잘 정착되어 있을 때 더욱 효율성을 갖는다. 학급에서
가장 중요한 것이 무엇인지 고려할 때는 하루 안에 일어나는 활동과 이동의
목록을 만든 후 각각에 대한 과제분석을 하는 것이 도움이 된다. 이때 과제분
석은 그 과제가 어떻게 완성되는지를 정밀하게 검토하는 것을 말한다. 모든
단계를 목록화한 후에는 각 과제분석 결과를 학급절차로 바꾸어 모델링을 제
공하고 적극적으로 교수하면 된다.

　절차를 교수하는 방법은 다음과 같다. ① 절차를 학생의 눈높이에 맞게 제

표 2-2 학급절차의 예

- 줄 서기: 쉬는 시간, 화장실, 급식, 하교 등
- 과제나 숙제 제출하기
- 연필깎이 사용하기
- 교실에 들어오고 나가기
- 학급 문고 대출하기
- 학급 토의에 참여하기
- 화장실 가기
- 물 마시기
- 훈육실 가기
- 책상 정리하기
- 교사 도우미
- 한 활동에서 다른 활동으로 옮겨 가기
- 짝과 함께 과제하기
- 소그룹으로 과제하기
- 질문하기
- 자습하기

출처: Newcomer (2008). 저자의 허락하에 수정함.

표 2-3 학급절차를 개발할 때 자문할 내용의 예

- 가르쳐야 할 절차는 무엇인가?
- 이 절차의 교수와 실시는 누구에게 유익을 끼치는가?
- 누가 이 절차를 지도할 책임을 맡을 것인가?
- 이 절차를 성공적으로 완수하는 데 필요한 단계는 무엇인가?
- 언제 이 절차를 지도할 것인가?
- 언제 이 절차를 연습하게 할 것인가?
- 이 절차는 어떤 장소에서 요구되는 것인가?
- 왜 이 절차를 가르치는 것이 중요한가?
- 이 절차를 어떻게 가르칠 것인가?

출처: Newcomer (2008). 저자의 허락하에 수정함.

시한다. ② 그 절차의 중요성에 대해 토의한다. ③ 바람직한 행동을 잘 실천한 예와 그렇지 못한 예에 대해 다 함께 이야기 나눈다. ④ 연습 기회와 피드백을 제공한다. ⑤ 절차가 잘 지켜질 때와 그렇지 못할 때 어떤 일이 발생하는지 설명한다(Newcomer, 2008). 바람직한 행동을 보이는 학생들에게는 행동에 대한 인정(acknowledgement)을 자주 제공해야 한다.

명확하게 진술된 학급절차를 지도하기 위해서는 명시적 수업 계획이 효과적이다. 명시적 교수는 직접적인 접근으로 도입, 전개, 마무리의 세 부분으로 제시된다(Archer & Hughes, 2011). 도입은 교사가 학생의 주의를 모으는 것부터 시작된다. 학습목표를 알려 주고 이번 시간에 배울 기술이 학생들의 삶과 어떤 관련성이 있는지 토의한다. 전개 단계에서는 지도할 기술을 시범 보인다. 교사가 모델링을 하게 되므로 이것을 종종 '선생님 단계'라고 부른다. 다음으로 학생에게 그 기술을 연습할 기회를 제공한다. 이것을 '함께 해 보는 단계'라고 부른다. 마지막으로 학생들은 그 기술을 스스로 연습할 시간을 갖는다. 이것을 '학생 스스로 단계'라고 부른다. 마무리는 그날 수업의 복습과 배운 기술의 독립적 연습 기회로 구성된다.

적절한 행동을 격려하는 전략

적절한 행동의 증가를 위한 사전교정 적용

학급절차와 규칙을 지도할 때는 부적절한 학업 및 사회적 행동이 발생하기 전에 사전교정(precorrection)을 적용하는 것이 중요함을 인식해야 한다. 사전교정이란 학생에게 바람직한 행동을 상기시키고 촉진하는 예방적 방법이다. 사전교정은 학생들이 자신에게 기대되는 바를 이해하게 하여 명료함의 부족으로 문제행동이 초래되는 일이 없게 함으로써 예측 가능한 부적절한 학업 반응과 사회적 행동을 다룬다(Crosby, Jolivette, & Patterson, 2006). 효과적으로 적용된 사전교정은 기대행동 수행을 증가시키고 그 정확도도 높인다(Colvin, Sugai, & Patching, 1993).

사전교정을 적용할 때 먼저 교사는 기대되는 행동을 분명히 해야 한다. 두 번째로, 부적절한 행동이나 학업 반응이 발생하는 상황을 판별해야 한다. 세 번째로, 기대행동을 구체화해야 한다. 네 번째로, 교사는 학생이 적절한 반응을 보일 가능성을 높이기 위해 맥락을 수정하거나 필요에 따라 상황을 변경해야 한다. 다섯 번째로, 학생에게 기대행동을 시연할 기회를 제공한다. 마지막으로, 학생이 기대행동을 보였을 때 정적 강화를 제공한다. 일단 학생이 기대행동을 보이기 시작하면, 유능한 교사는 기대행동을 촉진하고 상기시켜서 학생들이 긍정적인 행동 수행에 대한 관심을 유지할 수 있게 한다.

적절한 행동의 증가를 위한 적극적 감독 적용

적극적 감독(active supervision)의 적용 역시 여러 환경에서 학생의 행동에 긍정적인 영향을 미친다(Kerr & Nelson, 2010; Simonsen, Fairbanks, Briesch, Myers, & Sugai, 2008). 적극적 감독은 교사가 학생들을 지속적으로 참여시키고 교실 환경에서 일어나는 일을 지속적으로 관찰하면서 유능하게 학급을 이끌어 갈 때 발생하는 것이다. 교사는 교실을 돌아다니면서 학생이 있는 모든 영역을 방문한다. 학생들이 줄을 맞추어 앉아 있다면 교사는 각 줄의 중간 부분과 줄의 바깥 그리고 교실의 모퉁이로 움직여 다닐 것이다. 교사는 각 학생과 관계를 맺으려 애쓰며 학생이 교실에서 진행되는 활동에 얼마나 잘 참여하고 있는지 파악한다. 일례로 한 학생이 딴짓을 하려고 할 때 그 학생이 교사의 근접성 전략에 잘 반응할 것이라고 느끼는 교사는 기꺼이 학생 곁으로 옮겨 갈 것이다. 반면, 교사의 존재가 학생의 수행이나 참여에 방해가 된다고 느껴진다면 교사는 이에 따라 필요한 조정을 할 것이다.

적절한 행동을 인정하기 위한 일련의 전략 활용

　Simonsen과 동료들(2008)은 학급운영의 증거기반 실제에 관한 실험적 증거를 검토한 연구에서 긍정적 행동을 인정하는 일련의 전략을 판별하였는데, 그 전략은 ① 구체적인 유관강화, ② 학급차원의 집단유관강화, ③ 토큰경제, ④ 행동계약이었다.

　구체적인 유관강화의 활용은 강력한 강화 수단이며, 강화되어야 할 행동이 수행되었을 때 반드시 제공되어야 한다(Alberto & Troutman, 2006). 이는 바람직한 행동이 발생했을 때만 칭찬을 한다는 의미다. 만약 칭찬이 비유관강화로 주어진다면(즉, 바람직한 행동이 나타나지 않았는데도 주어진다면) 학생의 수행과 교사의 긍정적 반응(또는 강화) 간의 종속 관계가 없어진다(Alberto & Troutman, 2006). 교사의 칭찬은 구체적이어야 하고, 강화하려는 행동을 묘사해야 하며, 진실하고 진지해야 한다.

　집단유관강화는 바람직한 교실행동을 인정해 주는 효율적인 방법이다. 집단유관강화는 한 집단 내의 학생들이 기대행동을 하고 그에 대해 집단으로 강화를 받는 것을 말한다. 그러나 집단유관강화는 개별 학생이나 소집단의 학생을 대상으로 사용될 수도 있다. 집단유관강화에는 의존적 집단강화, 상호의존적 집단강화, 독립적 집단강화의 세 유형이 있다. 소집단 학생들의 행동이 대집단 학생들의 강화 여부를 결정한다면 이를 의존적 집단강화라고 한다. 집단 내 각 학생의 행동이 미리 정해 둔 수준에 이르러야 집단 전체가 강화를 받을 수 있다면 이를 상호의존적 집단강화라고 한다. 마지막으로, 집단 내 각 학생이 특정 행동을 한 것에 대해 동일한 강화를 받는다면 이를 독립적 집단강화라고 한다. '토큰경제(token economy)'라 불리는 행동수정체계의 활용은 독립적 집단강화의 한 예다.

　토큰경제는 바람직한 학생 행동을 인정해 주는 효율적인 방법이다. 학생들은 바람직한 행동을 했을 때 토큰(예: '참 잘했어요' 티켓, 포인트, 별, 스티커, 포커 칩)을 받는다. 학생이 모은 토큰은 좋아하는 성인과의 시간이나 선호하는 활동 등 학생이 가치를 두는 대체 자극(backup stimulus)이나 강화제(reinforcer)와 교환할 수 있다. 집단유관강화와 토큰경제는 교실 환경에서 바람직한 학생 행동을 증가시키는 강력한 수단이 될 수 있다(Kerr & Nelson, 2010; Simonsen et al., 2008).

학생과 교사 간의 동의서를 뜻하는(부모도 이 과정에 자주 포함되기는 하지만) 행동계약 역시 적절한 행동을 인정하는 데 사용된다. 행동계약서를 개발할 때 교사와 학생은 바람직한 행동 혹은 목표, 그 목표를 학생이 달성했을 때 학생이 받게 될 긍정적인 후속결과, 그 목표가 달성되지 않았을 때 학생이 받게 될 부정적인 후속결과를 함께 결정한다. 행동계약은 자기통제, 충동성, 과제참여행동, 과제 완성, 학교 출석, 학생의 생산성과 같은 바람직한 행동을 증가시키려 할 때 흔히 쓰이는 방법이다.

부적절한 행동에 반응하기 위한 일련의 전략 활용

부적절한 행동에 반응할 때 부적 강화만 사용하는 것은 그리 효과적이지 않음을 명심해야 한다(Shores, Gunter, & Jack, 1993). 실제로 부정적 반응 대 긍정적 반응의 비율은 최소한 1:4가 되어야 한다(Newcomer, 2008). 부적 강화는 부적절한 행동이 추후에 발생할 가능성을 줄여야 할 때 실행된다. 부적절한 행동에 반응하는 일련의 증거기반 전략은 다음과 같다.

1. 오류교정
2. 수행 피드백
3. 차별강화

4. 계획된 무시 그리고 바람직한 행동에 대한 칭찬과 학급규칙 교수

5. 반응대가

6. 강화로부터의 타임아웃

오류교정은 학생이 바람직하지 않은 행동을 보일 때 사용한다. 교사는 학생이 보인 행동을 묘사함으로써 바람직하지 않은 행동이 발생했음을 학생에게 알린다. 그다음으로 교사는 앞으로 학생에게 기대하는 행동을 매우 분명하게 말해 준다.

수행 피드백은 오류교정과 유사한 면이 있다. 교사는 학생에게 바람직한 행동의 개선 정도를 자료와 함께 알려 준다. 그러나 말로 정보를 전하는 것이 아니라 목표행동의 진보를 보여 주는 그래프나 도표를 학생에게 제공한다.

차별강화는 부적절한 행동을 무시하고 적절한 행동에는 강화를 제공하여 부적절한 행동을 감소시킬 때 사용한다. 차별강화는 어떤 행동이 강화를 받고 어떤 행동이 강화를 받지 못하는지를 이해시킴으로써 학생이 바람직한 행동과 바람직하지 않은 행동을 구별하도록 지도하는 것이다. 학생이 성공적으로 이 두 가지를 구별하게 되면 바람직한 행동은 증가한다.

계획된 무시는 학생이 바람직하지 않은 행동을 했을 때 관심을 보이지 않는 것을 말한다. 한마디로 교사는 그 행동을 무시하는 것이다. 이 전략은 교사의 관심이 학생에게 강화로 작용할 때와 학생의 행동에 대한 무시가 가능한 경우에 효과적이다.

반응대가는 부적절한 행동의 발생을 줄이기 위한 부적 강화로 사용된다. 반응대가 체계에서는 바람직하지 않은 행동이 발생하면 강화제나 보상이 제거된다(Alberto & Troutman, 2006). 반응대가는 일반적으로 부적절한 행동의 발생에 따른 벌칙이나 불이익의 적용을 말한다. 학생에게 반응대가는 포인트, 토큰, 특권, 쉬는 시간 등을 박탈당하는 벌칙을 포함한다. 우리 저자들은 반응대가 체계의 사용을 권할 생각이 전혀 없다. 반응대가 체계는 학생에게 잠재

적인 협박으로 작용하여 학생이 두려움으로 인해 적절한 행동을 하게 만들수 있다. 또한 반응대가를 계속 적용받는 학생은 이러한 혐오적 기법에 대한 내성을 갖게 된다. 특히 수용 가능한 행동이 인정받지 못하고 간과될 경우 이러한 학생들은 자신들이 받는 부정적 관심에 많은 강화를 받게 된다. 이 같은 현상은 결국 힘겨루기를 야기하며 문제행동의 배경사건으로 작용한다(Kerr & Nelson, 2010; Newcomer, 2008).

타임아웃은 '부적절한 행동의 발생을 줄이기 위한 목적으로 학생이 일정 시간 동안 강화를 받을 기회에 접근하지 못하게 하는 절차'를 말한다(Kerr & Nelson, 2010). 타임아웃은 계획된 무시하기부터 일정 시간 동안 학생을 격리하는 배제적 타임아웃(exclusionary time-out)까지 그 범위가 다양하다. 타임아웃 절차의 효과는 연구마다 다르지만(Ryan, Sanders, Katsiannis, & Yell, 2007), 특히 배제적 타임아웃을 적용할지에 대해서는 신중한 고려가 필요하다. 또한 교사들은 타임아웃의 사용과 관련된 각 주 교육부의 규칙과 지침을 살펴보아야 한다. 반응대가와 마찬가지로 우리 저자들은 배제적 타임아웃의 사용을 권하지 않는다.

한마디로 말해서 교실에서 효과적인 규칙, 절차, 일과를 실행하는 교사는 더욱 구조화되고 효율적인 교실을 누리게 된다. SWPBIS의 적용으로 학생들은 학업과 사회적 성과의 향상을 경험하게 될 것이다.

이 장에서는 다음 세 가지를 다루었다.

- 교실의 규칙, 절차, 일과를 개발하는 방법
- 적절한 행동을 격려하는 데 활용할 전략
- 부적절한 행동을 줄이는 데 활용할 전략

3장에서는 학업이나 행동에 어려움을 겪는 학생들을 위해 다음과 관련된 전략을 소개하고 논의할 것이다.

- 교실에서의 보편적 선별
- 차별화 교수방법
- 행동지도 방법

3장

행동과 학습 중 무엇이 먼저인가

2장에서는 학급 관리에서 절차와 일과가 얼마나 중요한지를 살펴보았다. 3장에서는 학습이나 행동에 어려움을 보이는 학생들을 위한 전략을 중점적으로 다룰 것이다. 많은 경우 학습과 행동 중 어느 한편에 문제가 발생하면 이로 인해 다른 한편에도 문제가 생긴다(Appelt, 2006; Hinshaw, 1992). 다시 말해서 어떤 학생이 겪고 있는 읽기의 어려움이 행동문제처럼 보일 수 있다. 반대로 어떤 학생이 행동문제로 인해 수업시간에 제대로 학습을 하지 못하면 읽기에 문제가 생길 수 있다.

교사의 첫 번째 과제는 표적집단 중재를 필요로 하는 학생을 결정하는 일이다. 이 범주에 포함되는 학생은 이목을 끄는 행동, 자리이탈 행동, 불순응 행동, 과제를 시작하지 못하거나 재지도를 요하는 행동 등으로 매주 약 2~5회에 걸쳐 수업을 방해하고 있을 가능성이 크다. 학급을 담당하는 교사가 이러한 학생들을 선별할 수 있는 간편하고 일반적인 방법은 SWPBIS의 보편적 중재를 위해 개발된 3~5개의 기대행동을 이용한 표를 만드는 것이다. 이 표의 가로축에는 기대행동을 기입하고 세로축 첫 번째 칸에는 학생들의 이름을 기입하면 된다. 그다음에는 각 학생이 교실 안에서 그 기대행동을 얼마나 잘 수행하는지 리커트 척도를 이용하여 평정한다. 리커트 척도의 각 점수가 갖는 의미는 다음과 같다.

5=기대행동을 항상 수행함
4=기대행동을 자주 수행함

3=기대행동을 상기시켜 주면 수행함

2=기대행동을 가끔 수행함

1=기대행동을 거의 수행하지 않음

다음으로 기대행동별로 평정된 각 학생의 리커트 점수를 합산한다. 가능한 총점의 80% 이상의 점수를 받은 학생들은 그린 존(green zone) 전략, 즉 보편적 중재만 있으면 된다. 50~80%의 점수를 받은 학생들은 옐로 존 전략, 즉 표적집단 중재를 필요로 한다. 50% 미만의 점수를 받은 학생들은 레드 존 전략, 즉 개별 중재를 필요로 한다. 〈표 3-1〉을 보면서 이 지침을 확인해 보자.

표 3-1 보편적 선별 평가표

이름	존중	책임	안전	계
앤 애플(Anne Apple)	5	5	5	15
벤자민 바나나(Benjamin Banana)	5	4	4	13
캐롤라인 체리(Caroline Cherry)	3	2	3	8
다니엘 단델리온(Daniel Dandelion)	2	3	3	8
에드워드 에버그린(Edward Evergreen)	1	2	2	5

15점 만점(5점 척도로 평정하는 기대행동이 3개)이므로, 앤(Anne)과 벤자민(Benjamin)은 교실에서 그린 존 중재를 받을 것이다. 캐롤라인(Caroline)과 다니엘(Daniel)은 만점의 53%를 받았으므로 옐로 존 중재를 받을 것이다. 에드워드(Edward)는 만점의 33%를 받았으므로 레드 존 중재를 받을 것이다(Burke et al., 2012).

옐로 존 지원을 필요로 하는 학생들을 위해 교사는 교실 환경에서 사용할 수 있는 예방 전략을 개발하게 된다. 중재는 교사가 파악한 행동의 기능, 학생의 강점과 요구에 기반을 둔다. 교사는 먼저 〈표 3-2〉와 같은 서식을 작성한다.

표 3-2 강점과 약점 평가표

	사회성 측면	학업 측면
강점		
약점		

출처: Riffel, L. A., & Mitchiner, M. (2015). *Positive behavior support at the secondary "Targeted Group" level: Yellow zone strategies.* Thousand Oaks, CA: Corwin(www.corwin.com).

〈표 3-2〉의 각 칸에 무엇을 써야 할지 아는 것이 교사들에게 어려운 일일 수 있다. 학생의 부모나 학생과 함께하는 다른 성인들과의 브레인스토밍이 도움이 될 것이다. 〈표 3-2〉를 작성하기 위해 고려할 사항을 〈표 3-3〉에 제시하였다.

표 3-3 강점과 약점 평가표 작성 시 고려할 사항

사회성 측면	학업 측면
• 교우관계를 맺고 유지할 수 있는가? • 2~3단계로 이루어진 지시를 따를 수 있는가? • 지시를 듣고 따를 수 있는가? • 소집단 활동을 잘할 수 있는가? • 독립활동을 잘할 수 있는가? • 교과 외 활동에 참여하는가? • 수업과 기타 일과들 간 전이를 잘하는가? • 리더십이 있는가? • 다른 사람의 리더십을 따를 수 있는가? • 경청할 수 있는가? 　-언제 말하고 언제 들어야 하는지 아는가? • 모든 사람이 재미있어 하는 것에 대해 이야기할 줄 아는가? • 농담이나 악의 없는 놀림을 할 줄 알고 풍자를 이해하는가? • 비밀을 지켜야 할 때와 꼭 알려야 할 때를 이해하는가? • 남에게 들리게 혼잣말(노래나 흥얼거림 포함)을 하는 대신 머릿속에 있는 것을 말로 표현하는가? • 감정을 다스리는가? • 반향어(즉각적이거나 지연된 반향어 또는 단어 반복)를 자제할 수 있는가? • 감각조절 기능의 움직임(자기자극 행동)이 다른 사람을 방해하지 않도록 제어할 수 있는가? • 때때로 강박 성향(특정 옷을 입거나 특정 단추를 달아야 한다는 강박 사고 등)을 참을 수 있는가?	• 학년 수준에 맞는 읽기가 가능한가? 　-만약 아니라면 몇 학년 뒤처져 있는가? 　-읽기 이해능력은 어떠한가? • 읽을 수는 있지만 읽은 것을 다른 사람에게 이야기하는 데는 어려움이 있는가? 　-읽기 유창성(소리 내어 읽을 때 말의 흐름이 얼마나 양호한가?) 　-학생이 분명한 발음으로 즐겁게 읽는가, 아니면 매우 힘들게 더듬더듬 읽는가? • 또래와 비교했을 때 쓰기 능력은 어떠한가? 　-인과관계가 포함된 글 　-비교 및 대조가 포함된 글 　-정의하는 글 　-묘사하는 글 　-대화형태의 글 　-주장하는 글 　-절차를 설명하는 글 • 철자 • 모국어 사용 • 수학적 계산 능력 　-기본적인 덧셈/뺄셈 　-측정 　-시간 　-기본적인 곱셈/나눗셈 　-대수 I 　-기하

- 목소리 크기를 조절할 수 있는가?
- 주변에서 일어나는 일을 잘 이해하지 못할 때 이를 표현할 수 있는가?
- 타인의 의도를 오해하여 상대방이 무례하다고 여기는가?
- 타인의 의도를 이해하는 방법을 아는가?
- "할 수 없지 뭐." "말해 줘서 고마워."라는 말을 하면서 아쉬움을 털어 버리는 방법을 아는가?
- 농담이 과했다는 것을 알아채는가?
- 과장, 미소, 은유, 반어, 풍자를 이해할 수 있는가?
- 적절하게 노는 방법을 아는가?
  - 너무 과격한 놀이를 인식하는가?
- 적절한 스킨십의 정도를 이해하는가?
  - 입맞춤, 포옹 등을 할 때

- 대수 II
- 삼각함수
- 미적분
- 수학적 사고
  - 문장제 문제
  - 실생활 수학
- 사실관계와 날짜를 기억할 수 있는가?
- 또래들 앞에서 보고서를 발표할 수 있는가?
- 우선순위에 따라 작업하는 습관을 가지고 있는가?
  - 언제 일할 것인가?
  - 언제 쉴 것인가?
  - 언제 놀 것인가?
- 정리정돈을 잘하는가?
  - 책상
  - 사물함
  - 책꽂이
  - 가방

학업중재인 것과 아닌 것

어떤 중재를 사용하고 있는지 교사들에게 물으면 교사들은 흔히 다음과 같은 것들을 하고 있다고 답한다.

- 학생을 교실 앞자리로 오게 하기
- 학생을 다른 전문가(예: 학교 심리학자, 상담가)에게 보내기
- 원하는 자리에 앉게 해 주기
- 시간을 더 주기
- 조용히 책 읽게 하기
- 학습지 풀게 하기
- 플래시 카드 사용하기

• 컴퓨터 게임을 하게 하기

이 모든 것은 중재가 아니다(Duhon et al., 2011). 이 중 일부는 편의제공이라고 할 수 있겠으나 중재라고 할 수는 없다. 학업중재에는 학생의 결함 영역을 개선하기 위해 새로운 기술을 적용하기 위한 합의된 노력이 필요하다. 이 말은 교사가 학생이 또래를 따라잡거나 능가하도록 돕기 위해 자료를 바탕으로 어떤 영역에 기술 결함이 있으며 어떤 요소가 도입되어야 할지를 결정한다는 뜻이다.

한 문단을 구조화하여 작문하는 기술에 결함을 가진 앨리(Ally)의 예를 함께 생각해 보자. 앨리의 글에는 주제문장이나 이를 뒷받침하는 세부 사항이 없고 요약문장이 문단에 포함된 정보를 제대로 요약하지 못하고 있다. 이때 적절한 중재는 앨리에게 '3-2-8' 문단(학생이 글의 형태와 구조를 배우게끔 고안된 특별한 지도법)을 활용하도록 지도하는 것일 수 있다. 이 중재에서는 앨리에게 세 가지 아이디어가 포함된 주제문장을 적어 보게 한다. 다음으로 그 세 가지 아이디어를 지지하는 두 가지의 세부 사항 문장을 적게 한다. 마지막으로 첫 문장을 간단하게 재서술하는 요약문장을 쓰게 하여 문단 전체를 요약하게 한다. 다음은 3-2-8 문단의 예시다(역자 주: 상점명을 한국 상황에 맞게 수정).

나의 반려견 TJ의 11번째 생일을 맞아 그녀는 견공 카페, 스누피 레스토랑, 플란다스 아이스크림 가게에 갔다. 견공 카페에서 그녀는 얼음물 한 잔을 샀다. 그녀는 얼음물에 민트를 조금 넣어 달라고 부탁하여 상쾌한 민트 향이 나게 했다. 다음으로 그녀와 나는 맛있는 티본 스테이크를 사기 위해 서둘러 스누피 레스토랑으로 향했다. TJ는 뼈다귀 물어뜯는 것을 좋아하기 때문에 그녀는 재빨리 스테이크를 먹어 치운 후 남은 뼈를 싸 달라고 해서 집에 가져왔다. 다음으로 우리는 생일파티에서 대접할 아이스크림을 사기 위해 플란다스 아이스크림 가게에 갔다. TJ는 자신의 생일파티 디저트로 '주인님은 외계인' 한 컵을 부탁했다. 견공 카페, 스누피 레스토랑, 플란다스 아이스크림 가게에서 산 모든 것은 TJ에게 멋진 11번째 생일선물이었다.

이 방법은 고등학교 고학년에게 사용될 수 있으며, 유치원생의 경우에는 아동의 말을 자원봉사자가 문장으로 받아쓴 후 아동이 이를 그림으로 표현하는 방식으로 적용할 수 있다. 따라서 이 방법은 모든 연령에 적용 가능하다.

속도

교실에서 정보가 전달되는 속도는 실제로 행동문제를 야기할 수 있다. 전달 속도가 느릴수록 행동문제가 발생할 가능성이 크다(Beyda, Zentall, & Ferko, 2002). 행동을 돕기 위한 학업중재는 학생의 흥미를 유지할 수 있을 정도의 빠르기로 진행되어야 하나 동시에 학생이 언어적 처리 시간을 충분히 가질 수 있을 만큼은 천천히 진행되어야 한다. 차별화 교수(differentiated instruction)는 이를 교실에서 실행할 수 있게 하는 방법 중 하나다(Heward, 2003). 교실을 관찰해 보면 아무런 활동이 진행되지 않는 어수선한 시간에 문제행동이 주로 발생함을 알 수 있다. 이런 시간은 수업 준비가 되지 않았거나 학생과 강압적 상호작용을 하게 되어 수업을 중단한 교사로 인해 발생한다. 교사들은 교실 앞쪽에 있는 탁자를 이용하거나 특정 장소를 정하여 수업에 필요한 교재를 사용 순서에 따라 놓아두어야 한다. 이렇게 하면 중단 없이 수업을 진행할 수 있고 수업 중 문제행동도 줄어든다.

차별화 교수

1984년부터 응용 특수공학 센터(Center for Applied Special Technology, 이

하 CAST)는 교육과정을 차별화하는 데 기여해 왔다. CAST에서 일하는 연구자들은 교사들의 교수 속도, 교수방법, 확장된 학습, 보편적 설계를 위한 조정을 돕기 위해 교실에서 무상으로 사용할 수 있는 자료를 개발했다. 차별화 교수(differentiated instruction)란 학습자들이 배경지식, 학습 접근 스타일과 처리 속도 면에서 매우 다양하다는 것을 교사가 인식하고 있음을 의미한다(Hall, Strangman, & Meyer, 2011). 보편적 학습설계(Universal Design for Learning, 이하 UDL)는 여러 가지의 표상, 표현, 참여 수단을 제공함으로써 학생들의 일반교육과정 접근을 촉진한다(Curry, 2003).

UDL은 다음과 같은 요소를 포함한다.

- 다양한 예시 제공
- 주요 사항 강조
- 다양한 매체와 형식 제공
- 배경이 되는 맥락 지원
- 지원을 받으며 연습할 기회 제공
- 기술을 시연할 기회를 융통성 있게 제공
- 학습 내용과 도구를 선택할 기회 제공
- 난이도 조정
- 학습 환경을 선택할 기회 제공

이 모든 요소를 구현한다는 것이 마치 교실 안에 만들어진 3개의 무대를 분주하게 오가며 서커스를 하는 것 같기는 하지만, 학생들이 각기 다른 방식으로 배운 바를 다양한 형태로 상호 공유하는 과정은 학급 내 모든 학생의 학습을 풍성하게 해 준다.

다음은 학생들이 어떤 방법을 적용할 때 가장 잘 배우는지 보여 주기 위해 다중지능을 활용하여 미국 남북전쟁을 다룬 사회과 수업의 예다(Gardner,

1999). 이 수업에서는 학생들에게 자신의 지식을 다중지능을 이용한 다양한 방식으로 표현하도록 허용하였다. 이러한 다중지능으로는 언어 지능(linguistic intelligence), 논리수학 지능(logical-mathematical intelligence), 음악지능(musical intelligence), 신체운동 지능(bodily kinesthetic intelligence), 공간지능(spatial intelligence), 인간친화 지능(interpersonal intelligence), 자기성찰지능(intrapersonal intelligence), 자연친화 지능(naturalistic intelligence) 등이 있다(Gardner, 1999).

또한 교사들은 Medeline Hunter의 교수설계를 이용하여 이 단원의 예측하기 활동 계획이나 수업지도안을 개발하였다. 예측하기 활동은 학생들이 곧 배우게 될 내용에 대해 흥미를 갖게 하는 데 활용된다(Hunter, 1994). 이 단원의 경우, 특정 배역을 맡은 남북전쟁 재연 배우 1명이 교실로 와서 학생들에게 남북전쟁 기간의 삶이 어떠했는지를 이야기해 주었다. 이 활동은 학생들을 흥분의 도가니로 몰아넣으며 학생들이 남북전쟁에 대해 더 많은 것을 배우고 싶게 만들었다. 다음 단계는 학생들에게 학습목표를 소개하는 것이다. 교사들은 학생들이 남북전쟁에 대해 이미 알고 있는 것과 알고 싶은 것을 확인하기 위해 KWL 도표[학생들이 이미 알고 있는 것(K), 학생들이 알고 싶은 것(W), 학생들이 배운 것(L)을 기입하는 도표]를 작성하는 것부터 시작했다(역자주: KWL 전략에서는 내용을 배우기 전에 K, W란을 채우고 내용을 배운 다음 L란을 채움). 그다음은 학생들이 알고 싶은 것과 교육구가 정한 교과목표를 이용하여 일련의 학습목표를 정했는데, 수업에 대한 학생들의 관심을 유지하기 위해 학습목표를 학습목표판에 기록하면서 진행하였다. 교실에서 진행되는 모든 교과별로 포스터 크기의 두꺼운 종이 상단에 '학습목표'라고 적힌 학습목표판이 마련되어 있다. 이 판은 코팅이 되어 있어서 한 단원에 대한 수업이 끝날 때까지 보드마커로 학습목표를 써 두었다가 단원이 끝나면 지울 수 있다. 하나의 학습목표가 달성될 때마다 교사와 학생들은 그 목표 옆에 체크 표시를 한다. 이런 과정은 한 단원에 포함된 차시를 진행할 때 학생들이 지금 학습하는 내용을 왜 배우는지 생각하게 하는 데 도움이 된다. 학습목표들에는 교육구가 정한 목표가 포함되어 있기 때문에 학생들은 자신의 학습을 스스로 주도하고 있음을 자주 느낄 수 있다.

교재를 지도할 때는 책, 동영상, 박물관 방문, 초청 강사를 포함한 다양한 매체를 활용한다. 남북전쟁에 관한 수업의 경우 학급을 남부와 북부의 두 집단으로 나누고 남부 집단 학생들에게는 자료를 주지 않는 식으로 하여(당시 남부에 물자 공급을 중단했듯이) 남북전쟁을 실감나게 만들고자 노력했다. 또한 표면에 복습 질문이 가득 적힌 소프트볼 공을 주고받으며 그간 배운 정보를 복습했다. 학생들은 원형으로 둘러서서 자신에게 공이 오면 두 손으로 잡은 후 오른손 엄지에 닿은 공의 표면에 있는 질문을 큰 소리로 읽고 이에 답해야 한다. 파란 티셔츠를 입은 학생의 득점은 남부에, 회색 티셔츠를 입은 학생의 득점은 북부에 기록한다. 학생들은 이번 공놀이 전쟁에서는 남부가 이겼다는 농담을 하기도 했다.

이 단원에서 무엇을 배웠는지 발표하는 시간에는 학생들에게 각자의 학습 스타일에 따라 배운 것을 표현할 방식을 선택하게 했다. 각 학습 스타일별로 A 학점을 받으려면 어떤 요건을 갖추어야 하는지에 대한 점수표가 마련되었다. 〈표 3-4〉는 학생들이 학습내용을 잘 배웠음을 표현하기 위해 선택할 수 있는 다양한 평가기준 유형을 보여 준다.

언어 지능은 구어와 문어에 대한 민감성, 다양한 언어를 습득하는 능력, 어떤 목적을 달성하기 위해 언어를 사용하는 능력을 포함한다. 이 지능은 수사적 또는 시적으로 자신을 표현하기 위해 언어를 효과적으로 사용하는 능력과 정보를 기억하기 위한 수단으로 언어를 사용하는 능력을 포함한다(Gardner, 1999).

논리수학 지능은 문제를 논리적으로 분석하고 수학적 계산을 수행하며 쟁점을 과학적으로 조사하는 능력으로 구성된다. Gardner(1999)에 의하면 이 지능은 패턴을 발견하고 연역적으로 사고하며 논리적으로 생각하는 능력을 필

표 3-4 다중지능 평가기준

다중지능	평가기준
언어 지능	이 단원에 포함된 16개 학습목표를 다루는 시 한 편을 짓고 낭송한다.
논리수학 지능	Ulysses Grant와 Abraham Lincoln을 비교하는 소논문을 작성한다.
음악 지능	이 단원에 포함된 16개 학습목표를 다루는 노래 하나를 만들어 부른다.
신체운동 지능	1861년부터 1865년까지의 남북전쟁 진행상황을 시간의 흐름에 따라 창작 무용으로 만들어 공연한다.
공간 지능	다양한 재료를 활용하여 남북전쟁 중에 전투가 일어났던 장소처럼 꾸민다. 이 모의장소를 이용하여 학급 친구들에게 그 전투의 세부 사항을 자세하게 설명한다.
인간친화 지능	남북전쟁 중에 일어난 전투 하나를 선택하여 이에 대한 파워포인트 발표 자료를 만들고, 자료 제작 과정에서 사실에 근거하여 남북전쟁 시대의 삶이 어떠했을지에 대한 생각을 논하거나 남북전쟁의 진행상황을 시간의 흐름에 따라 제시한다.
자기성찰 지능	현재의 삶을 떠나 남북전쟁 시대로 돌아가게 된다면 어떤 일이 일어날지에 대한 소논문을 쓴다. 그때 자신이 켄터키에 있었다면 어떠했을까? 또는 펜실베이니아에 있었다면 어떠했을까?
자연친화 지능	남북전쟁의 일면을 보여 줄 수 있는 전투(예: 게티즈버그 전투)를 선택하여 그 특징을 잘 살린 야외게임을 개발한다. 이 게임은 참여자들이 학습목표 중 두 가지 이상을 이해하는 데 도움이 되는 것이어야 한다.

출처: Gardner (1999).

요로 한다. 이 지능은 과학적 · 수학적 사고와 가장 밀접하게 관련되어 있다.

음악 지능은 음악의 연주, 작곡, 감상 기술을 포함한다. 이 지능은 음정, 음색, 박자를 인식하고 이를 창작하는 능력을 포함한다. Gardner(1999)에 의하면 음악 지능은 언어 지능과 구조적으로 거의 유사하다.

신체운동 지능은 문제해결을 위해 자신의 몸 전체 또는 일부를 이용하는 잠재적 능력을 필요로 한다. 이 지능은 신체 움직임을 조정하기 위해 정신력을 사용하는 능력이다. Gardner(1999)는 정신적 활동과 신체적 활동이 서로 연관되어 있다고 보았다.

공간 지능은 광범위한 공간과 한정된 공간의 형태를 인식하고 활용할 수 있는 능력을 말한다. 우수한 공간 지능을 가진 아동은 환경을 3차원적으로 관찰할 수 있고 구조물들 간의 관계를 해석할 수 있다. 이 아동들은 또한 우뇌를 사용하며 미술, 건축, 물리학, 탐험, 체스, 골프에 능한 경우가 많다.

인간친화 지능은 타인의 의도, 동기, 바람을 이해하는 능력에 대한 것이다. 이 지능은 타인과 효과적으로 함께 일할 수 있게 해 준다. 교사, 판매원, 종교 및 정치 지도자, 상담자들은 모두 잘 발달된 인간친화 지능을 필요로 한다.

자기성찰 지능은 자신을 이해하고 자신의 감정, 두려움, 동기를 인식하는 능력에 영향을 미친다. Gardner(199)에 의하면 이 지능은 자기만의 효과적인 작업 모델을 가지고 있으며 그 과정에서 알게 된 정보를 자기 자신을 조절하는 데 사용하는 능력을 포함한다.

학생이 새로 배운 지식을 나누려 할 때 선택할 수 있는 반응 방식에 다중지능을 고려하면 교수와 진단을 학생의 요구에 따라 차별화할 수 있다. 차별화가 다중지능을 중심으로 이루어져야 하는 것은 아니지만 행동문제의 발생 가능성을 감소시키기 위해 학생의 다양한 학습 스타일에 대한 고려가 교실에서 이루어져야 한다. 우리는 모든 학생이 배울 수 있다는 믿음을 가지고 있다. 학생들은 다만 같은 방식으로 배우지 않는다. 이것이 바로 교사들이 진단과 교수를 차별화해야 하는 이유다.

행동중재인 것과 아닌 것

학생을 훈육실로 보내기, 휴식 시간 뺏기, 교내 정학이나 교외 정학 처분하기, 반성문 쓰게 하기, 방과 후 남게 하기, 체벌하기, 색깔 카드 뒤집기(역자 주: 빨간 카드일 때는 강화를 받을 수 없음) 등은 행동중재가 아니다. 행동중재는 행동이 발생하기 전 선행사건에 대한 환경 변화를 다루는 다면적 계획을 포함해야 한다. 또한 교체행동(replacement behaviors)을 지도하여 학생이 문제행동 대신 새로운 행동을 할 수 있게 해야 한다. 마지막으로 성인들은 행동의 기능에 근거하여 행동에 대한 후속결과를 수정하는 방향으로 자신의 행동을 바꾸어야 한다. 다면적 행동수정 계획은『개별 학생을 위한 긍정적 행동지원: 심각한 문제행동을 보이는 학생을 위한 개별 중재』(Riffel, 2011)에 자세히 설명되어 있다.

〈표 3-5〉는 친구를 사귀고 친구관계를 유지하는 기술이 없어 운동장에서 혼자 놀고 있는 초등학생 중재의 예시를 보여 준다.

비디오 모델링과 비디오 자기모델링은 1970년대 초반부터 동료평가 학술지에 등장하기 시작했다. 학급 교사들이 쉽게 사용할 수 있는 공학의 도입과 더불어 이 기법은 지난 10년간 가장 광범위하게 논의되어 왔고 교실에서 자주 사용되고 있다. SWPBIS에서도 보편적 중재와 표적집단 중재 단계에서 적절한 행동을 지도하는 수단으로 비디오 모델링을 이용한다. 학교들은 기대

표 3-5 경쟁행동(competing behavior)의 흐름

선행사건(antecedent)	행동(behavior)	후속결과(consequence)
운동장에서 게임을 하고 있는 아이들 틈에 끼어 함께 놀고자 함	자기가 공을 잡을 차례라고 생각하여 자신에게 공을 넘겨주지 않는 친구를 때림	맞을까 봐 두려워진 아이들은 아동이 원할 때마다 공을 갖게 해 줌. 따라서 진정한 의미의 우정은 형성되지 못함
선행사건 조정	교체행동지도	후속결과 수정
• 모든 학생이 게임의 규칙을 알 수 있도록 동영상을 제작한다(비디오 모델링). • 우정을 표현하기 위해 게임에서 친구들을 응원하는 방법을 아동에게 미리 가르친다. • 롤모델을 따라 하게 하거나 비디오를 활용한 자기모델링을 하게 한다.	• 비디오 자기모델링을 통해 게임 참여와 규칙 수용(예: 공이 선에 닿거나 한 번 만에 공을 패스하지 못했을 때, 줄의 마지막으로 가서 서야 하고 다시 차례가 되면 참여하기)을 지도한다.	• 운동장 놀이시간을 담당하는 교사는 학생들과 함께 게임을 하면서 공이 선에 닿았거나 한 번 만에 공을 패스하지 못했을 때 "괜찮아."라고 말하며 줄의 마지막으로 가서 섰다가 다시 적절하게 게임에 참여하는 시범을 보인다. 또한 다른 학생들을 응원하는 모습을 시범 보인다.

행동을 수행할 긍정적 역할 모델로 재학생들을 출연하게 하는데, 이는 학생들에게 긍정적인 시각적 효과를 미친다.

어떤 학교들은 학생들의 행동을 계속 녹화하고 그 영상을 학년 내내 쓸 수 있도록 부모의 동의를 받는다. 재학생을 비디오 모델로 활용할 때는 당신의 교육구 행정가에게 문의하여 적절한 승인을 거쳤는지 확인해야 한다. 녹화를 할 때는 학생들에게 항상 모범적으로 행동하는 역할을 맡게 하여 비디오 출연의 부작용이 없도록 해야 한다.

예를 들어, 교장은 학생들이 가장 많이 위반하는 기대행동이 무엇인지 파악하기 위해 주(week) 단위의 훈육 자료를 활용할 수 있다. 매주 열리는 교직원 회의에서 이 자료를 공유하면 교사들은 이미 녹화해 둔 영상 중에서 이 기대행동을 적절하게 수행한 부분을 사용하여 그 행동을 재지도할 수 있다. 신입생이나 전학생도 학교의 규칙을 배우기 위해 적절한 기대행동 비디오를 보면 된다. 2~3명의 학생이 규칙을 지키지 않을 경우 교장이나 상담교사는 이 학생들만 따로 만나서 이들이 지키지 못한 규칙에 해당하는 기대행동 비디오를 보여 주고 이들이 위반한 규칙을 함께 검토할 수 있다. 이렇게 함으로써 학생들은 이후에 또 비슷한 상황에 처했을 때 적절하게 반응하는 것이 어떤 모습인지를 시각적으로 알게 된다. 이러한 영상들은 개별 학생보다는 소집단 학생들에게 초점을 두기 때문에 비디오 모델링으로 간주된다(Kennedy & Swain-Bradway, 2012).

비디오 자기모델링은 좀 더 구체적인 행동에 대한 것으로 개별 학생에 초점을 둔다. 비디오 자기모델링은 한 번에 하나의 행동 또는 몇몇 행동을 다루는데 오로지 긍정적인 행동만을 담는다(Buggey, Toombs, Gardener, & Cervetti, 1999). 이를 녹화하는 방식으로 추천할 만한 두 가지 방법은 ① 캡처하여 자르기(capture and cut)와 ② 역할극이다. 캡처하여 자르기란 녹화하는 사람이 하루 종일 영상을 찍고 프로그램을 이용하여 부적절한 행동을 모두 잘라 내어 편집하는 것을 말한다. 대부분의 컴퓨터에 내장된 녹음 기능을 이용하여 녹화자는 모든 적절한 행동에 "허리를 곧게 펴고 의자에 바르게 앉았네요." 와 같은 문장을 넣어 준다. 많은 전문가는 학생들이 영상에서 적절한 행동을 하고 있을 때 박수 소리 같은 음향효과를 넣으라고 제안한다. 하루 종일 촬영한 분량은 여러 개의 다양한 영상으로 제작할 수 있다. 각 영상은 학생의 주의집중 시간보다 짧아야 하는데, 대략 생활연령이나 발달연령의 1년과 비디오 1분을 대응하면 된다. 비디오 구성의 예를 들면, '수업 중 집중하기'라는 제목의 비디오는 ① 허리를 펴고 바르게 앉기, ② 자리를 떠나지 않고 앉아 있기, ③ 손을 들고 교사가 지명할 때까지 기다리기, ④ 과제가 주어지면 과제를 시작하기의 네 가지 행동을 포함할 수 있다. 비디오에는 이 행동들만 나와야 하며 부정적 행동은 전혀 나오지 않아야 한다. 경기에서의 승리를 머릿속으로 그리는 달리기 선수처럼 학생은 수업 전에 이 비디오를 보면서 적절한 행동을 하는 자신을 시각화하는 것이다. 학생은 학교에 오기 전, 집에서 이 비디오를 볼 수도 있고, 오전 중 다시 한 번, 오후에 다시 한 번 볼 수도 있다. 방과 후 학생이 집에 돌아왔을 때 부모는 학생과 함께 이 비디오를 시청하고 그날 하루 동안 학생이 바람직한 행동을 얼마나 잘 수행했는지 이야기를 나눌 수도 있다.

비디오를 만드는 두 번째 방법은 그리 이상적인 것은 아니지만 역할극을 촬영하는 것이다. 이 경우 성인이 먼저 학생이 할 행동의 대본을 만들고 학생이 대본대로 연기를 하게 하여 녹화를 한다. 이런 형태의 역할극은 다른 학생들이 녹화장면을 볼 수 없도록 별도의 장소에서 진행하는 것이 좋다. 교실에서 녹화를 할 때 다양한 목적으로 학생들을 활용하지만 다른 학생들이 수업 중 행동을 역할극으로 연기하는 학생을 보게 될 경우, 그 학생이 집단 따돌림을 당할 가능성이 있다. 두 번째 방법에서도 제목 화면 추가하기, 적절한 행동을 명명하는 음성 넣기, 모범적 행동에 박수 소리 넣기 등과 같은 약간의 편집은 필요하다.

비디오 자기모델링을 사용할 때 기억해야 할 요점은 비디오를 선행사건 중재로 사용해야 한다는 점이다. 행동지원팀은 행동 발생 가능성이 가장 높은 시간대를 파악해야 한다. 문제행동이 쉬는 시간에 주로 발생한다면 쉬는 시간 직전에 비디오를 보여 주라. 다음 수업으로 넘어갈 때 문제행동이 주로 발생한다면 수업 종이 울리기 전에 비디오를 보여 주라. 비디오를 보여 줄 때는 다른 학생이 화면을 볼 수 없도록 교실 뒤편에 있는 컴퓨터에서 헤드폰을 쓰고 보게 해야 한다. 적절한 행동을 위해 노력하고 있다는 이유로 학생이 놀림을 받는 상황을 예방하는 것은 매우 중요하다.

　개별 중재와 마찬가지로 표적집단 중재는 ABC 원리에 근거를 둔다. 우리는 행동의 **선행사건**, 선행사건과 관련하여 발생한 **행동** 그 자체, 행동을 유지시키는 **후속결과**를 살펴보아야 한다. 행동이 발생한 후 환경에 무슨 일이 일어났는가? 말로만 바르게 행동하라고 해 봐야 소용이 없다. 문제행동을 경쟁행동으로 교체해야 한다. 경쟁행동은 문제행동을 하고 있는 동안에는 발생할 수 없는 행동을 말한다. 예를 들면, 마구 뛰어다니는 아이가 그만 뛰어다니기를 바랄 때 우리는 아이에게 걸어 다니라고 요청한다. 아동은 뛰기와 걷기를 동시에 할 수 없다. 이때 뛰기와 걷기는 서로 경쟁하는 행동이다. 글을 읽지 못하는 학생이 있다고 가정해 보자. 우리 중 누구도 이 학생에게 잘 읽어 보라고 말하기만 하면 기적적으로 글을 읽게 될 거라고 생각하지 않는다. 이 학생이 잘 읽도록 도우려면 우리가 무엇인가를 해야 한다는 것을 우리는 알고 있다. 학생의 행동을 개선하려 할 때도 이와 같은 마음가짐이 필요하다. 이러한 정신적 자세의 예는 12장에 제시되어 있다.

　행동을 변화시키기 위해 우리는 모두에게 유익한 방향으로 행동을 '지도하고 기억하게 하고 연습시키고 칭찬해야(Teach-Imprint-Practice-Praise, 이하 TIPP)' 한다. 첫 번째로, 우리는 행동을 **지도한다**(teach). 적절하게 수행되었을 때 그 행동은 어떻게 보이거나 들리거나 느껴지는가? 두 번째로, 우리는 관련된 환경에서 그 행동의 시범을 보여 주어 학생이 그 행동을 **기억하게 한다**(imprint). 우리 저자들이 도심에 있는 학교에서 연수를 할 때 어떤 학생들이 이를 "가는 게 있어야 오는 게 있지요."(역자 주: 적절한 행동의 모델링을 많이 보여 주어야 학생들도 그 행동을 수행하게 될 거라는 의미)라고 깔끔하게 표현해 주었다. Johnson(개별 교신, 2011)은 "결국 교사가 보는 학생들의 행동은 학생들 앞에서 자신이 보였던 행동 그 자체지요."라고 말했다. 세 번째로, 우리는 학생들에게 행동을 **연습시킨다**(practice). 우리는 이 행동을 사용해야 할 모든 장소에 학생을 데리고 가서 그 장소에 맞는 형태로 학생이 행동을 연습하게 한다. 마지막으로, 우리는 학생이 적절한 행동을 보일 때마다 **칭찬한다**(praise). 칭찬은 교사들이 교실에서 종종 잊고 지내는 퍼즐 한 조각이다. 행동 특정적 칭찬(Behavior-Specific Praise: BSP)은 옐로 존과 레드 존의 학생들이 적절한 행동이 어떻게 보이고 들리고 느껴지는지 기억할 수 있도록 학년 내내 지속되어야 한다. 행동 특정적 칭찬은 사실상 교수방법이다. BSP의 적절한 사용 예시는 다음과 같다.

- "존스(Jones) 선생님 손에 짐이 많은 걸 보고 이렇게 문을 열어드렸구나. '타인 존중하기' 규칙을 정말 잘 실천해 주었어."
- "다른 아이들이 쓰레기를 밟고 넘어지지 않게 쓰레기를 주웠구나. '환경 존중하기'와 '타인 존중하기' 규칙을 정말 잘 실천해 주었어."

다음은 BSP의 부적절한 사용 예시다.

- "잘했어!"
- "훌륭해!"

TIPP는 교실 상황에서의 행동 변화에 가장 중요한 것이기 때문에 우리는 12장에서 TIPP 방법을 다시 살펴볼 것이다.

맺음말

이 장은 학업과 행동지도 전략에 초점을 두었다. 주요 내용은 다음과 같다.

- 보편적 선별
- 사회적 · 학업적 요구 진단
- 진단 차별화
- 교수방법

학생에게 행동지도를 하는 것은 학습을 인지적 영역(cognitive domain), 정의적 영역(affective domain), 심리운동 영역(psychomotor domain)으로 구분한 Bloom의 분류체계에 비유할 수 있다(Bloom, Englehart, Furst, Hill, & Kraathwohl, 1956). 우리는 학생들이 어떤 생각을 했으면 하고 바라는가? 우리는 학생들이 어떤 감정을 느꼈으면 하고 바라는가? 우리는 학생들이 자신의 손과 발로 무엇을 했으면 하고 바라는가? 머리(Head)-마음(Heart)-손(Hands)의 3H로 기억하면 편리할 것이다.

4장에서는 소집단을 위한 표적집단 중재를 소개할 것이다. 여기서 다룰 세 가지 유형의 중재는 특별히 학업적 요구, 사회-행동적 요구, 사회정서적 요구를 위한 것이다. 4장에서 다룰 주요 요소는 다음과 같다.

- 또래교수
- 교수적 수정
- 학생 동아리
- 사회-행동 집단 중재
- 멘토링

4장

어떤 학생이 표적집단 중재를
필요로 하는가

3장에서는 학업 및 행동중재와 효과적인 중재의 중요성을 알아보았다. 이 장에서는 SWPBIS의 2차 지원에 사용되는 다음 전략들을 살펴볼 것이다.

- 또래교수
- 교수적 수정
- 학생 동아리
- 사회–행동 집단 중재
- 멘토링

　4장은 학습과 행동에 어려움을 보일 우려가 있는 소집단의 학생들에게 적용되는 표적집단 중재에 초점을 둔다. 이 중재는 개별 학생의 필요에 맞게 고안되지만 고도로 개별화된 것은 아니다(Stormont, Lewis, Beckner, & Johnson, 2008). 앞에서 말했듯이 표적집단 중재는 행동문제를 보일 위험이 높거나 보편적 중재에 만족스러운 반응을 보이지 않는 학생을 위한 것이다. 표적집단 중재를 받는 학생들은 중재에 신속하게 반응할 것으로 기대되는 적극적 참여자들임을 기억할 필요가 있다. 표적집단 중재는 언제든지 적용할 수 있도록 계획하여 학생들이 오래 기다리지 않고 며칠 내로 시작할 수 있어야 한다. 또한 표적집단 중재는 소집단 학생들에게 실행하기가 용이해야 하고 교사가 최소한의 노력으로 실시할 수 있어야 한다(Hawken, Adolphson, MacLeod, & Schumann, 2009).

소그룹으로 진행되는 표적집단 중재는 학업 전/학업 기술 영역, 사회–행동 영역, 사회정서 영역으로 범주화할 수 있다(Stormont et al., 2008). 학업 전/학업 기술 영역의 표적집단 중재에는 또래교수, 교수적 수정, 숙제 동아리, 학업 동아리, 신입생 동아리 등이 있다. 사회–행동 집단 중재에는 사회성 기술 집단과 자기조절 집단 등이 있다. 멘토링은 사회정서 표적집단 중재의 예다.

이 세 범주에 더하여 이 장에서는 다음 두 가지의 표적집단 중재에 관해 간단하게 다룰 것이다. 이 두 가지 중재는 8장에서 좀 더 자세히 소개할 것이다.

- 행동교육 프로그램(Behavior Education Program, 이하 BEP) 또는 체크인 체크아웃(CICO; Crone, Hawken, & Horner, 2010)
- 확인과 연계(Check & Connect; Christenson et al., 2008)

CICO는 SWPBIS가 실행되는 학교에서 표적집단 중재로 점점 더 많이 쓰이고 있으며 그 효과를 지지하는 연구가 증가하고 있다(Hawken et al., 2009). 확인과 연계는 학업중단 예방 영역에서 What Works Clearinghouse의 기준을 충족하는 증거기반 실제다(U.S. Department of Education, 2012). 이 두 가지는 성공적으로 학생을 참여시키고 관계를 형성하는 특정 연구기반 중재를 다루는 8장에서 살펴볼 것이다.

이 장에서는 2008년 Stormont와 동료들이 제안한 구성요소를 일부 수정하여 학업 전/학업 기술 영역, 사회–행동 영역, 사회정서 영역을 중심으로 표적집단 중재를 살펴볼 것이다(〈표 4-1〉 참조).

표 4-1 표적집단 중재

학업 전/학업 기술 영역	사회-행동 영역	사회정서 영역
또래교수	사회성 기술 집단	멘토링
교수적 수정	자기조절 집단	
학생 동아리 • 숙제/학업 • 신입생		

출처: Stormont, Lews, Beckner, & Johnson (2008). 저자의 허락하에 수정함.

학업 전/학업 기술 영역의 표적집단 중재

또래교수

또래교수(peer tutoring)는 학생이 다른 학생을 가르치는 것을 말하며 수학, 읽기, 철자에서 낮은 성취를 보이는 저소득층 초등학생에게 효과적으로 사용되어 왔다(Barley et al., 2002). 일반적으로 또래교수는 학급 내 학생들이 짝을 이루어 실행한다. 학생들을 짝지을 때 사용되는 일반적인 방식에는 세 가지가 있다. 첫 번째는 비슷한 능력을 가진 두 학생이 짝이 되어 튜터(tutor)와 튜티(tutee) 역할을 번갈아 하는 것이다. 두 번째 방법은 학업이 좀 더 우수한 학생과 학업에 어려움이 있는 학생으로 짝을 구성하는 것이다. 세 번째 방법은 상급 학년 학생이 자신보다 아래 학년 학생을 가르치는 것이다. 그러나 이 경우에는 두 학생 모두에게 학업적 유익을 미칠 때만 또래교수라고 할 수 있다(Barley et al., 2002). 문헌을 통해 널리 알려진 또래교수의 세 가지 접근은 다음과 같다.

1. 학급차원의 또래교수(ClassWide Peer Tutoring: CWPT; Greenwood,

Delquadri, & Carta, 1988)

2. 또래보조 학습전략(Peer Assisted Learning Strategies: PALS; Simmons, Fuchs, Fuchs, Hodge, & Mathes, 1994)

3. 상보적 또래교수(Reciprocal Peer Tutoring: RPT; Pigott, Fantuzzo, Heggie, & Clement, 1984)

이 접근들은 또래교수의 활용을 집중적으로 고찰한 연구자들에 의해 개발되었다. 다음은 이 각각에 대한 간단한 설명이다.

학급차원의 또래교수

Greenwood와 동료들의 연구를 기반으로 개발된 학급차원의 또래교수(이하 CWPT)에서는 각 과목에서 다루는 기초 지식을 배우기 위해 학생들이 짝을 이루어 함께 공부한다(Greenwood, Delquadri, & Carta, 1988; Greenwood, Carta, & Kamps, 1990). CWPT는 주로 학습지를 완성하거나 스스로 마쳐야 하는 활동을 하는 시간에 진행되며, 한 번에 30분씩 주 2~5회 정도 실시된다. 교사는 ① 학생 짝 배정하기, ② 튜터와 튜티 역할 지도하기, ③ 평가 자료 준비하기, ④ 또래교수 활동 모니터링하기, ⑤ 학생들이 사용할 자료 준비하기 등을 담당한다. 한 번의 수업 내에서 학생들은 역할을 바꿔 가며 튜터와 튜티를 모두 담당하게 된다. CWPT에서는 학생 짝들이 모여 팀을 만들고 각 팀은 수행에 따른 상을 받는다. 학생 짝과 팀은 일반적으로 주 단위로 바뀐다. Greenwood 등(1990)은 다음과 같은 요소들이 CWPT의 효과를 이끌어 냈다고 하였다.

- 고도로 구조화된 또래교수 활동
- 또래교수 행동에 대한 주의 깊은 모니터링
- 또래교수 참여자가 받는 구체적인 훈련

- 튜터 역할에 잘 준비된 학생들
- 또래교수 활동을 모니터링하면서 피드백을 제공하는 교사

또래보조 학습전략

Simmons와 동료들(1994)의 연구를 바탕으로 개발된 또래보조 학습전략 (이하 PALS)은 또래교수를 기초적인 기술 이상의 영역으로 확장한 것이다. PALS는 전략적 읽기 능력을 증진시키기 위해 고안된 것으로, 학생들은 ① 읽고 있는 정보를 총체적으로 검토하고, ② 정보를 계열화하며, ③ 문단과 쟁점을 요약하고, ④ 주요 내용을 최소한의 단어로 서술하며, ⑤ 결과를 예측하고 검토하는 데 필요한 기술을 배우게 된다(Mathes, Howard, Allen, & Fuchs, 1998). 교사와 학생들이 사용할 수 있는 몇몇 PALS 자료가 시중에 판매되고 있다. 그러나 PALS는 학업적으로 우수한 학생이 저성취 학생과 짝을 이루기 때문에 CWPT와 같이 역할을 교대하면서 상보적(reciprocal)으로 진행하지 않는 경우가 많다.

상보적 또래교수

세 번째 전략인 상보적 또래교수(이하 RPT)는 또래 간 협동을 증진시키고 학습자의 자기통제를 향상시키기 위해 고안되었다. RPT는 학생 짝이 교사와 학생의 역할을 번갈아 맡는다. RPT에서는 학습이 진행되는 동안 학생 짝이 무엇을 해야 할지 안내하기 위해 또래교수 형식이 구조화되어 있다. 또한 학생들이 함께 고안하고 평가하는 협동적 보상체계가 사용된다. 이 체계에서는 학생들이 자신의 강화절차를 스스로 관리한다(Pigott et al., 1984). RPT를 실시할 때는 학생과 교사가 협력하여 목표를 설정한다. Fantuzzo, Davis와 Ginsburg(1995)의 연구에서는 학업성취도가 낮은 학생들에게 RPT를 적용했을 때 수학 수행과 성취가 증진되는 것으로 나타났다.

교수적 수정

교수적 수정(instructional modifications)은 학습에 어려움을 보이는 학생을 교실 환경에서 지원하기 위한 것이다. 교수전달 방식의 변화와 교실의 물리적 배열 조정(자세한 내용은 9장 참조)이 표적집단 중재를 필요로 하는 학생에게 자주 사용되는 수정방식이다. 교수적 수정은 교사중심으로 이루어질 수도 있고 학생중심으로 이루어질 수도 있다. 학생중심의 수정은 학생이 정보의 학습에 참여하고 반응하는 방식을 바꾸는 데 초점을 두는 반면, 교사중심의 수정은 정보를 제시하는 방식을 바꾸는 것이다. 적절한 수정을 선택하기 위해서는 개별 학생의 특성과 필요 그리고 학생이 수업방식과 어떻게 상호작용하는지를 고려해야 한다. 그뿐만 아니라 수업이 어떻게 제시되는지, 학생이 어떻게 반응하는지, 학생의 평가는 어떻게 이루어지는지, 표적집단 중재를 필요로 하는 학생을 위해 수업이 어떻게 수정되어 왔는지도 고려해야 한다(Algozzine & Algozzine, 2009; Kerr & Nelson, 2010).

다음은 학생이 성공을 경험할 수 있도록 돕기 위해 자주 사용되는 수정의 예다.

- 과제를 완수할 시간을 추가로 허용하기
- 학생이 완성해야 할 과제의 분량을 줄이거나 풀어야 할 문제의 개수를 줄이기
- 학생이 문제에 답할 때 컴퓨터나 녹음기를 사용할 수 있게 하기
- 학생이 질문에 대한 답을 쓰는 대신 말로 할 수 있게 허용하기
- 학생에게 지시를 할 때 지시의 내용을 명확하고 간결한 설명과 함께 글로도 써 주고 구두로도 전달하기
- 아이디어를 구조화하기 위해 개념지도를 활용하기

학생 동아리

학생 동아리(student clubs)는 비슷한 형태의 표적집단 중재를 필요로 하는 소집단의 학생들을 위해 종종 활용되는 것으로 특히 학업이나 사회적 행동과 관련된 문제를 가진 학생들에게 적용된다. 동아리에 가입하는 학생들은 학업 기술을 증진시킬 기회뿐 아니라 동아리 활동에 참여하는 동안 또래 및 성인과의 상호작용을 통해 사회성 기술을 성장시킬 기회도 갖게 된다(Lewis, 2007). 다음은 다양한 유형의 동아리(숙제 동아리, 학업 동아리, 신입생 동아리)에 대한 간단한 소개다.

숙제 동아리

숙제 동아리(homework clubs)는 학업에 어려움을 보이는 학생들을 위한 것이다. 숙제 동아리에서 제공되는 지원을 통해 학생은 여러 유익을 얻을 수 있다. 숙제 동아리에 가입한 학생은 학업에 관련된 정보를 주고받을 짝을 갖게 된다. 학생들은 짝과 함께 과제와 프로젝트에 대해 의논하고 숙제의 기한을 서로에게 알려 주기도 한다. 짝이 되는 학생들은 프로젝트와 숙제를 완성하기 위해 함께 공부하기도 한다. 숙제 동아리는 방과 후 특정 형태의 학업지원을 제공하기도 한다. 이러한 지원은 학생이 주어진 과제를 할 수 있도록 돕는 튜터에 의해 제공된다. 일부 숙제 동아리는 학생의 진보를 기록하여 학생이 향상을 보였을 때 정적 강화를 제공하기도 한다.

학업 동아리

학업 동아리(academic clubs)는 특정 내용 영역에서 지원이 필요하거나 특정 영역에 흥미를 가진 학생들을 위한 것이다. 이 동아리에는 비슷한 흥미를 가지고 있는 또래들과 학업적 노력을 함께하려는 학생이나 특정 과목에 대해 좀 더 배우고 싶은 학생들이 가입한다. 학생들은 짝과 함께 또는 집단이나 팀을 이루어 프로젝트를 할 수도 있다. 이 동아리의 학생들은 종종 수업 시작 전이나 방과 후에 관심 있는 학업 분야에 능통하여 학생들의 탐색을 도와줄 성인과 만나게 된다. 학업 동아리의 예로는 과학이나 수학 동아리를 들 수 있다.

신입생 동아리

신입생 동아리(new student clubs)는 학교에 새로 들어온 학생을 위한 것이다. 신입생 동아리 회원들에게는 또래들(주로 표적집단 중재를 받는 또래들)이 학교차원의 기대행동을 소개해 준다. 이 또래들은 신입생들이 새로운 학교 공동체에 적응하는 동시에 학교를 편안하게 느끼게 하는 방식으로 정보와 지원을 제공한다. 신입생 동아리 활동의 예로는 학교 투어를 하는 것과 교직원 및 학생들에게 신입생을 소개하는 것을 들 수 있다.

사회-행동 영역의 표적집단 중재

사회-행동 영역의 표적집단 중재는 유사한 문제행동이나 비슷한 이유로 발생한다고 추측되는 문제행동을 가진 학생들을 위한 것이다. 이러한 행동에는 관심을 얻기 위한 행동과 회피를 위한 행동이 포함된다. 사회성 기술 집단과 자기조절 집단은 좀 더 적절한 사회성 기술을 연습해야 하는 학생이나 좌절하거나 화가 날 때 수용 가능한 방식으로 행동하는 법을 배워야 하는 학생에게 자주 추천되는 중재다. 이러한 중재집단에의 참여는 학생이 스스로 선택할 수도 있고 타인이 권할 수도 있지만, 학생의 자발성이 필수적임을 명심해야 한다.

사회성 기술 집단

사회성 기술 집단(social skills groups)은 보통 2~10명 정도의 소집단으로 이루어지며 특정 사회성 기술 훈련(training)이나 교수(instruction)가 제공된다. 교수와 훈련은 학생이 보이는 행동의 기능(학생이 부적절한 행동을 하는 이유)에 따라 결정된다. 훈련이 진행되는 동안 학생들은 학교차원의 기대행동 매트릭스에 명시된 적절한 교체행동을 배운다. 학생들에게는 새롭게 배운 기술을 연습할 기회가 제공되고 바람직한 행동에 근접한 행동을 하면 인정과 강화가 주어진다. 교수는 보통 교실 환경 외의 장소에서 제공되지만 학생들을 담당하는 교사들은 교수와 관련된 의사결정 절차에 참여하며 중재에 참여하는 학생들에게 어떤 기술을 가르치는지에 대한 정보를 제공받는다. 구매할 수 있는 상업적 사회성 기술 교육과정도 많이 있다. 하지만 상업적 교육과정의 구매를 고려할 때는 구매 전에 그 교육과정을 면밀히 조사하여 그 교육과정에서 다루는 기술이 학교차원의 기대행동과 일맥상통한지를 확인할 필요가 있다.

자기조절 집단

자기조절 집단(self-management groups)은 학생들이 성공적으로 갈등을 해결할 수 있는 기술을 가르치는 데 중점을 둔다. 즉, 또래 압력에 저항하기, 긍정적-부정적 피드백을 주고받기, 분노와 좌절의 감정을 인식하고 표현하기, 쟁점과 갈등을 사회적으로 수용 가능한 방식으로 해결하기 등의 기술 지도가 초점이 된다. 갈등을 조절하고 해결하는 방법뿐 아니라 비판을 수용하고 자신이 한 선택과 결정의 결과를 받아들이는 것과 관련해서도 교수가 필요하다. 이 중재와 관련해서는 시중에서 구매할 수 있는 많은 교육과정이 있다. 앞서 말했듯이 구매를 결정하기 전에 교육과정을 자세히 조사하여 학교차원의 기대행동에 부합하는지를 확인해야 한다.

사회정서 영역의 표적집단 중재

멘토링

멘토(mentors)는 학생의 참여와 학생과 학교와의 유대감을 높일 필요가 있을 때 자주 사용된다. 학생의 문제가 학업 성취, 행동, 출석, 사회적 상호작용, 사회성 기술 발달, 타인과의 의사소통 등일 때 멘토는 표적집단 중재를 필요로 하는 학생에게 긍정적인 롤모델을 제공할 수 있다(Wheeler, Keller, & DuBois, 2010). 멘토는 배정받은 학생과 관계를 맺고 격려와 지원을 통해 시범을 보이고 기술을 지도하여 학생이 자신이 속한 환경에서 성공을 경험하게 한다. 멘토는 학업의 어려움을 겪고 있거나 학업 실패를 경험한 학생, 관심을 얻기 위해 바람직하지 않은 행동을 보이는 학생 또는 적절한 롤모델이 없는 학생에게 중재를 제공할 때 활용되기도 한다(Lewis, 2007). 멘토는 또한 다음과 같은 기술에 대한 모델링과 안내를 제공한다.

- 수업에 늦지 않기
- 또래 및 성인과 긍정적이고 적절한 상호작용하기
- 바른 의사결정과 긍정적 행동을 증진시키기
- 정리정돈 잘하기
- 학업, 사회성, 행동 면에서 참여를 잘하고 성공적으로 수행하기

멘토링 프로그램에는 학교뿐 아니라 지역사회의 다양한 사람이 참여한다. 교내 멘토에는 학생들을 일상적으로 만나는 동시에 지원자로서의 역할

을 기꺼이 수행하기로 한 교사, 상담교사, 행정실 직원, 미화원, 학교 식당 종사자, 학교 보안 담당자 등이 포함될 수 있다. 어떤 경우에는 학교 행정가들도 멘토링을 한다. 그러나 학교 행정가들은 권한을 가진 인물로 인식되는 경향이 있기 때문에 학교 행정가에게 학생을 배정할 때는 주의를 기울여야 한다(Stormont et al., 2008). 그렇지 않으면 학생과 멘토(행정가) 간 관계는 권력 불균형을 겪을 수 있으며 이는 멘토와 멘티 간 관계가 발전하는 데 부정적인 영향을 미칠 수 있다. 좀 더 다양한 멘토를 확보하기 위해서는 인근 기업에서 일하는 사람들, 서비스 기관 종사자, 부모, 조부모, 은퇴한 사람들, 대학생과 교수, 상급학교 학생(예: 초등학생이나 중학생에게는 고등학생, 초등학생에게는 중학생, 취학 전 학생에게는 고학년 초등학생) 등과 같은 지역사회 사람들을 멘토로 참여하게 하라(Lewis, 2007). 또한 2차 지원을 받는 일부 학생의 경우 학생의 필요에 따라 또래 학생을 멘토로 활용할 수도 있다.

Lewis(2007)는 멘토링 프로그램을 개발할 때 고려해야 할 사항을 다음과 같이 제시하였다.

- 학생이 멘토로 활약하기 위해 충족해야 할 필수 기준
- 멘티에게 가장 잘 맞는 멘토(인성, 성별, 멘토링에 할애할 수 있는 시간, 헌신도 등의 기준에 따라) 선정
- 멘토링 과정의 지침과 절차
- 멘토와 멘티가 참여할 활동
- 멘토와 멘티에게 제공할 오리엔테이션과 훈련
- 멘토링 과정의 점검체계와 효과 평가방식

멘토링 프로그램이 성공적으로 실행되었을 때 예상 가능한 성과 중 하나는 멘토링을 받은 학생의 참여 증진이다(Sinclair, Christenson, Evelo, & Hurley, 1998). 멘토링을 받은 학생들은 출석률 증가, 학업 수행 개선, 과제와 숙제의

완성도 향상, 성적 향상, 또래 및 성인과의 긍정적 상호작용 증진도 경험하였다(Anderson, Christiansen, Sinclair, & Lehr, 2004). 멘토링 프로그램의 성공적 실행은 부모의 참여를 높이는 결과를 가져오기도 하였다(Anderson et al., 2004).

맺음말

이 장에서는 보편적 중재에서 제공되는 것 이상의 지원을 필요로 하는 소집단 학생들에게 적절한 2차 지원을 살펴보았다. 이 학생들은 2차 지원이 성공적으로 실행되면 더 많은 긍정적 성과를 경험할 수 있다. 이 장에서 논의한 중재는 다음과 같다.

- 또래교수
- 교수적 수정
- 학생 동아리
- 사회−행동 집단 중재
- 멘토링

5장에서는 교실에서 발생하는 방해행동을 개선하는 데 도움이 될 교실 수준의 개별 중재를 다룰 것이다. 논의된 방법 중 일부는 방해행동, 규칙 위반, 가벼운 불순응 행동에 초점을 둔다.

5장

교실에서 적용할 수 있는 개별 중재

4장에서는 학업과 행동상의 문제를 보일 우려가 있는 소집단의 학생들을 대상으로 한 표적집단 중재를 살펴보았다. 4장에서 우리는 고도로 개별화된 접근까지는 아니더라도 개별 학생의 요구에 맞는 중재의 중요성을 논의하였다. 이 장에서는 2차 지원을 필요로 하는 개별 학생 대상의 중재를 논의하려 한다. 이 장은 종합적인 기능평가를 필요로 할 정도는 아니지만 다른 학생들에 비해 좀 더 자주 도움을 필요로 하는 학생들을 위한 것이다. 좀 더 심각한 요구를 가진 학생들을 위해서는 『개별 학생을 위한 긍정적 행동지원: 심각한 문제행동을 보이는 학생을 위한 개별 중재』(Riffel, 2011)를 참고하기 바란다.

　이 장은 개별 학생에 대한 일반적 중재를 다룬다. 이 장에는 2차 지원을 필요로 하는 개별 학생에게 적용할 수 있는 여덟 가지 전략이 제시되어 있다. ① 자기조절, ② 선택기회, ③ 프리맥 원리(발생 가능성이 낮은 행동을 강화하기 위해 발생 가능성이 높은 행동이 활용될 수 있음을 주장하는 원리), ④ 근접성 통제, ⑤ 좌석 배치 조정, ⑥ 유머, ⑦ 또래 멘토링, ⑧ 조직화 기술. 학급 학생들의 요구에 따라 이 전략들은 1명의 학생에게 적용될 수도 있고 여러 명의 학생에게 적용될 수도 있다.

자기조절

Hattie(2009)는 유의미한 성과를 거두기에 충분할 만큼 효과 크기가 높은 최고의 중재는 학생의 자기진단 또는 자기평가라고 하였다. 이 책의 7장에서 우리는 훌륭한 성과를 거둘 수 있는 평정 기록지를 다룰 것이다. 우리는 "측정할 수 있는 것이라야 완료할 수 있다."라는 옛말을 믿는다. 학생들이 학업 성적과 사회적인 행동 면의 성장을 스스로 점검할 수 있을 때 자기 삶의 주도권을 갖게 되는 면이 있다. 예를 들어, 교사가 학생의 행동을 평가할 경우 학생은 "선생님이 점수를 낮게 주었군." 하고 돌아서면 그만이지만, 학생이 자신의 행동을 스스로 평가한다면 '이 점수는 내가 노력해서 따낸 거야.'라고 생각할 가능성이 크다.

자기조절(self-management)은 사회적 상호작용의 발달, 적절한 행동, 언어와 의사소통 기술, 상호적인 놀이, 적응 기술을 촉진할 수 있다는 점에서 학교 환경에서의 증거기반 실제가 되었다(Neitzel & Busick, 2009). 자기조절은 유아부터 고등학생에 이르기까지 효과적으로 적용할 수 있는 전략이다. 자기조절 전략들은 방해행동, 불순응 행동, 무례한 행동과 같은 문제행동을 감소시킬 수 있다. 또한 이 전략들은 대인관계, 적응적 생활 기술, 적절한 의사소통 기술 같은 바람직한 행동을 증가시키는 데에도 활용된다(Neitzel & Busick, 2009).

이 책의 마지막 장에는 학생이 자기점검에 사용할 수 있는 평정 기록지 예시가 제시되어 있다. 학업과 관련하여 자기조절 전략을 적용하는 것은 모든 학생에게 적극 권할 만한 일이지만, 특히 적절한 행동을 유지하는 데 어려움이 있는 학생들을 위해서는 행동에 대한 자기조절 전략을 활용할 수 있다.

학생이 자기조절을 하도록 준비시키기

학생과 함께 자기조절 체계를 시작하기 전에 행동지원팀은 이 체계를 충실하고 일관성 있게 실행할 방안을 모색하기 위해 모여야 한다. 이 팀에는 관련된 모든 교사, 해당 학생, 학생의 부모 그리고 행동 관련 전문성을 가진 사람이 포함되어야 한다. 첫 번째 단계는 관찰과 측정이 가능한 목표행동을 판별하는 것이다. 예를 들면, '주의를 집중하기'는 너무 모호한 목표행동이지만

'선생님 쳐다보기'는 좀 더 구체적이고 측정하기 쉬운 목표행동이다. 기능평가 자료를 모을 때와 마찬가지로 행동은 명확하게 정의되어 모든 사람이 지금 측정하는 행동이 무엇인지를 알 수 있게 해야 한다(Riffel, 2011). 팀은 특정 행동을 감소시켜야 할지 아니면 증가시켜야 할지를 선택할 수 있다. 우리 저자들은 긍정적인 행동에 학생의 주의를 집중시키는 편을 선호한다. 즉, "무례하게 굴지 마."라고 말하는 대신 "다른 사람을 존중하는 친절한 말을 쓰자."라고 학생에게 가르치는 것이다. 이렇게 함으로써 학생의 마음에 적절한 행동에 대한 시각적 심상을 심어 줄 수 있다. 구어를 사용하지 않거나 수행수준이 낮은 학생들에게 적절한 행동을 지도할 때는 그림이나 비디오 자기모델링을 사용할 수 있다. 이러한 준비가 끝난 후 자기조절 체계를 학생에게 전달하거나 학생의 책상에 부착하여 스스로 자신의 성공적 행동을 표시하게 한다. 교사 역시 별도로 행동을 표시하여 하루 동안 학생이 표시한 것과 자신이 표시한 것을 비교해 보는 것이 좋다.

유의할 점

어릴 때 혀를 내미는 문제행동 때문에 자기조절 중재를 받았던 친구가 있다. 그녀를 지도했던 언어치료사는 메모지에 얼굴 그림과 함께 "혀는 입안에 두자."라는 문구를 써서 책상에 붙여 두었다. 그 반의 모든 학생은 책상 위의 메모지를 명료하게 볼 수 있었고 이후 수년간 혀를 입안에 두는 것과 관련하여 무자비하게 많은 놀림을 받았다. 어른이 된 후에도 그녀는 이 기억을 이야기할 때마다 늘 화가 난다고 했다. 그 일은 그녀의 사회적 상호작용에 명백하게 부정적인 영향을 미쳤다. **신중해야 한다.** 우리 저자들은 교실의 다른 학생들이 자기점검을 통해 측정되는 바를 알지 못하도록 자기점검지를 폴더 안, 책상 안에 넣거나 주머니에 들어가는 작은 카드로 만들거나 단순히 책상 한 쪽 끝에서 다른 쪽 끝으로 클립을 옮기는 방식으로 점검하기를 추천한다.

목표

학생들이 새로운 행동에서 진보를 보이면 학생의 현재 목표가 적절한지를 평가해 보아야 한다. 예를 들면, 교사는 "오늘은 선생님이 과제를 준 지 3분 만에 과제를 시작했구나. 대단한 걸! 내일은 2분 안에 시작하는 걸 시도해 볼까? 선생님은 네가 할 수 있을 거라고 믿어." 하는 식으로 말할 수 있다. 학생이 자신의 진보에 자부심을 갖게 하고, 새로운 행동에 숙달되어 가면 새로운 목표를 세우도록 도우면 된다. 이것이 바로 행동의 긍정적 측면에 초점을 두는 것이 중요한 이유다.

학생의 선택

미시간 대학교에서 수행한 연구에 따르면 학생들에게 단일 항목을 지정해 주는 것보다 몇 가지 유사한 선택권을 주면 순응행동의 성공률이 높아진다고 한다(Ambrose, Bridges, DiPietro, Lovett, & Norman, 2010). 교사들은 학생들이 책임감 있게 행동하지 않는다고 종종 불평하지만, 이러한 교사들은 하루 종일 학생들에게 지시만 내리는 경우가 많다. 학생들에게 독립성과 책임감을 갖게 하는 최우선의 방법은 학생들에게 선택의 기회를 통한 책임감을 연습하게 하는 것이다(Kohn, 2011). Constance Kamii(1991)는 다음과 같이 말했다.

> 우리는 아이들이 학교생활 내내 기성세대의 가치관과 신념에 순응하다가 어른이 되었을 때 갑자기 선택을 잘하게 되리라고 기대할 수 없다. 같은 원리로 학교에서 보상과 처벌에 따라 움직이던 아이들이 어른이 되면 Martin Luther King의 용기를 가질 거라고 기대할 수도 없다(p. 387).

스스로 선택한 것에 대해 학생들은 높은 의욕을 보인다(Birdsell, Ream,

Seyller, & Zobott, 2009). 학생이 불순응 행동을 보일 때 비슷한 두 가지 행동이나 활동 중에 선택을 할 수 있게 해 주면, 그 두 가지가 갖는 가치가 다르지 않는 한 학생은 그 두 가지 중 하나를 선택할 것이다(Fox, Dunlap, & Powell, 2002). 활동지를 할 것인지, 훈육실로 갈 것인지를 선택하게 하는 것은 선택권 부여의 예라고 할 수 없다. 가치가 비슷한 선택권을 주는 예시는 다음과 같다. "이 두 활동지 중 네가 원하는 것을 선택하렴. 둘 중 어느 것을 골라도 좋아. 네가 정하는 거야."

우측 귀 선택

Marzoli와 Tomassi(2009)는 아동이나 성인이 구두로 의사소통을 할 때 우측 귀와 좌반구의 이점에 대해 연구하였는데, 불순응 행동을 보이는 학생들에게 단순히 선택권을 제시했을 때에 비해 우측 귀에 대고 선택권을 제시하는 말을 했을 때 훨씬 더 효과적임을 발견하였다. 우측 귀로 전달된 정보는 뇌에서 언어과정을 담당하는 좌반구에서 처리된다. Marzoli와 Tomassi(2009)의 연구에 근거하여 지시를 잘 따르지 않는 학생에게 우측 귀를 이용하여 대화를 하면 좀 더 긍정적인 반응을 끌어낼 수 있다. 우리 저자들은 이 접근을 이용하여 확실하게 성공해 본 경험에 근거하여 불순응 행동의 징후를 보이는 학생이 있을 경우 학생의 키 높이에 맞게 몸을 낮추고 학생의 오른편에 서서 우측 귀에 대고 비슷한 두 가지 이상의 선택을 제시하는 방식으로 접근하기를 권한다. 이렇게 하면 당신과 학생 간 대화가 지속될 수 있고 학생이 불순응 행동을 보이는 상황을 피할 가능성이 높아진다.

Dave Cihak은 2006년에 Laura Riffel과 함께 조지아주에서 진행했던 강의에서 학생을 훈육할 때는 "신속하고 조용하게 말한 후 빨리 끝내라."라는 모토를 제시했다. 교사가 학생의 오른편에서 학생에게 다가가는 방법을 쓰면, 학생과 눈을 정면으로 마주칠 때보다 위협적으로 보일 가능성을 줄일 수 있고 학생의 우측 귀에 다가가 선택기회를 제공할 수도 있게 된다. 또한 학생을 당황하게 만들어서 교사–학생 간 관계가 나빠지는 상황도 막을 수 있다 (Riffel, 2011). 교사가 학생보다 높은 위치에 서서 불순응 행동을 꾸짖으면 교사–학생 간 관계가 깨질 뿐 아니라 친구들 앞에서 그 학생에게 망신을 주는 것이 된다. 학생들은 이렇게 자신이 망신을 당하는 상황일 때 폭발행동을 할 가능성이 크다. 친구들 앞에서 학생을 교정하면 학생의 분노와 당혹감을 유발할 수 있고 교정에 대한 학생의 반응이 다른 친구들에게 뭔가를 보여 주려는 퍼포먼스가 되어 버릴 수 있다(Boynton & Boynton, 2005). 그러므로 우측 귀에 대고 유사한 가치를 가진 구체적 선택지를 제시하는 것은 종종 불순응 행동을 보이는 학생들에게 효과적인 기법이다.

선호하는 활동–프리맥

프리맥 원리 또한 학생들의 바람직한 행동을 성공적으로 증가시키는 데 효과가 있다. 프리맥 원리(Premack, 1965)란 학생이 수행할 가능성이 높은 행동에 소위 '당근'을 매달아서 수행 가능성이 낮은 행동을 하도록 촉진하는 것이다. 예를 들면, 엄마가 준 채소를 다 먹으면 아이스크림을 먹을 수 있음을 아는 아동은 아마도 채소를 다 먹을 것이다. 학교 환경에서의 예를 들자면, 과제를 받고 나서 2분 안에 과제를 시작할 경우 과제의 첫 5개 문제의 답을 알려 주는 것이다. 이 책의 1저자는 매일의 수학시간마다 유행하는 노래 한 곡을 계속 부르며 수업을 방해하는 학생을 지도한 적이 있는데, 이 학생에게 월요일부터 목요일까지 수업시간에 그 노래를 부르지 않으면 금요일에 그 노래의 가사를 그 주에 배운 내용으로 바꾸어 친구들 앞에서 공연할 수 있는 기회를 주겠다고 했다. 학생은 이 제안을 기꺼이 수용했고 친구들도 그 학생의 공연을 매우 즐거워했기 때문에 이 공연이 학급 전체에게 그 주의 보상으로 작용하게 되었다. 그 학생은 실제로 유행하는 노래의 가사를 수학의 기본 원리나 정리(theorems)로 바꾸는 것을 매우 잘했다. 교사가 프리맥 원리를 잘 활용하는 비결은 교실 내의 각 학생에게 효과적인 당근이 무엇인지를 알아내는 것이다.

지금/그러면

간단하게 말해서 프리맥 원리는 '지금/그러면(now/then)' 또는 '먼저/그다음에'라는 명제다. 몇 가지 예를 들면, 다음과 같다.

- "이 과제를 열심히 하면 수업이 끝날 즈음에 친구들과 이야기 나눌 시간 5분을 줄 거예요."
- "발표를 하고 싶을 때 손을 들고 선생님이 이름을 부를 때까지 기다리는 것을 모두가 잘하면 점심을 먹고 나서 선생님이 매일 들려주는 동화를 하나 더 들려줄게요."
- "내일 모두가 숙제를 해 온다면 이번 주말에는 숙제를 내지 않을 거예요."

이 모든 것은 당근의 원칙이다. 이 예시에서 학생들이 친구와 이야기 나누는 것, 점심 먹고 나서 교사가 들려주는 동화를 듣는 것, 숙제 없는 주말을 보내는 것에 관심이 없다면 이 같은 전략은 아무 효과가 없다. 교사는 학급 전체에게 강화를 제공할 때 학생들에게 강화로 작용할 수 있는 것이 무엇인지 파악해야 한다. 개별 학생에게 이 원칙을 적용할 때는 그 학생이 선호하는 것을 기반으로 해야 한다. 다음은 개별 학생에게 적용한 예시들이다.

- "이 수학과제에서 A를 받으면 오후에 15분 동안 컴퓨터를 할 수 있어요."
- "모둠별 읽기시간에 자리에 잘 앉아 있으면 방과 후 15분 동안 경비원 아저씨를 도와 학교를 순찰할 수 있어요."
- "오늘 하루 동안 다른 사람들과 적절한 거리(역자 주: 상대방이 불편하게

느낄 정도로 가까이 다가가지 않는 거리)를 유지하면 마지막 쉬는 시간이 끝난 후 교장선생님과 체커스(checkers) 게임을 하게 해 줄게요."

프리맥 원리는 무언가를 사 주거나 실물을 제공하는 것만을 의미하지는 않는다. 예를 들면, 우리 성인들은 다이어트를 하면 날씬해진다는 사실만으로 내적인 동기부여가 된다. '지금/그러면'을 여기에 적용한다면 '지금 식사량을 줄이자. 그러면 날씬해진다.'가 될 것이다. 학생들이 내적 동기를 가지려면 초기에는 외적인 동기부여가 필요하다(Cameron & Pierce, 2002).

근접성

근접성 통제(proximity control)는 세상의 모든 교사가 사용하는 오래된 방법이다. 교사가 의자에 앉아 일방적 강의를 하던 시대는 이미 끝난 지 오래다. 학생들이 수업에 집중하고 참여하게 하기 위해 교사가 교실을 돌아다니며 학생들과 계속 상호작용을 해야 한다. 교사의 통제 거리 밖에 있는 학생들은 교사와 연결된 느낌을 갖지 못하며 결국 바람직하지 않은 행동을 할 가능성이 높다(Wong & Wong, 2004).

교실에서 근접성 통제를 사용할 때 교사들이 하지 말아야 하는 두 가지 행동이 있다. 하나는 학생이 원하는 바를 만족시키는 행동(feeding behavior)이고 다른 하나는 학생이 예상할 수 있는 행동(predictable behavior)이다.

학생이 원하는 바를 만족시키는 행동

근접성 통제를 적용할 때는 아무래도 부적절한 행동을 하고 있는 학생을 향해 움직이게 된다. 어떤 학생에게는 이것이 효과적이지만, 어떤 학생에게는 교사의 행동을 길들이는 묘수가 된다. 학생은 이렇게 생각할 수 있다. "선생님이 항상 내 곁에 있었으면 좋겠어. 내가 난리를 칠 때마다 선생님이 내 곁에 오시는군. 그럼 계속 난리를 쳐서 선생님이 내 곁에 계속 머무르게 해야 겠다." 교사는 이와 같이 학생이 문제행동을 통해 달성하려는 기능을 본의 아니게 만족시키지 않도록 유의해야 한다. 학생이 당신을 가까이 오게 하기 위해 부적절한 행동을 할 경우에는 학생이 바른 행동을 했을 때 학생에게 가까이 가고 부적절한 행동을 했을 때는 가까이 가지 않아야 한다. 이렇게 함으로써 학생은 점차 적절한 행동을 해야 교사를 가까이 오게 할 수 있음을 배울 것이다.

학생이 예상할 수 있는 행동

근접성 통제를 적용할 때는 당신의 보행 패턴이 예측 가능하지 않도록 유의해야 한다. 당신이 항상 교실 좌측에서 우측을 향해 8자 형으로 걷는다는 것을 학생들이 알아차리면 학생들은 열심히 하지 않아도 되는 시간을 예측할 수 있다. 보행 패턴을 바꿔 가며 교실을 돌아다니도록 하라. 지그재그형, 8자형, 원형, 일자형, 역 8자형(backwards eight), 깜짝 출현형(surprise pop-up) 등의 여러 보행 패턴 중 그 시간에 사용할 패턴을 포스트잇에 써서 책상 위에 붙여 놓고 스스로를 상기시킬 수도 있다. 여기서 깜짝 출현형이란 수학 문장제 문제나 서술식 문제를 풀 때 모범이 될 만한 특정 학생을 찾아내어 그 학생 가까이로 갑자기 다가가는 것이다. 이렇게 하면 학생들은 교사가 그다음에는 누구를 찾아내어 갑자기 다가갈지를 계속 궁금해할 것이다.

좌석 배치

우리 저자들은 좌석 배치(seating arrangement)가 교실에서의 흐름(flow)에 매우 중요하다고 생각한다. 학생들의 좌석을 배치할 때 고려해야 할 사항은

① 움직임(movement), ② 방향(orientation), ③ 시야(visibility)의 세 가지다. 이 책의 1저자는 이와 관련하여 초등학교 6학년 때 실제적인 경험을 한 적이 있다. 학급에서 가장 키가 작았던 저자는 6학년 교실에 있는 의자에 앉았을 때 발이 땅에 닿지 않았다. 그 시절에는 교사들이 모든 학생은 똑바르게 허리를 펴고 앉아야 하고 의자의 네 다리와 학생의 두 발이 바닥에 딱 붙어 있어야 한다고 믿었다. 교사들은 학교 관리인에게 3학년 교실에서 책상과 의자를 구해 달라고 하여 저자의 두 발이 바닥에 닿게 해 주었다. 그 학급은 또한 1년 내내 이름의 알파벳 순서에 따라 앉아야 했는데 당시 1저자의 성은 알파벳의 거의 마지막인 W로 시작되었다. 그래서 1저자는 가장 낮은 의자에 앉은 채 교실의 맨 뒷자리에 위치하게 되었다. 1저자는 앞에 앉은 학생들 때문에 아무것도 볼 수가 없었다. 당시의 담임교사는 자리에서 일어나면 자로 손가락을 때리는 걸로 악명이 높았기에 저자는 1년 내내 칠판을 보지 못한 채 칠판에 적힌 것들을 짐작만 할 뿐이었다. 그해를 돌아보면 별로 배운 게 없는 것 같다. 이와 같이 좌석 배치는 중요하다.

움직임

근접성 통제를 적용하려면 학생들이 의자마다 자신의 가방을 걸어 놓은 복잡한 교실이라 해도 교사는 그 사이를 자유롭게 다닐 수 있어야 한다. 학급을 처음 맡았을 때 어떤 가구가 거기 있었다고 해서 그 가구가 계속 거기에 있어야 하는 것은 아니다. 책상, 책장, 성인의 책상 등 불필요한 물건이 있다면 학교 관리인에게 치워 달라고 부탁하라. 움직일 공간이 많을수록 당신과 학생들에게는 좋은 일이다. 우리 저자들은 교사가 어떤 학생에게든 1분 내에 도달할 수 있어야 한다고 생각한다. 이를 위해 모든 통로는 잡동사니나 불필요한 물건이 없이 탁 트인 상태여야 한다.

방향

모든 학생은 자신이 필요로 하는 정보를 정면으로 볼 수 있어야 한다. 스마트 보드를 보기 위해 비스듬히 몸을 틀어야 하거나 몸을 돌려야 하는 상황은 학습 몰입을 방해할 가능성이 크다. 가장 좋은 좌석 배치 계획 중 하나는 학생들의 의자가 주요 교수 공간을 향하여 U자로 놓이게 되는 '수정된 U자형(modified 'U' shape)'이다. [그림 5-1]에서 보듯이 모든 학생은 정면을 향하고 교사는 모든 학생에게 1분 이내에 갈 수 있다. 이 주제에 대한 추가의 정보는 9장에서 다룰 것이다.

[그림 5-1] 좌석 배치

시야

교실에서의 시야라는 주제는 많은 요소를 고려하게 만든다. 첫째, 학생들이 필요한 자료를 볼 수 있는가? 둘째, 교실의 조명은 어떠한가? 너무 밝거나 너무 어두운 것은 아닌가? 셋째, 교실이 시각적으로 주의를 분산시키거나 학생들이 복도 쪽 문을 향하고 있어서 주의집중이 어려운 것은 아닌가? 넷째, 교사가 1~2명의 학생이나 소집단 학생을 지도하고 있는 동안에도 모든 학생을 볼 수 있는가?

유머

우리는 Bandura(1976)가 말한 대로 행동이 학습된다는 것을 알고 있다. 교사가 특정 자극이나 계기에 대해 분노, 좌절 또는 기타 부정적 반응을 표출하면 학생들은 그러한 교사를 감정 자판기로 여기고 자신이 원하는 상품(감정적 반응)이 나오게 하려면 어느 버튼을 눌러야 할지 정확하고 신속하게 배운다. 누구나 잘 아는 『리더스 다이제스트(Reader's Digest)』 잡지에는 '웃음은 최선의 치료제다.'라는 제목의 섹션이 있는데 이 말은 교실에도 동일하게 적용된다. 학생들에게 유머(humor)를 활용하고 이들의 행동을 진단하면서, 바라는 것을 얻거나 원치 않는 것을 회피하기 위해 학생들이 얼마나 창의적인지를 발견하고서 그저 웃을 수밖에 없을 때가 있다. 그러나 유머와 야유 간에는 미묘한 차이가 있기 때문에 학생을 희생양 삼아 비웃으면 안 된다. 이 책의 1저자는 학생의 머리 위에 자신의 손을 얹은 채 "이게 뭔지 알겠니?"라고 물으며 손가락을 거미처럼 위아래로 움직이는 것을 유머라고 여기는 교사와 일한 적이 있다. 이 교사는 학생이 "모르겠는데요."라고 답을 하면 "이건 뇌를 빨아 먹는 동물인데 지금 배가 무지 고프단다."라고 답을 했다. 교사는 이것이 재미있는 말이라고 생각했겠지만, 무언가가 뇌를 곧 빨아 먹게 된다는 소리를 들은 학생에게는 재미있을 리가 없을 뿐 아니라 이후 친구들에게 놀림이나 따돌림을 당할 위험도 갖게 된다.

유머를 활용하여 행동문제를 제거한 효과적인 예시를 살펴보자. 저자가 교사일 때 학생 하나가 수업에 올 때 연필을 가져오지 않은 적이 있다. 학생이 바라는 것은 준비물 없이 수업에 온 것에 대해 교사가 잔소리를 하느라 수업이 중단되는 것이었지만, 교사는 미소를 띤 채 "나도 학생일 때 다 해 본 건데 별로 소득이 없었어. 너도 마찬가지일 거야."라고 말하며 연필을 건네주었다. 이 교사의 미소는 학생이 더 이상 반항을 시도하지 못하게 만들었고 다른 학생들에게도 중요한 메시지를 전달했다. 교사가 간간이 일어나는 부적응 행동을 이미 예상한 것처럼 행동하고 미리 대답할 말을 준비해 둔다면 대부분의 학생은 교사를 더 이상 시험하지 않는다. 긴장 상황이 될 수도 있는 장면을 가라앉히는 데 유머를 활용하는 것은 문제행동을 진정시키는 방법 중 하나다.

교사들은 유머모음집을 구해서 매일 아침 학생들이 교실에 오기 전에 읽을 수도 있고, 그보다 더 좋은 방법으로 하루에 한 가지 유머를 메일로 보내 주는 무료 프로그램을 신청할 수도 있다. 출근길에는 마음을 우울하게 만드는 뉴스 채널보다는 코미디 방송을 듣는 것도 한 방법이다. "오늘도 재미있게!"라는 자기암시용 문구를 거울에 붙여 놓고 유머를 연습하는 것도 그날의 일상에 유머를 잘 쓸 수 있는 방법이다. 매일 1명의 학생을 유머 당번으로 지정하여 농담(건전한 농담)을 하게 하는 것도 학생들을 미소 짓게 하는 방법이다. 교사들은 일정 중 약간의 시간을 마련해 놓고, 학생들이 교실에서 친구들과 나눌 수 있는 건전한 농담을 한 가지씩 찾아오는 숙제를 낼 수도 있다. 이것은 시간이 그리 많이 걸리지 않으면서도 교실에 웃음을 가져오고 학생들에게는 간단한 내용을 암기하여 다른 사람들 앞에서 발표하는 연습 기회를 제공한다.

이 책의 저자 중 1명은 남편과 함께 자폐성장애, 양극성장애, 지적장애, 강박장애를 가진 한 성인과 생활한 적이 있다. 함께 살기 시작한 초기에 매일 밤 우유가 사라졌다. 아무리 찾아보아도 우유팩이 없었다. 우리 부부가 장애를 가진 이 친구에게 우유가 어디 있는지 묻자 그는 어깨를 으쓱할 뿐이었다. 우리는 화를 낸다고 해서 해결될 문제가 아님을 알았다. 동거를 한 첫 일주일 동안 우리는 계속 우유를 샀고 우유는 계속 없어졌다. 일주일 째 되던 날 우리는 그간 없어진 모든 우유팩이 텅 빈 채로 창고 안의 박스에 담겨 있는 것을 발견했다. 우리는 이 친구를 창고로 불러서 "헤이, 친구, 이게 뭐지?"라고 물었다. 그는 미소 지으며 말했다. "재활용품 분리수거." 그제야 우리는 이상한 우유 도난 사건의 전말을 깨달았고, 그 이후로는 우유를 산 후 뚜껑이 달린 플라스틱 통에 우유를 담고 우리의 친구가 우유팩을 곧바로 재활용품 분리수거함에 넣을 수 있게 했다. 그는 자신이 배수구에 부어 버린 우유가 어디로 가는지 정말 몰랐기 때문에 우리가 우유의 행방을 물었을 때 어깨를 으쓱한 것이었다. 우리가 이 문제를 해결하자 그 친구는 또 다른 문제를 일으켰고 이러한 상황은 계속되었다. 우리는 절대 화를 내지 않았다. 우리 집안에 통용되는 격언 중에 "오늘 하루도 알츠하이머에 걸리지 않도록!"이라는 것이 있다. 양가에 모두 알츠하이머가 대를 이어 내려오고 있어서 이 병에 걸릴 가능성을 줄이기 위해 뇌를 열심히 사용하자는 것이다. 우리 모두는 매일 아침 교사 휴게실에서 서로에게 하이파이브를 하며 "오늘 하루도 알츠하이머에 걸리지 않도록!" 하고 말해야 한다.

또래 멘토링

가벼운 문제행동을 가진 학생의 경우 이 방법이 늘 적절한 선택은 아니지만, 어떤 상황에는 매우 요긴하게 사용될 수 있다. 한 학생이 여러 번 문제행동을 보일 때 당신은 그 학생의 가까이에 있는 학생들에게 그 학생이 수업시간 중 불쑥불쑥 떠드는 행동을 하지 않도록 상기시키는 비언어적 신호를 보내라고 부탁할 수 있다. 이 방법의 효과는 문제행동을 보이는 학생의 연령과

급우들의 성숙도에 달려 있다. 우리 저자들은 교수회의와 전문가 역량개발 연수에서 성인들도 이 방법을 쓰는 것을 보았다. 이 방법을 도입할 때는 모든 학생에게 이렇게 말하면 된다. "여러분, 선생님은 이 교실에서 우리가 배운 것이 너무 재미있어서 여러분이 흥분할 때도 있다는 걸 알아요. 선생님도 가끔 흥분했을 때는 예의 갖추는 것을 깜빡 잊곤 한답니다. 혹 우리 반 누군가가 예의를 깜빡 잊고 자기도 모르게 소리를 지르거나 부적절한 말을 할 때 또는 자리에서 일어나 교실을 돌아다니는 상황이 발생하면, 우리가 함께 정한 신호를 이용하여 그 친구에게 적절한 행동을 하도록 알려 주면 어떨까요? 우리 서로에게 그렇게 해 주기로 약속할까요?" 학생들이 사용할 신호는 학생들 스스로 개발하게 하고, 교사는 가끔씩 학생들이 이 비밀 신호를 사용하는 것에 대해 칭찬하면 된다. 학생들의 비밀 신호 사용을 보지 못한 경우에도 당신은 학급 전체를 칭찬하면 된다. 그러면 학생들은 누군가가 그 신호를 사용했지만 자기가 보지 못한 거라고 생각하고 이 신호의 사용을 기억하게 될 것이다.

조직화 기술

색을 이용한 조직화

때로 문제행동은 학생들이 스스로 조직화할 줄을 몰라서 발생한다. 교사들은 종종 학생들이 이전 학년에서 조직화 기술(organizational skills)을 배웠을 거라고 가정하지만 대부분의 경우 그렇지 않다. 우리 저자들이 교사로 일할 때 우리는 학생들이 수행한 과제와 그 과제를 끼워야 할 폴더를 색깔로 표시하여 학생들에게 간단한 조직화 기술을 알려 주는 동시에 학생들이 과제에 맞는 폴더를 쉽게 찾을 수 있게 하였다. 우리가 사용한 예시는 다음과 같다. ① 빨강: 읽기, ② 주황: 언어와 쓰기, ③ 노랑: 수학, ④ 초록: 과학, ⑤ 파랑: 사회, ⑥ 보라: 특별활동 또는 선택과목. 학생들이 완성해야 할 과제를 여러 장 복사해 두는 경우에는 해당 과목의 색깔 펜으로 복사물 더미의 옆면을 위에서 아래로 그어 내려 복사물 더미가 어느 과목에 대한 것인지 바로 알 수 있게 했다(즉, 우리가 과학 활동지를 배부한다면 활동지 더미의 옆면에는 초록색 펜이 지나간 자리를 볼 수 있을 것이다). 폴더에서 빠져나온 활동지를 책상 위, 사물함 또는 가방 안에서 발견할 경우 학생들은 그 종이를 어느 폴더에 넣어야 할지 정확히 알 수 있다. 학생들이 스스로 작성한 과제의 경우에는 제목 위 우측 상단에 약속된 색깔로 점을 찍도록 지도했다.

제출함

교실의 제출함이나 과목별 제출함도 학생 과제물에서 사용했던 것과 유사하게 색깔 표시를 활용할 수 있다. 제출함에는 명확한 표시를 붙이고 학생들이 적절한 제출함에 자신의 과제를 제출하도록 안내해야 한다. 제출함을 꼭 돈을 주고 사야 하는 것은 아니다. 어떤 상자든 약속된 색깔의 포장지로 싸고 표시를 붙여 쓰면 충분하다. 학교의 모든 교사가 같은 색깔체계를 사용한다면 학생들은 더 쉽게 적응할 것이다. 그러나 우리가 앞에서 소개한 색깔체계를 똑같이 따라 할 필요는 없다.

폴더

우리는 안쪽에 3개의 탭을 가진 포켓형 폴더를 선호한다. 왼쪽 포켓에는 '과제'라고 쓰인 스티커를 붙인다. 학생들이 집에서 과제를 마치고 이 포켓에 과제를 꽂아 두는 것만 잊지 않는다면, 이 포켓의 존재는 학생들이 제출해야 할 과제가 있었음을 기억하고 제때 과제를 제출하는 데 도움을 준다. 매일 교사가 학생들에게 폴더를 열어 과제 포켓에서 과제를 꺼내라고 안내한다면 이 역시 조직화 체계를 잘 잊어버리는 학생들에게 추가적 도움이 될 수 있다. 이 것은 우리가 가르치는 방식을 개선할 수 있는가의 문제다. 오른쪽 포켓에는 '채점 완료 과제'라고 쓰인 스티커를 붙인다. 이 포켓의 첫 페이지는 학생이 스스로의 점수를 적는 자기관리 점수표로 이루어져 있다. 채점을 마친 과제를 돌려줄 때마다 교사는 학생들에게 폴더의 '채점 완료 과제' 포켓에 이 과제를 꽂으라고 안내한다.

자기점검표

폴더의 앞부분이나 표지에는 학생들이 과제를 모두 기록할 수 있는 종이와 자신의 점수를 점검할 수 있는 섹션이 있어야 한다. 교사는 숙제를 낼 때 학생들에게 폴더의 앞부분에 숙제를 적으라고 안내한다. 채점이 끝난 과제를 돌려준 후에는 학생들에게 자신의 점수를 폴더에 있는 점검표에 적게 한다. 학부모들에게는 매주 폴더의 첫 장을 확인하고 서명하게 한다. 이렇게 하면 학부모들이 자녀가 빠뜨린 과제가 없는지를 파악할 수 있고 자녀가 받은 점수도 확인하게 된다.

가정을 위한 전략

학부모들도 가정에서 자녀를 돕기 위한 조직화 기술을 필요로 한다. 이 책의 1저자는 자녀의 조직화 기술을 위해 색을 이용한 기호체계를 사용했다. 자녀마다 한 가지의 색을 고르게 한 후 수건, 양치용 컵, 칫솔 등 모든 것을 그 색에 맞게 구비했다. 집의 뒷문에는 각 자녀가 선택한 색깔의 바구니를 놓았다. 아이들은 각자의 바구니에 자신의 학용품을 넣었다. 매일 밤 아이들이 자러 가기 전에 1저자와 남편은 아이들과 함께 모든 숙제를 마쳤는지, 체험학습 동의서에 서명을 했는지, 예습 자료를 다 읽었는지 점검했다. 그다음에는 바구니에 있는 모든 것을 책가방에 넣어 다음 날 아침에 아무것도 빠뜨리지 않게 했다. 아이들이 깨어 있는 저녁시간에 이런 일을 미리 해 두는 것이 다음 날 아침 졸리는 아이들을 붙들고 급식비, 체험학습 동의서를 챙기게 하는 것보다 훨씬 쉽다.

학부모들은 종종 자녀의 복장이나 학교에 무엇을 입고 갈지에 대한 자녀들과의 불가피한 언쟁에 대해 묻는다. 우리는 학부모들에게 자녀가 다음 날 입고 갈 옷을 그 전날 밤에 미리 고르게 하라고 권한다. 이것은 우리가 몸소 시도해 본 것으로 아침마다 발생하는 난처한 상황을 줄여 준다. 이 방법은 우리와 우리 자녀들에게 효과적이었다. 이 접근을 사용함으로써 부모들은 체크무늬 바지, 물방울무늬 상의 또는 너무 짧은 치마나 찢어진 청바지에 대한 논쟁을 모두가 졸리고 예민한 아침이 아닌 그 전날 밤에 끝낼 수 있다. 자녀에게 감각 관련 문제가 있다면 태그가 붙어 있지 않은 옷과 이음새 없는 양말을 파는 웹사이트를 이용하기 바란다. 부모들은 이런 웹사이트가 있다는 것을 잘 모르는데, 이를 이용하면 아침에 옷 입는 시간에 발생하는 많은 난리법석을 줄일 수 있다. 저자들의 자녀 중 하나는 솔기에 매우 민감하여 양말의 이음새가 부드럽지 않으면 옷을 모두 벗어 버리곤 했다. 이런 일이 발생하면 머리끝부터 발끝까지 모든 것을 다시 입혀야 했고 아이가 신발에 발을 넣을 때 솔기가 거슬리지 않기를 매번 기도했다. 아이는 심지어 솔기가 자신의 살에 닿지 않도록 타이즈의 안팎을 뒤집어 신었다. 이음새 없는 양말을 1980년대에도 살 수 있었다면 우리는 그것을 사기 위한 줄의 맨 처음에 서 있었을 거라고 확신한다. 부모의 어려움을 해결하기 위한 모든 도움은 부모뿐 아니라 교사인 당신에게도 유익하다.

책가방

책가방에 모든 것을 빠짐없이 넣도록 지도하는 것은 등교 시와 하교 시 모두 중요하다. 저렴한 비용으로 이를 해결하는 방법은 할인 매장에서 살 수 있는 여행가방용 태그를 이용하는 것이다. 태그 안에 든 주소 기입 용지의 뒷면에 책가방에 넣어야 하는 모든 것을 적으라. 학생들에게 수성 펜을 주고 가방에 물건을 넣을 때마다 그 목록에서 하나씩 지워 가게 하라. 학생들이 아침에 등교 준비를 할 때와 자기 전 다음 날 가방을 챙길 때 이렇게 하도록 지도하라. 요일에 따라 준비물이 다를 때, 즉 'A'를 준비하는 날과 'B'를 준비하는 날이 있을 때는 주소 기입 용지를 두 가지의 다른 색으로 준비하고 A 또는 B에 해당하는 색깔의 용지를 사용하게 하면 된다. 블록 타임제(block schedules) 수업을 위해 책을 다르게 챙겨 가야 할 경우 그에 해당하는 색깔의 용지를 보며 체크하게 한다. 초등학생들이 체육시간을 위해 운동화를 챙겨야 하거나 도서관에서 빌린 책을 가져와야 할 때도 그에 해당하는 색깔 용지를 사용하면 학생들의 조직화 기술을 도울 수 있다. 우리는 학생들에게 학교에서 필요한 조직화 기술뿐 아니라 인생에 걸쳐 사용할 조직화 기술을 가르치는 것이다.

책상과 사물함의 조직화

페그보드 판에 자신의 차고에 있는 모든 연장과 그것이 놓여 있는 위치를 그려 놓은 사람을 본 적이 있는가? 사실 이 그림은 어느 연장이 어디에 보관되어 있는지에 대한 지도이므로 주인은 이 그림을 보기만 하면 어떤 연장이 없어졌는지 알 수 있다. 또한 누군가가 빌려 간 연장을 돌려주었을 때 주인은 그 연장을 어디에 두어야 할지 이 그림을 보고 쉽게 알 수 있을 것이다. 우리는 학생들이 학교에 온 첫날에 자신의 책상과 사물함이 어떤 모습이어야 하는지를 보여 주는 지도를 그리게 하기를 권한다. 교사는 미리 칠판에 예시로 그림을 그려 둘 수도 있다. 그다음에는 교사가 그린 모범 예시를 학생들의 사물함 안이나 책상 안에 부착하여 정리를 할 때 참고할 수 있게 한다. 때때로 '책상 요정'이나 '사물함 요정'이 책상과 사물함을 깜짝 방문하여 모범 예시와 똑같은 모습으로 깨끗하게 정리된 책상이나 사물함에 작은 선물(예: 새 연필)과 함께 칭찬 노트를 남기고 가게 할 수도 있다. 선물을 받은 학생은 그것에 대해 이야기를 할 것이고, 이는 다른 학생들로 하여금 책상 요정이나 사물함 요정이 언제 올지 모르니 늘 깨끗하게 정리를 해야겠다는 생각을 하게 만들 것이다. 큰 비용을 들이지 않고 구할 수 있는 선물에 대해서는 www.behaviordoctor.org의 상품 섹션을 참고하라. 이 책을 집필하고 있는 시점까지 정리된 무료의 강화물 목록만 해도 32쪽에 이른다.

맺음말

이 장에서는 개별 학생에게 추가의 지원을 하는 방법을 다루었다. 어떤 중재는 소수의 학생을 도울 목적이지만 학급 전체에게 적용된다. 교사가 학년 초에 이러한 중재를 시작한다면 학년 말이 될수록 개별 중재를 필요로 하는 학생이 줄어들 것이다. 교실 내 표적집단 중재에서 가장 자주 다루게 되는 문제는 다음과 같다. ① 자기관리를 하지 못함, ② 가벼운 불순응, ③ 가벼운 반항행동, ④ 가벼운 방해행동, ⑤ 조직화되지 못함. 이 장에서 제시한 전략들은 이러한 문제를 보이는 대부분의 학생에게 도움이 될 것이다.

6장에서는 계획의 중요성에 대해 논의할 것이다. 2004년에 출판된 Wong과 Wong의 저서 『좋은 교사 되기: 어떻게 유능한 교사가 될 것인가?(First Days of School: How to be an Effective Teacher)』(역자 주: 우리나라에서는 김기오와 김경이 번역하여 글로벌콘텐츠에서 출판되었음)에서 강조하듯이 교사가 교실을 정비하고 행동문제에 대한 계획을 세우는 것은 필수적인 일일 뿐 아니라 학생들이 학교에 도착하기 전에 미리 완성되어 있어야 한다. 계획 세우기에 실패하는 것(failing to plan)은 실패를 계획하는 것(planning to fail)이다.

계획 세우기의 실패는 실패를 계획하는 것:
우리의 방어선은 어디까지인가

5장에서는 교실에서 경미한 방해행동, 불순응 행동, 무질서가 일어날 경우 적용 가능한 몇 가지 개별 중재에 대해 살펴보았다. 이 장에서는 교실에서 행동중재계획을 실행하는 방법에 대해 알아볼 것이다. 일어날 것이라고 예측되는 행동에 대비하여 미리 계획을 세워 두면 큰 도움이 된다.

학교 복도에서 들려오는 소리는 교사의 귀에 음악처럼 들릴 수도 있지만 손톱으로 칠판을 긁는 소리처럼 거슬릴 수도 있다. 다음은 지난 5년간 교사들이 지나가다가 실제로 들었던 이야기다.

- "너도 네 형과 다를 바 없구나. 결국 너도 형처럼 교도소에 갈 것 같다." (학교 안전 담당관이 고등학생에게)
- "복도에서 똑바로 걷지 않으면 내가 너를 붙잡아서 끌고 갈 거야." (고등학교 교장이 짧은 치마를 입은 여학생에게)
- "닥쳐." (초등학교 교사가 반 전체에게)
- "내가 왜 신경을 써야 하는지 모르겠네." (초등학교 교사가 반 전체에게)
- "너희 부모님이 너희를 낳지 말았어야 했는데." (중학교 교사가 반 전체에게)

이런 말은 우주에서 가장 나쁜 교사가 한 것이 아니다. 이 말은 학생이 문제행동을 보일 때 어떻게 반응할지를 미리 계획하지 않은 성인에게서 나온 것이다. 우리 모두에게는 '컨디션이 좋지 않은 날' 또는 '힘든 날'이 있기 마련인데, 이런 날은 자기도 모르게 평생 후회할 말을 불쑥 하게 된다. 예비교사들은 향후 가르치게 될 모든 과목의 수업지도안 작성방법을 여러 해에 걸쳐 배우는 반면, 학생이 계속해서 떠들거나 끊임없이 자리에서 이탈할 때 어떻게 반응해야 할지에 대한 계획안 작성방법은 거의 배우지 않는다. 이 장은 성공을 위한 계획 세우기에 초점을 둔다.

우리는 계획을 세울 때 역삼각형 모형을 애용한다. 역삼각형의 꼭대기에는 여러분의 첫 번째 방어선(first line of defense)인 중재가 들어가며, 아래쪽으로 갈수록 더 집중적인 중재가 들어간다. 첫 번째 방어선에 속하는 중재의 경우, 대부분의 교사는 별다른 생각 없이 그저 자연스럽게 혹은 본능적으로 이를 사용한다. 첫 번째 방어선에 해당하는 중재의 예는 다음과 같다.

- 근접성(proximity)
- 눈 맞춤(eye contact)
- 협의(conferencing)
- 고개 가로젓기(shake of the head)

시간이 지나면서 모든 교사는 이 각각의 중재를 적용하는 자신만의 스타일을 발전시킨다. 교사는 학생들에게 비언어적 메시지를 전달하기 위해 근접성과 눈 맞춤을 사용하면서 하루 종일 교실에서 움직여 다녀야 한다. 앞의 목록에서 협의는 어느 정도 수정이 필요한 중재방법이다. 때때로 교사들은 사소한 규칙위반을 너무 심각하게 다루는데, 이는 학생들에게 문제행동이 큰 관심을 불러일으킨다는 것을 알려 줄 뿐이다. 만약 학생이 보이는 문제행동의 기능이 성인의 관심 끌기였다면 학생은 그 행동을 계속할 것이다. 우리는 "신속하고 조용하게 말한 후 빨리 끝내라."라는 Cihak(2003)의 모토를 좋아한다. 이 말을 적용할 때 교사는 학생의 우측으로 접근해서 학생의 우측 귀에 대고 부드럽고 친절하게 말해야 한다(Lloyd, 2009). 5장에서 설명했듯이 3개국에서 진행한 연구 결과에 따르면 좌측 귀보다 우측 귀에 대고 이야기하는 것이 학생의 순응을 이끌어 내는 데 더 도움이 된다(Marzoli & Tomassi, 2009). 학생이 순응하기를 바란다면 교사는 기대하는 순응행동과 '나(I)' 진술문을 짝지어 학생의 우측 귀에 신속하고 조용하게 속삭인 후 빠르게 끝내야 한다. 불쑥불쑥 끼어들며 말하는 학생 곁을 지나가면서 학생을 향해 웃어 주라. 학생의 오른편으로 다가가 학생의 눈높이에서(위에서 내려다보지 말고) 부드럽게 말하라. "선생님이 이제 수업을 하니까 그 말은 아껴 뒀다가 나중에 하면 좋을 것 같아. 참아 줘서 고마워." 이 중재를 가정에서 여러분의 배우자나 아이들에게 시도해 보라. 우측 귀에 대고 어떤 일을 하도록 부탁하고 순응도가 평소보다 높은지를 확인해 보라. 첫 번째 방어선의 마지막 수단은 학생이 지금 하고 있는 행동이 허용되지 않음을 알리기 위해 눈을 맞추며 고개를 가로 젓는 행동일 것이다.

학생들은 각기 다르며 따라서 각 중재에 다르게 반응한다. 예를 들어, 어떤 학생들은 교사가 '눈을 가늘게 뜨고 노려보면' 즉시 멈춘다. 많은 교사가 소위 엄격한 시선이라고 부르는 이러한 노려보기는 종종 미간을 찌푸리면서 하게 된다. 어떤 학생들은 교사의 엄격한 시선에 '도전적인 말(fighting words)'로 반응한다. 교사들은 어떤 학생이 어떤 유형의 중재에 가장 잘 반응하는지 신속하게 파악한다. 이러한 이유로 몇몇 학생을 위한 계획뿐 아니라 학급 전체를 위한 계획을 수립하는 것이 현명하다.

그다음 방어선으로는 특정 행동이 발생했을 때는 무시하고 발생하지 않을 때는 즉시 많은 관심을 주는 방법이 포함될 수 있다. 이 중재는 특별히 학생이 성인의 관심을 끌기 위해 특정 행동을 할 때 유용하다. 우리는 이를 차별강화라고 부르는데, 차별강화에는 크게 네 가지 유형이 있다. 앞서 설명한 차별강화는 부적절한 행동을 감소시키기 위한 것이다. 예를 들어, 학생이 답을 외치면서 손을 들 때는 무시하고, 조용히 손만 드는 적절한 행동을 보이면 즉시 호명하는 것인데, 이 방법은 적절한 행동을 증가시키고 부적절한 행동을 감소시킬 수 있다. 학생은 교사의 주목을 받는 제일 좋은 방법이 교실에서의 규칙을 따르는 것임을 알게 된다. 이 방법을 타행동 차별강화(Differential Reinforcement of Other behaviors, 이하 DRO)라고 하며 줄여서 DRO라고도 부른다. DRO는 학생이 다른 부적절한 행동을 하더라도, 목표로 삼은 문제행동을 보이지만 않으면 강화를 제공한다. 차별강화를 실시할 때는 한 번에 한 가지 행동만을 목표로 삼아야 한다. 불쑥 말을 내뱉는 학생에게 DRO를 적용한 예를 살펴보자. 교사는 15분마다 타이머가 울리게 설정해 놓고 타이머가 울리는 순간 학생이 불쑥 말을 내뱉는 행동을 하고 있지 않으면 강화를 제공한다. 심지어 자신의 자리에서 이탈하여 교실을 돌아다니더라도 지금 주목하고 있는 행동인 '불쑥 말을 내뱉는 행동'만 하지 않는다면 점수나 티켓, 스티커 등을 받을 수 있다.

　두 번째 유형의 차별강화는 대체행동 차별강화(Differential Reinforcement of Alternative behavior, 이하 DRA)다. DRA는 문제행동의 발생을 불가능하게 하는 경쟁행동을 강화하는 것이다. 예를 들어, 어떤 학생이 수업을 위해 다른 교실로 이동할 때 복도를 뛰어가는 문제행동을 보인다면, 이 학생이 복도를 걷거나 복도에서 서 있을 때만 강화를 제공하는 것이다. 걷거나 서 있는 행동은 뛰는 행동과 경쟁하여 뛰는 것을 불가능하게 하는 행동들이다.

　세 번째 유형은 고빈도 행동 차별강화(Differential Reinforcement of High rates of behavior, 이하 DRH)로, 긍정적 행동중재 및 지원(PBIS)에 자주 사용되며 바람직한 행동을 강화하는 것을 말한다. 예를 들어, 급식 조리사에게 존댓말을 쓰거나 "감사합니다." 하고 말하는 것이 중요하다면, 이런 행동을 전혀 하지 않던 학생이 이 행동을 할 때 '참 잘했어요' 티켓을 주는 것은 바람직한 행동의 빈도를 높일 것이다. '참 잘했어요' 티켓이란 집중적으로 지도 중인 적절한 행동이 명시된 종이쪽지를 지칭하는 포괄적 용어다. 예를 들면, 많은 학교가 '존중하기'를 주요 규칙으로 삼고 있는데, 학생이 자신이나 타인, 학교 기물, 교직원을 어떤 형태로든 존중하는 행동을 보였다면 이 행동을 목격한 교직원이 그 학생에게 "저는 '존중하기' 규칙을 잘 지켰어요."라고 적힌 티켓을 주는 것이다. 학생들은 이 티켓으로 선물 추첨 상자에서 뽑기를 한 번 할 수도 있고, 여러 장을 모아서 포인트를 받을 수도 있다.

네 번째 유형인 저빈도 행동 차별강화(Differential Reinforcement of Low rates of behavior, 이하 DRL)는 어떤 행동이 평소보다 낮은 비율로 나타날 때 강화를 주는 것이다. 이 방법은 15분마다 상담실에 가겠다고 하거나 너무 자주 화장실에 가겠다는 학생들에게 사용할 수 있다. 이때 DRL의 목적은 분노조절을 위해 상담교사를 만나러 가는 학생이나 화장실에 가려는 학생을 못가게 하는 것이 아니라 그 빈도만 줄이는 것이다. 이런 유형의 행동을 감소시키는 또 다른 방법으로 소거가 있는데 이에 대해서는 이 장의 뒷부분에서 다루도록 하겠다.

또 다른 방어선은 학생과 행동계약을 맺는 것이다. 이 방법은 차별강화나 토큰강화와 함께 실행할 수 있다. 행동계약은 교사와 학생 간의 약속을 문서화한 것으로, 부적절한 행동의 감소 또는 적절한 행동의 증가를 위한 것이다. 보통 행동계약에는 학생이 달성해야 하는 측정치나 목표가 포함된다. 예를 하나 살펴보자. 조엘(Joel)이 2주간 주어진 숙제의 80%를 80%의 정확도로 제출한다면 컴퓨터 교사가 조엘에게 30분의 컴퓨터 사용 시간을 준다. 이 보상은 학생이 정말로 원하는 것이어야 하며 동시에 컴퓨터 교사가 흔쾌히 제공할 수 있는 것이어야 한다. 교사와 학생이 이 계약에 서명하고 나면 조엘이 이 계약을 얼마나 잘 지켰는지에 대한 간단한 기록이 매일 조엘에게 전달된다. 이 글을 읽는 독자 중 일부에게는 이것이 나쁜 계획으로 보일지도 모른다. 그러나 숙제의 50%만 제출하는 학생이 숙제의 80%를 제출하게 되는 것은 대단한 발전이다. 조엘이 80%의 숙제를 제출하게 되면 이어서 비율을 90%까지 올리고 마지막에는 100%까지 올릴 것이다. 조엘에게 "잘 해야지." 하는 말을 했다고 해서 조엘의 행동이 저절로 나아지는 것은 아니다. 이것은 마치 마라톤과 같다. 마라톤 주자가 나가서 뛰기만 하면 하루 만에 42.195km를 완주하게 되는 것이 아니다. 하루 1km를 달리는 것부터 시작해서 매일 조금씩 늘려 나가 결국에는 42.195km라는 목표에 도달하게 되는 것이다. 어떤 행동을 만들어 가는 것은 이와 같다. 변화는 점진적으로 일어난다.

중재 피라미드의 다음 단계 방어선에 포함 가능한 중재에는 다음과 같은 것들이 있다.

- 소거(extinction)
- 반응대가(response cost)
- 조작적 조건화(operant conditioning)

소거는 부적절한 행동을 감소시키는 데 사용된다. 먼저 성인의 예를 살펴보자. 이혼절차를 진행 중인 친구가 매일 오후 4시 30분에 전화를 해서 1시간 동안 통화를 한다고 가정해 보자. 당신은 그 친구에게 대화 상대가 필요하다는 것은 알지만, 오후 4시 30분이라는 시간은 당신이 가족들의 저녁 식사를 준비하기 위해 서둘러 퇴근해야 하는 시간이어서 통화하기에는 최악의 시간이다. 몇 주 동안 친구의 전화에 붙잡혀 퇴근이 늦어지자 당신은 소거 전략을 사용하기로 결심한다. 우선 이틀에 한 번만 오후 4시 30분에 전화를 받는다. 전화를 받지 않은 날은 당신이 편한 시간에 전화를 한다. 이틀에 한 번 전화 받기를 일주일간 실천한 후, 그다음 일주일 동안에는 3일에 한 번만 전화를 받는다. 친구가 오후 4시 30분에 전화하는 것을 서서히 그만두게 하는 이 방법이 바로 특정 시간의 통화를 감소시키기 위한 소거 전략이다.

이제 이 방법을 교실 상황에 적용해 보자. 당신의 학급에 성인의 관심을 끌기 위해 계속해서 엉뚱한 말을 불쑥불쑥 내뱉는 학생이 있다. 이제까지 당신은 그 학생이 엉뚱한 말을 할 때마다 어떤 방식으로든 반응해 줌으로써 학생이 이 행동을 하는 목적을 충족시켜 주었다. 소거 전략의 실행에 따라 이제 당신은 학생이 엉뚱한 말을 할 때 두 번 중 한 번만 관심을 주고 다음에는 세 번에 한 번만 관심을 주어 결국 학생이 문제행동에 대한 강화를 받지 못하여 더 이상 엉뚱한 말을 하지 않을 때까지 진행한다.

2장에 언급했듯이 이 책의 저자들은 반응대가를 그리 좋아하지 않는다. 반응대가는 교실에서 오용되기 쉬운 중재다. 반응대가가 정말 효과적이라고 장담하는 신규교사들이 있는데, 우리는 그런 말을 들을 때면 "반응대가를 사용하시다가 혹 더 이상 효과가 나타나지 않을 때 연락 주세요."라고 말한다. 예외 없이 그 교사들은 한 학기가 끝나기 전에 우리에게 찾아와서 반응대가가 더 이상 통하지 않는다고 말한다. 이 중재가 몇몇 교실에서 어떻게 적용되는지 살펴보자. 교사는 학생에게 토큰 3개, M&M 초콜릿 한 접시 또는 가치 있는 물건 등을 주고, 학생이 부적절한 행동을 할 때마다 이 물건 중 하나를 가져간다. 주어진 것(예: 휴식 시간, M&M, 간식 등)을 모두 빼앗기면 학생은 더 이상 잃을 게 없어진다. 결국 학생은 교사에게 이것저것 집어던지며 "나는 이 엉터리 같은 토큰 따위를 바란 적 없어요!"라고 외치게 된다.

반응대가는 세계 인구의 약 75%에게만 효과가 있는데 이 수치가 나온 배경은 다음과 같다. 미국은 전 세계 수감자의 25%를 수용하고 있다. 자유를 잃게 된다는 위협에도 불구하고 세계 인구의 25%가 범죄를 멈추지 않는다는 것을 고려하면, 학생의 휴식 시간을 뺏는다고 해서 학급 학생의 25%가 부적절한 행동을 멈추지 않을 것임을 쉽게 생각할 수 있다. 일반적으로 반응대가 중재에 반응하지 않는 학생들이 바로 우리가 변화시키려 노력하는 특정 행동을 가진 25%의 학생이다.

반응대가 중 하나로 애용되는 것은 카드시스템이다. 학생들은 서로 다른 색으로 된 3~5장의 카드를 받는다. 학생들은 그중 한 장의 카드를 가지고 있다가 부적절한 행동을 하면 다른 색깔의 카드로 바꾸어 가지고 있게 된다. 학생들은 주머니에 든 카드 색을 기준으로 특권을 뺏기게 된다. 우리가 이 접근에 반대하는 데는 두 가지 이유가 있다. 첫째는 누가 '착하고' 누가 '나쁜지' 공개되기 때문이고, 둘째는 아침 일찍 문제를 일으킨 학생은 그날 하루 종일 희망이 없기 때문이다. 대부분의 학생은 그들의 하루가 이미 결정되었고 긍정적인 무언가를 얻을 가망이 없음을 알게 되면 아무렇게나 행동하는 게 낫겠다고 생각한다. 반응대가는 불행한 자성예언을 초래한다. 긍정적 행동지원을 실행 중인 학교에서는 반응대가를 사용하지 않아야 한다. 저자들이 반응대가에 동의하지 않는 가장 큰 이유는 이 중재가 개별 학생의 행동을 공개적으로 드러내어 모든 학생의 관심거리로 만들기 때문이다.

조작적 조건화는 교사들이 사용할 수 있는 또 다른 수준의 중재다. Skinner (1953)는 최초로 조작적 조건화를 하나의 중재로 명명하였다. 성인들은 추가 혜택을 받으려고 특정 호텔의 단골이 되거나 10번째 무료 샌드위치를 먹으려고 특정 샌드위치 가게를 이용하는 것 등으로 조작적 조건화를 경험한다. 바로 그 호텔이나 그 샌드위치 가게를 이용하지 않으면 혜택을 받을 수 없다. 경찰관이 교통 통제 방식을 바꾸는 상황을 상상해 보면 조작적 조건화의 좋은 예가 된다. 만약 경찰관이 가끔 당신의 차를 세운 후 제한속도 60km 구간을 시속 60km로 운전해 주어 고맙다며 10만 원을 준다면 어떨까? 이것이 적절한 행동에 대한 정적 강화의 예다. 한편, 경찰관이 당신의 차를 세운 후 제한속도 60km 구간을 80km로 달린 것에 대해 10만 원짜리 범칙금 딱지를 발부한다면 이는 부적 강화의 예다. 교실에서 조작적 조건화를 적용하여 학생들이 보상을 얻게 하는 방법에는 여러 가지가 있다. 다음은 그 몇 가지 예시다.

1. 개별 학생의 행동에 따라 그 학생에게 강화 제공: 학생은 개별적으로 점수나 토큰을 얻고 이것을 상품으로 바꿀 수 있다.

2. 집단의 행동에 따라 그 집단 구성원들에게 강화 제공: 교사가 학급을 두 집단(예: 땅콩잼 팀과 딸기잼 팀)으로 나눈 후, 각 집단은 점수를 얻기 위해 노력한다. 가장 높은 점수를 획득한 집단이 상을 받는다.

3. 개별 학생의 행동에 따라 집단에게 강화 제공: 집단에 속한 모든 학생은 한 학생의 수행에 따라 보상을 받는다. 이 학생의 정체가 알려지면 조롱의 대상이 될 수 있기 때문에 이 방법은 유의해서 실행해야 한다. 이 장의 뒷부분에 이 방법이 성공적으로 실행된 예를 제시한다.

4. 전체 집단의 행동에 따라 전체 집단에게 강화 제공: 전체 집단이 함께 노력하여 점수를 모으면 전체 집단에게 보상이 주어진다.

이러한 시나리오를 교실에서 적용한 예시를 살펴보자.

1. 개별 학생의 행동에 따라 그 학생에게 강화 제공: 이것은 행동계약이나 토큰경제처럼 보일지도 모른다. 한번은 또래들의 관심을 얻기 위해 엉뚱한 말을 불쑥 내뱉는 학생이 있었는데, 그가 조용히 있을 때마다 티켓을 주었다. 티켓 50개를 모으면(그 학생은 보통 하루에 15~20개를 모았다) 학급 친구들 앞에 나와서 농담 한 가지를 하게 해 주었다. 이 학생은 친구들 앞에서 농담하는 것을 아주 좋아했다. 교사는 학생이 친구들에게 해 줄 농담을 미리 들어 보고 적절성 여부를 승인하였다. 또 랩을 좋아하는 중학생들에게도 이와 유사한 중재를 적용한 적이 있는데, 학생들이 적정 수의 티켓을 모으면 학급 친구들 앞에서 랩을 할 수 있게 하였다.

2. 집단의 행동에 따라 그 집단 구성원들에게 강화 제공: 교사는 학급을 '남'과 '북' 또는 '몬터규(Montague)'와 '캐퓰렛(Capulet)'(역자 주: 서로 원수였던 로미오와 줄리엣의 가문 이름)과 같은 식으로 나눈다. 수업이 시작되면 교사는 미리 정해 둔 기준에 따라 각 팀에 점수를 부여한다. 수업이 끝날 때 가장 높은 점수를 받은 팀에게는 숙제로 낸 문제 중 5개를 면제해 주거나 정답을 알려 준다. 이것은 친선을 목적으로 한 경쟁이므로 상

품이 너무 과하지 않아야 한다.

3. 개별 학생의 행동에 따라 집단에게 강화 제공: 이 방법은 조심스럽게 실행해야 하는 중재다. 이 중재를 적용할 때 우리가 제일 좋아하는 방법은 학생의 이름이 적힌 여러 개의 아이스크림 막대기를 오렌지주스 캔에 꽂아서 쓰는 것이다. 교사는 막대기 하나를 꺼내서 이름을 확인한 후 막대기를 다시 캔 속에 넣는다. 교사는 이동을 위해 줄 서는 시간, 수업시간, 쉬는 시간 동안(이 시간 틀은 미리 정해 둠) 그 학생을 지켜본다. 그 비밀의 학생이 정해진 시간 동안 적절한 행동을 보이면 그 학생은 학급 전체를 위한 보상을 얻게 된다. 한 교사는 학생들이 복도에서 줄을 설 때마다 이 전략을 사용하였다. 비밀의 학생이 바르게 줄을 서서 걸어가는 예시를 보일 때마다 학급 전체가 쉬는 시간을 30초 더 얻게 되는데, 하루가 끝날 무렵 이 학급은 5분의 쉬는 시간을 추가로 가질 수 있었다. 기억해야 할 요점은 학생이 적절한 행동을 하지 않았을 때, 그 학생이 누군지 알려지지 않아야 한다는 것이다. 교사는 절대 "조니(Johnny)가 비밀 학생이었는데 다 망쳐 버렸군요." 하는 식으로 말하지 않아야 하며 그 대신 "안타깝지만 비밀 학생이 규칙을 따르지 않았네요. 다음에 다시 해 보기로 해요."라고 말해야 한다. 말을 듣지 않는 학생을 다루는 또 다른 방법은 또 다른 학생 하나를 지켜보고 있다가 그 학생이 적절하게 행동하면 학급 전체가 보상을 받게 하는 것이다. 이렇게 하면 처음 선택된 학생이 다른 학생들의 비난을 받는 일을 막을 수 있다. 이 방법을 사용할 때는 선택된 학생의 이름을 비밀로 하는 것이 매우 중요하다.

4. 전체 집단의 행동에 따라 전체 집단에게 강화 제공: 이 방법은 모든 학생이 집단강화를 받으려고 노력하게 만들기 때문에 규칙을 지키지 못하는 학생이 많을 때 사용하면 좋다. 이 방법의 예로는 칠판에 칭찬표를

만드는 것을 들 수 있다. 학생들이 다른 교사나 교장선생님 등의 성인으로부터 칭찬을 받을 때마다 칭찬표에 포인트가 추가된다. 학생들이 과제를 잘하고 있으면 교사는 이렇게 말할 것이다. "모두 조용하게 과제를 잘하고 있어서 정말 좋네요. 1포인트 추가합니다." 학생들이 미리 정한 목표를 달성하면 학급 전체가 보상을 받는다. 보상은 5분간 좋아하는 책 읽기나 5분간 앉아서 친구와 얘기하기와 같이 간단한 것이면 된다. 한번은 그림그리기를 무척 좋아하는 학급이 있었는데 흰 도화지 한 장이 그 학급에는 큰 상이 되었다. 학년 초에 학급을 계획할 때, 학생들에게 보상으로 받고 싶은 것의 예를 들어 보게 하라. 물론 이 질문을 하기 전에 학생들에게 돈이 들지 않는 것이어야 함을 알려 주어야 한다. 당신은 학생들의 창의성에 놀라게 될 것이다. 또한 학생들이 진정으로 원하는 것을 많이 알게 될 것이다.

당신은 조작적 조건화를 첫 단계의 방어선으로 사용할 수도 있고, 학급을 활기차게 하기 위해 추가적인 방법이 필요할 때까지 아껴 둘 수도 있다. PBIS를 실시하는 많은 초등학교가 ① 음악, ② 체육, ③ 독서, ④ 미술, ⑤ 외국어, ⑥ 컴퓨터, ⑦ 쉬는 시간 줄 서기, ⑧ 교실 청소 시간에 가장 잘한 학급에게 상을 주는 조작적 조건화를 사용한다. 많은 학교는 이러한 학급에게 최우수상, 우수상, 장려상을 주는데, 우쭐할 수 있는 권리 말고는 특별히 받는 것도 없는 이 상이 대부분의 학생에게 충분한 강화가 된다.

중재 피라미드의 마지막 단계는 특권의 상실 혹은 비배제 타임아웃(nonexclusionary time-out)이다(우리 저자들은 배제 타임아웃의 사용에 적극 반대한다). 이 방법은 혐오적 후속결과로 간주된다. 우리는 특권의 상실이나 비배제 타임아웃이 다른 방법을 다 사용해 본 후에 고려하는 최후의 선택이어야 한다고 생각한다. 당신이 생각해 낼 수 있는 모든 방법을 다 시도해 볼 때까지, 행동문제로 인해 수업이 불가능할 정도가 될 때까지는 이 방법을 최후의 수단으로 아껴 두라. 우리가 추천하는 중재 피라미드는 [그림 6-1]과 같다.

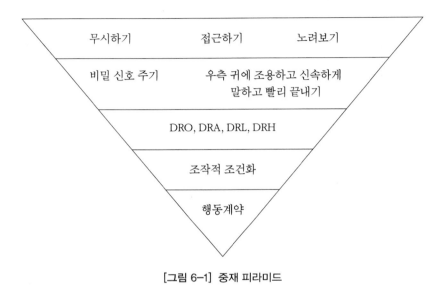

[그림 6-1] 중재 피라미드

이 피라미드는 학급 전체에게 적용하는 것이지만, 때로는 이와 다른 방법을 적용해야 하는 학생이 있을 수 있다. 그런 경우 교사는 그 학생만을 위한 특별 계획을 세워야 한다. 14장에 당신의 학급과 개별 학생을 위해 사용할 수 있는 중재 피라미드 서식이 있다.

[그림 6-2]는 ADHD 학생을 위해 고안된 중재 피라미드다.

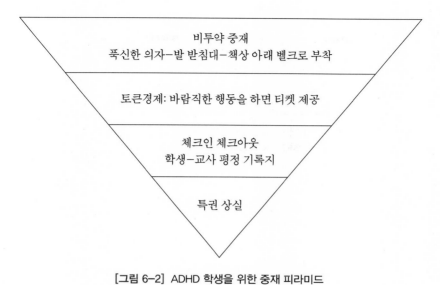

비투약 중재
푹신한 의자-발 받침대-책상 아래 벨크로 부착

토큰경제: 바람직한 행동을 하면 티켓 제공

체크인 체크아웃
학생-교사 평정 기록지

특권 상실

[그림 6-2] ADHD 학생을 위한 중재 피라미드

맺음말

이 장에서는 교실에서 발생하는 문제행동에 대처할 지원 계획을 다루었다. 계획하기에 실패하는 것은 실패를 계획하는 것이며, 계획을 세운다는 것은 성공을 계획하는 것이다. 7장에서는 조지아주 포레스트 파크에서 행동중재 프로그램으로 개발되어 수년에 걸쳐 완성된 중재방법을 알아볼 것이다. 그것은 바로 적절한 행동과 관련하여 추가 훈련이 필요한 소수의 학생에게 눈에 띄게 빠른 성과를 거두어 온 '학생-교사 평정 기록지'다.

7장

학생들이 올바른 행동을
더 좋아하게 만들기

6장에서는 문제행동을 보이는 학생에 대한 대처 계획 또는 최초 방어선을 수립하는 것이 얼마나 중요한지를 살펴보았다. 또한 계획을 세우지 않으면 불편하고 불확실한 상황이 야기될 수 있다는 것도 알게 되었다. 이 장에서는 매달 수천 명의 학생에게 성공적으로 사용되는 중재에 대해 알아볼 것이다.

    학생이 부적절한 행동을 할 때마다 그저 "안 돼."라고 말하는 것은 ① 학생이 부적절한 행동으로 성인의 관심을 끌게 하면서 ② 적절한 행동을 했을 때 받는 보상이 무엇인지는 알려 주지 않는다. 적절한 행동으로는 관심을 받기가 어렵기 때문에(Shores, Gunter, & Jack, 1993), 성인의 관심을 받고 싶은 아이는 적절한 행동보다는 부적절한 행동을 더 많이 한다. 교사와 얼굴을 마주하는 시간이 길어지기 때문이다. 많은 교사는 행동 평정 기록지를 사용한다. 일반적으로 행동 평정 기록지는 날짜별로 칸이 나뉘진 표의 형태를 띠며, 교사는 여기에 점수를 기입한다(예: 3-2-1점, A-B-C, 웃는 표정-슬픈 표정, 우수함-개선 요망). 어떤 학생들에게는 이러한 평정 기록지가 효과적이지만, 이러한 절차로는 개선되지 않는 학생들도 많다.

    일반적으로 이러한 유형의 행동 평정에 잘 반응하지 않는 학생들은 마지막에 받은 점수를 보고 "선생님이 나에게 겨우 1점을 줬어."라고 해석한다. 그러나 그 점수가 학생에게 주려던 실제 메시지는 "내(학생)가 1점을 받았어."였다. 우리는 학생이 스스로를 돌아보게 하려고 행동 평정척도에 한 가지 구성요소를 추가했다. 우리가 제시하려는 척도의 중요한 차이점 중 하나는 학생이 성인의 평가와 별도로 자신의 행동을 매 시간 평정한다는 것이다. 나중에 교사와 학생이 만나 교사가 학생의 점수를 자신의 평정 점수 옆에 적는다. 교사와 학생의 점수가 같으면 학생은 바로 그 점수를 받게 된다. 우리의 평정 기록지에서는 숫자 3-2-1점을 주로 사용한다. 3점은 행동지도가 필요하지 않았던 매우 즐거운 수업이었음을 의미한다. 2점은 몇 번의 행동지도가 필요했지만 상당히 좋은 수업이었음을 의미한다. 1점은 여러 번의 행동지도가 이루어졌고 개선의 여지가 있는 수업이었음을 의미한다.

교사로서 우리는 학생의 행동을 평가할 때 절대로 0점을 주지 않는다. 학생들은 종종 0점을 실패와 동일시한다. 만약 학생이 실패한 것처럼 느낀다면 실패자처럼 행동할 것이고 결국 자성예언이 야기될 것이다. 우리는 교사연수를 할 때 이 점을 항상 반복한다. 한번은 한 여성이 손을 들고 "솔직히 말해서 정말 0점인 아이들이 있어요."라고 말한 적이 있다. 이 여성과 비슷한 입장을 가진 교사를 만난 모든 학생이 정말 불쌍하다. 세상에 어떤 아이도 0점이 아니기 때문이다. 또 한번은 이렇게 말한 교장선생님이 있었다. "저는 학생들에게 0점을 줍니다. 그러면 속이 시원해져요." 교육은 우리 기분을 후련하게 하려고 하는 것이 아니다. 이 책의 저자로서 우리는 이런 식의 사고를 자신에게 잘못한 사람에게 똑같이 갚아 주려는 5세 아동의 심리 상태라고 본다. 교육자와 교사의 임무는 학생이 자신의 실수에서 깨달음을 얻도록 돕고 적절한 교체행동을 알려 주고 보여 주는 것이다.

어린 학생들에게는 웃는 표정을 사용하여 평정하게 하는 것이 효과적이다. 크게 활짝 웃는 얼굴은 3점이다. 평범하게 웃는 얼굴은 2점이고 반쯤 미소 짓거나 표정 없는 얼굴은 1점이다. 0점을 주지 않는 것과 같은 이유로 어린 학생들에게 슬픈 표정은 절대 사용하지 않는다. 우리가 학교를 방문할 때면 문제를 보이는 학생들과 상담해 달라는 요청을 자주 받는다. 우리가 그 학생들과 약간의 라포를 형성하고 나면 그중 많은 학생이 이렇게 말한다. "아시다시피 전 나쁜 학생이에요." 그러면 우리는 항상 이렇게 물어본다. "왜 네가 나쁜 아이라고 생각하니?" 믿을 수 없이 많은 유아가 이렇게 답한다. "왜냐하면 전 항상 슬픈 표정을 받아요." 반쯤 미소 짓는 표정은 그 학생이 다음에는 잘할 거라는 교사의 믿음을 뜻하는 것임을 학생들에게 알려 주라. 놀랍게도 교사가 자신에게 믿음을 가지고 있다고 생각하면 학생도 스스로에게 믿음을 가지게 되고, 다음번이나 그 다음번에는 더 잘하리라는 기대에 부응하게 될 것이다.

우리는 평정 기록지를 사용할 때 세 가지 행동을 선택하는데, 보통 학생과 연습 중인 행동 두 가지와 학생이 쉽게 수행할 수 있는 행동 한 가지로 구성한다. 수업 중에 손을 들고 호명되기까지 잘 기다리는 것이 강점인 학생이 있다면, 우리는 이 행동을 평정 기록지에 포함되는 행동 중 하나로 넣을 것이다. 이 행동에 대해서는 매 시간 점수를 확실히 받을 것이다. 그런 다음 우리가 집중하여 지도하고자 하는 두 가지 행동을 선택한다. 예를 들어, 이 학생이 타인의 개인 공간(personal space)을 존중하지 않고, 과제가 주어졌을 때 바로 시작하지 않는다면, 다음과 같이 그 행동을 다룰 수 있다.

- 다른 사람의 훌라후프 존중하기: 우리는 학생에게 개인 공간을 가르칠 때 각 사람의 둘레에는 훌라후프만큼의 거리가 있다고 설명하는데, 이는 시각화가 필요한 학생들에게 멋진 이미지를 제공한다. 실제 훌라후프를 가지고 몇 번 연습해 본 뒤, 학생에게 가상의 훌라후프가 보인다고 가정하고 상대의 훌라후프 밖에 서 있게 한다. 학생이 이 개념을 이해한 것으로 보이면, 이 행동을 평정 기록지 행동 목록에 넣어도 된다.
- 과제 즉시 시작하기: 학생에게 모래시계를 주고 모래시계의 모래가 바닥으로 다 내려가기 전에 과제를 시작해야 한다고 가르친다. 과제를 제시하면서 교사는 자신의 책상으로 다가가 모래시계를 뒤집는다. 모래시계 신호를 가르친 학생 외에는 교실의 어느 누구도 교사가 왜 모래시계를 뒤집는지 모른다. 학생이 이 개념을 이해하면, 이 행동을 행동 평정 기록지 목록에 추가한다.

이 평정 기록지를 사용할 때, 첫 번째 열에는 선택된 세 가지 행동을 넣는다. 모든 행동은 긍정적인 용어로 서술한다. 그다음에는 하루 일과를 6~7가지로 구분하여 첫 번째 행의 각 칸에 기입한다. 하루 일과는 시간표나 과목으로 나눌 수도 있다(〈표 7-1〉〈표 7-2〉〈표 7-3〉참조).

표 7-1 시간대별 평정 기록지

	8:30~9:30	9:31~10:30	10:31~11:30	11:31~12:30	12:31~1:30	1:31~2:30	2:31~3:30
행동 1							
행동 2							
행동 3							
합계							

표 7-2 과목별 평정 기록지

	읽기	수학	독서	맞춤법	쉬는 시간	점심시간	사회
행동 1							
행동 2							
행동 3							
합계							

표 7-3 교시별 평정 기록지

	1교시	2교시	3교시	4교시	5교시	6교시	7교시
행동 1							
행동 2							
행동 3							
합계							

행동과 하루 일과의 구분단위를 결정했다면, 각 셀을 둘로 나누어 두 가지 점수를 적을 수 있게 한다. 셀을 반으로 나눈 앞부분은 성인의 점수 칸이고, 뒷부분은 학생의 점수 칸이다. 셀은 대각선으로 나누어도 되고 세로선으로 나누어도 된다(〈표 7-4〉〈표 7-5〉참조).

아주 어린 아동에게 적용할 때는 학생의 점수 칸에 세 종류의 웃는 얼굴을 그려 넣고 그중 학생이 적합하다고 생각하는 얼굴에 색칠하게 하라. 4~5세 유아들은 활짝 웃는 얼굴과 살짝 웃는 얼굴을 구분하기가 어렵다. 웃는 얼굴은 당신이 직접 그려 넣고 복사해서 써도 되고 클립아트에서 웃는 얼굴 아이콘을 찾아서 넣어도 된다. 〈표 7-6〉은 유아용 평정 기록지의 예다.

표 7-4 대각선으로 나눈 평정 기록지

	1교시	2교시	3교시	4교시	5교시	6교시	7교시
행동 1							
행동 2							
행동 3							
합계							

표 7-5 세로선으로 나눈 평정 기록지

	8:30~9:30	9:31~10:30	10:31~11:30	11:31~12:30	12:31~1:30	1:31~2:30	2:31~3:30
행동 1							
행동 2							
행동 3							
합계							

표 7-6	유아용 평정 기록지							
	8:30~9:30	9:31~10:30	10:31~11:30	11:31~12:30	12:31~1:30	1:31~2:30	2:31~3:30	
행동 1	😊😊😊	😊😊😊	😊😊😊	😊😊😊	😊😊😊	😊😊😊	😊😊😊	
행동 2	😊😊😊	😊😊😊	😊😊😊	😊😊😊	😊😊😊	😊😊😊	😊😊😊	
행동 3	😊😊😊	😊😊😊	😊😊😊	😊😊😊	😊😊😊	😊😊😊	😊😊😊	
합계								

종이를 아끼려면 학생용 평정 기록지를 코팅한 후 화이트보드용 마커와 지우개를 사용하여 학생들이 점수를 기록하게 하면 된다. 코팅된 기록지는 매일 닦아서 다시 사용할 수 있다. 교사는 학부모에게 보낼 정식 기록지에 점수를 표시한다. 학생은 매일 자신의 총점을 도표화하는 과정에 참여한다. 학생이 자신의 점수를 스스로 점검하게 하는 것은 학생 성취에 가장 큰 영향을 미치는 요소 중 하나다(Hattie, 2009). 학생들은 매 시간 그리고 하루 일과가 끝날 때 자신의 행동을 점검하게 된다. 일반적으로 교사들은 이러한 행동 평정 기록지를 사용하면 2주 안에 학생의 행동에 효과가 나타나기 시작한다고 보고한다. 행동이 2주 안에 완전히 소멸되는 것은 아니지만 변화를 보이기 시작한다는 것이다. 학생이 수년간 어떤 행동을 계속하여 결국 습관이 되어 버린 상황임을 고려할 때 이 정도면 빠른 행동 변화라 할 수 있다.

이 절차의 다음 단계는 학생의 부모를 만나 학생-교사 평정 기록지를 설명하는 것이다. 가능하다면 우리는 학교에서 학생이 올바른 행동을 했을 때 가정에서도 학생에게 보상을 해 주기를 바란다. 이 장 마지막에는 학교에서 올바른 행동을 보인 학생에게 가정에서 부모가 제공할 수 있는 100가지의 보상방법이 제시되어 있다. 이 보상들은 무료이거나 아주 약간의 비용만 지불하면 되는 것들로, 아이들이 가정에서 더 많은 관심을 받게 해 주는 것들이다. 부모가 보상하는 방법을 제시한 것은 학교에서의 행동에 대한 보상이 가정에서도 제공될 때 가정과 학교가 함께 노력하고 있다는 것이 아이에게 명백히 전달되기 때문이다. 이러한 접근법의 또 다른 장점은 학교와 가정 간 관계가 향상된다는 것이다. 많은 경우 학교는 학생이 잘못된 행동을 할 때 부모에게 연락을 취하며, 부모가 그 행동을 어떻게 다루는지 알 것이라는 잘못된 기대를 한다. 학교에서의 바른 행동을 가정에서 부모가 보상하게 하는 활동은 학교와 가정 간의 관계를 획기적으로 개선시킨다. 에너지는 관심을 따라 흐른다는 점을 명심하라. 긍정적인 행동에 관심을 두면 아동도 긍정적인 행동에 에너지를 쏟을 것이다.

보상의 목록은 교사가 학생과 만나 평정 기록지에 대해 설명하기 전에 부모에게 제공된다. 부모는 자녀에게 주고 싶지 않은 보상을 제외할 수 있으며, 선호하는 보상에는 중요 표시를 해 두면 된다. 그 후 자녀에게 보상 목록을 보고 1순위, 2순위, 3순위의 보상을 고르게 한다. 학생이 6교시까지 매 수업에서 9점을 받아 매일 최대 54점을 받을 수 있다면, 1순위 보상의 점수를 45~54점 사이로 책정한다. 그리고 2순위 보상은 35~44점으로, 3순위 보상은 25~34점으로 책정한다. 아동은 자신이 받은 점수에 따라 보상을 받는데, 보상의 예로는 부모님을 도와 저녁 차리기, 부모님을 한 시간 동안 독차지하기(형제자매는 조부모나 친구 집으로 보냄), 가족이 함께 할 게임 고르기, 형제자매가 잠든 후 30분간 부모와 시간 보내기 등이 있다. 아동마다 목록에 있는 보상에 다른 반응을 보이므로 아동이 직접 보상을 선택하게 하고, 부모가 그

것을 보상으로 줄 수 있는지의 여부에 대해 피드백을 주는 것이 좋다.

우리는 서부 지역에 거주하는 4세 아동의 문제행동을 중재하느라 고전한 적이 있다. 셔먼(Sherman)은 가구를 던지거나 전교생이 다 들리게 텐트럼을 보이는 아동이었다. 우리는 첫 번째 주에 셔먼에게 올바른 행동은 어떤 모습인지, 어떻게 들리는지 그리고 어떤 기분이 드는지를 가르쳤다. 이를 위해 비디오 자기모델링(video self-modeling) 방법을 사용했는데, 이에 대해서는 이 책과 짝을 이루는 책『개별 학생을 위한 긍정적 행동지원: 심각한 문제행동을 보이는 학생을 위한 개별 중재』에 자세히 제시하였다. 우리는 셔먼과 그의 부모님을 만나 보상 목록에 대해 검토하고 학생-교사 평정 기록지에 대해 설명했다. 셔먼에게 받을 수 있는 보상 목록을 읽어 주자 아이는 "내가 원하는 게 거기 없으면 어쩌죠?"라고 말했다. 우리는 "네가 생각하는 걸 알려 주면 그것도 포함 가능한지 알아볼게."라고 말했다. 그러자 셔먼이 "45점을 받으면 아빠 트럭을 타고 밤에 드라이브하고 싶어요. 다른 사람 없이 아빠랑 둘이서만요."라고 답했다. 셔먼은 35점에 대한 보상으로 엄마를 도와 저녁 차리기를 선택했고 25점에 대한 보상으로 저녁식사 때 가족들이 사용할 식탁용 매트 만들기를 선택했다. 우리는 셔먼이 매트를 만들 수 있도록 부모님에게 흰 종이 한 뭉치와 좋은 향이 나는 마커 몇 개를 주었다. 셔먼은 15점에 대한 보상으로 가족들이 보는 TV 채널 결정권을 골랐다.

2주가 지나기도 전에 셔먼의 행동이 변하기 시작했다. 우리는 이 중재를 시행한 첫날 성인 1명을 셔먼 옆에 배치하여 추가 중재를 제공하는 동시에 세 가지 웃는 얼굴 중 적절한 얼굴에 색칠을 할 수 있게 지원하였다. 그 결과 셔먼은 45점을 받았다. 자신의 노력이 가져온 보상을 맛보자 아이는 올바른 행동을 보이기 시작했다. 그해 말 지원팀이 보내온 편지에 따르면 셔먼이 계속 좋은 변화를 보이고 있으며 학급의 다른 친구들과 함께 유치원에 가게 될 것이라고 하였다. 셔먼은 교사가 자신의 행동을 바라보는 방식으로 자신의 행동을 보게 되었으며 이것이 행동 변화를 가져왔다. '선생님이 나에게 1점을 줬어.'가 아니라 '내가 1점을 땄어.'라고 생각하게 된 것이다. 학생들은 이 평정 기록지를 좋아하는데 이는 선생님과 점수를 똑같이 맞추는 경쟁을 좋아하기 때문이다.

이 서식은 4세부터 18세의 학생들에게 널리 사용되어 왔다. 나이가 있는 학생들은 이 프로그램이 경쟁에 관한 것이고 어른들과 경쟁하기를 즐기기 때문에 기쁘게 이 활동에 참여하곤 한다. 이 활동은 또한 체크인 체크아웃(CICO) 프로그램과 연결하여 적용할 수도 있다. 행동교육 프로그램(BEP)이라고도 불리는 CICO에 대해서는 많은 선행연구가 존재한다(Hawken, Pettersson, Mootz, & Anderson, 2005). 8장에서는 이 프로그램에 대해 더 자세히 알아보고, 그것이 초등학교, 중학교, 고등학교에서 어떻게 적용되는지 살펴볼 것이다.

www.behaviordoctor.org 사이트의 'forms and tools' 섹션에 가면 학생-교사 평정 기록지를 다운로드할 수 있다. 이 평정 기록지는 이미 수천 번 다운로드되었으며 사용하기 간편하고 수업마다 4분 이내에 작성할 수 있으면서 학생의 행동에는 큰 변화를 가져오기 때문에 여전히 교사들에게 인기가 많다.

맺음말

이 장에서는 학생-교사 평정 기록지와 이를 교실에서 효과적으로 사용하는 방법을 자세히 알아보았다. 8장에서는 표적집단 중재를 받는 학생들에게 효과적이라고 알려진 두 가지 연구기반 전략, 즉 'CICO'와 '확인과 연계'를 적용하여 학생의 참여를 향상시키는 방법에 대해 논의할 것이다.

부모가 자녀에게 사용할 수 있는 무료 또는 저비용의 보상

유아 및 아동

1. 부모가 집안일을 할 때 아동이 도우미가 되어 함께 한다.
2. 친척에게 학교에서 칭찬받은 일을 자랑하는 메일을 쓰게 한다. 예를 들면, "린다 이모에게 메일을 보내서 받아쓰기 100점 받은 걸 알려 드리렴."
3. 저녁식사 때 사용할 개인용 종이 접시깔개를 아동이 장식하게 한다.
4. 저녁식사 메뉴로 정해져 있는 두 음식 중 하나를 아동이 선택하게 해 준다. 예를 들면, "타코(tacos)와 미트로프(meatloaf) 중 어느 것으로 할까?"
5. 부모의 저녁식사 준비를 돕게 한다. 예를 들면, 콩 껍질 까기, 감자 껍질 까기, 샐러드 야채로 작품 만들기, 나물로 곤충 모양 만들어 접시에 모양 내기 등
6. 저녁식사 자리에서 '별 셋 소망 하나'를 가장 먼저 발표하게 해 준다('별 셋 소망 하나'란 오늘 있었던 세 가지의 좋은 일과 좀 더 나아지기를 바라는 한 가지의 일을 뜻함).
7. 그날 저녁 가족들이 함께할 활동을 고른다. 예를 들면, 롤러스케이트 타기, 공원 산책하기, 거실 바닥에 앉아 소풍 기분 내며 저녁 먹기
8. 부모님과 집 뒷마당에서 캠핑한다.
9. 등하교 시 학교버스 대신 부모가 차를 태워 준다.
10. 부모님 사무실에 걸어 둘 사진을 액자에 끼우는 역할을 준다.
11. 저녁에 가족이 함께할 게임을 고르게 해 준다.
12. 가족과 함께 소리 내어 읽을 동화(모두가 아는 고전동화)를 고르게 해 준다.
13. 부모와 함께 양로원에서 자원봉사를 한다(양로원에 가면 엄청난 관심을

독차지하게 됨).

14. 안 쓰는 장난감을 모아 필요한 아이들에게 갖다 주는 임무를 맡긴다.

15. 장난감 대신 동물사료를 생일선물로 받고 싶다고 친구들에게 말하게 한다. 친구들에게 받은 사료를 다음날 동물 보호소에 기증하러 간다 (아이는 엄청난 관심을 받게 됨).

16. 부모님이 모래 속에 숨긴 보물을 찾는다. 플라스틱 부활절 달걀 속에 단어 조각을 숨기면 아이가 달걀을 찾아내어 그 안에 든 단어를 조합 하여 보상(예: 할머니와의 산책, 공원에서 자전거 타기 등)을 알아낸다.

17. 뒷마당에서 부모와 진흙놀이를 하며 누가 가장 훌륭한 진흙파이를 만 들었는지 자랑한다.

18. 모래상자에서 모양을 파낸 후 집 주변에서 주운 물건들로 안쪽 빈 공간 을 꾸민다. 저렴한 석고반죽을 그 안에 붓고 마를 때까지 기다린다. 마 른 후에 꺼내면 벽에 걸 수 있는 부조 장식품이 된다(마르기 전에 잊지 말고 석고 맨 위 가장자리에 종이클립을 붙여야 벽에 걸 수 있음).

19. 엄마나 아빠와 단둘이 쇼핑을 하게 해 준다. 이때 아이에게 특정 물건 을 찾도록 미션을 준다. 예를 들면, "이 사진에 있는 파란 블라우스가 엄마가 찾고 있는 옷이야. 엄마를 도와서 같이 찾아줘."

20. 주말에 자녀 중 1명만 빼고 모두를 할머니 댁에 보낸다. 1명만 집에 남 아 주말 동안 부모를 독차지하게 해 준다. 할머니 댁에 간 자녀들은 할 머니와 할아버지의 관심과 사랑을 듬뿍 받고, 외동이 된 자녀는 부모 의 관심과 사랑을 듬뿍 받는다(할머니, 할아버지가 근처에 살지 않는다면, 이웃 가정과 번갈아 가며 서로의 아이를 맡아 주는 방법을 써도 됨).

21. 인터넷에서 재미있는 요리법을 찾아 가족들 몰래 아동과 함께 요리하 여 저녁식사 때 가족들을 놀라게 한다. 부엌에 '비밀의 특별요리 중'이 라고 써 붙인다. 나머지 가족은 특별 통행권이 있어야 부엌에 들어올 수 있다.

22. 집에서 깜짝 보물찾기 대회를 연다. 만약 아이가 글을 읽을 줄 안다면, 다음 힌트가 있는 장소를 글자로 적어 숨긴다. 맨 마지막에 찾는 힌트에는 아이가 받게 될 큰 선물이 적혀 있다(아이가 글을 못 읽으면 그림 힌트를 사용).

23. 마이크로소프트사의 파워포인트 프로그램을 사용하여 슬라이드쇼로 볼 수 있는 이야기를 아동과 함께 만든다. 이때 아이가 이야기의 주인공이 되게 한다.

24. 뒷마당에서 디지털카메라로 아이가 이것저것 사진을 찍게 한다. 아이가 찍은 사진을 컴퓨터로 옮겨 이야기를 만든다. 사진 이야기가 완성되면 이를 출력하여 멀리 사는 친척에게 보내는 것을 도와준다.

25. 아이와 밖에 나가 나뭇잎이나 꽃을 주워 온다. 아이가 잎사귀와 꽃잎을 왁스 종이 두 장 사이에 끼우면, 부모가 다림질로 이 두 종이를 붙여서 식탁용 매트를 만든다. 저녁식사 시간에 모두의 그릇 아래 1개씩 놓는다.

26. 가족들이 돌아가며 한 부분씩 추가하여 완성하는 이야기 만들기 시간에 보상을 받을 아이가 이야기의 처음과 마지막을 만들 수 있게 해 준다.

27. 아이에게 밤에 5분 더 늦게 자거나, 아침에 5분 더 늦잠 잘 특권을 준다. 늦게 자는 쪽을 선택했다면 아이에게 책을 읽어 준다.

28. 아이의 비서가 되어 아이가 이야기를 만들면 그것을 받아쓴다. 아이를 아끼는 친척에게 이야기를 보낸다. 친척은 아이에게 전화해서 이야기가 너무 재미있다고 칭찬해 준다.

29. 아이나 아이가 좋아하는 인물이 등장하는 이야기를 만들어 준다.

30. 컴퓨터의 스크린세이버를 "우리 ○○가 최고야." 또는 자녀가 스스로에 대해 자부심을 가질 만한 글귀로 저장한다. 직장 사무실 컴퓨터에 저장해 놓고 이 사진을 찍어 보여 주거나 주말에 아이와 함께 직장 사무실을 방문하여 아이가 보게 한다.

31. 아이에게 빨래 개는 일을 돕게 하고 저녁에 특별 디저트로 보상한다. "○○가 빨래 개는 걸 도와줘서 엄마가 집안일을 빨리 끝냈어. 일을 빨리 끝냈더니 이렇게 특별 디저트 만들 시간이 생기네."라고 말해 준다.

32. 아이가 물건을 정리할 때 재미있는 기억 전략을 알려 주어 스스로 정리정돈하게 한다. 예를 들어, 무지개 색 순서인 '빨주노초파남보'를 알려 주고 옷을 이 순서대로 걸도록 한다. 이후 아이의 옷이 순서대로 잘 걸려 있는 모습을 보면 깜짝 '무지개 선물(바른 행동을 할 때 받는 선물)'을 아이 방문에 걸어 놓는다.

33. 아이들이 학교에 간 사이에 침실요정이 와서 가장 잘 정돈된 방을 고른 것처럼 꾸민다. 가장 잘 정돈된 방문에 요정을 달아 놓고 그 방의 주인에게는 밤에 아빠의 안락의자에 앉아 책을 볼 기회를 준다(또는 각 가정 상황에 적합한 상을 고른다).

34. 비밀의 복주머니를 활용한다. 베개 커버를 복주머니로 쓰면 편리하다. 이 페이지에 열거한 여러 보상을 쪽지에 하나씩 적어 복주머니 안에 넣는다. 아이가 올바른 행동을 했을 때 복주머니에서 보상을 뽑게 한다.

35. 아이를 차에 태워 집으로 돌아올 때 아이에게 지나가고 싶은 길을 정하게 해 준다. 즉, 아이가 부모에게 "여기서 왼쪽으로 꺾어요. 이번엔 오른쪽으로……." 하는 식으로 말하는 것이다. 아이가 인도한 방향에 아이스크림 가게가 있다면, 잠깐 차를 멈추고 가족이 함께 아이스크림을 먹는 것도 나쁘지 않다.

36. 당신이 가진 액세서리를 아이가 하루 동안 지니고 착용해 볼 기회를 준다(너무 비싼 귀중품 말고, 당신에게 소중한 것처럼 보이는 것이면 됨). 아이는 하루 종일 특별한 사람이 된 기분을 느낄 것이다.

37. 자녀를 1명씩 도서관에 데려가 책을 빌리거나 동화를 읽는 등 둘만의 특별한 시간을 보낸다.

38. 자녀를 연기수업에 등록해 준다(아이의 행동에 대한 보상으로 주어져야

함). 여러 대학에서는 주말에 아동을 위한 연기수업을 무료로 제공한다.

39. 자녀를 미술관에 데려간 후 가장 마음에 들었던 작품을 그리도록 한다. 이렇게 그린 작품을 모아 친척이 집에 왔을 때 작은 전시회를 꾸밀수도 있다. 진짜 전시회와 비슷하게 치즈와 포도주스를 내온다.

40. 자녀를 지역 대학의 천문학 연구실에 데려간다(보통 무료다). 아이 방천장에 아이가 가장 좋아하는 별자리로 별을 붙이는 것을 도와준다. 가능하다면 별에 야광물감을 칠하는 것도 좋다.

41. 아이와 자연을 거닐며 돌을 주워 온다. 돌 위에 동물 모양 그림 그리기대회를 연다.

42. 아이에게 더 이상 가지고 놀지 않는 장난감을 모으도록 한다. 장난감을 깨끗이 닦은 후, 지역 병원의 소아병동에 기부하게 한다. 아이는 많은 관심을 얻고, 뿌듯함을 느낄 것이다.

43. 가까운 가전제품 매장에 가서 빈 냉장고 상자 하나를 얻어 온다. 자녀가 적절한 행동을 했을 때 상으로 이 상자를 주고, 아이가 원하는 상상의 공간으로 꾸미도록 도와준다.

44. 핼러윈 가면을 직접 만든다. 풍선 위에 종이반죽을 붙인 후 코, 뿔, 혀등 원하는 것을 모두 만들어 붙인다. 그 위에 색칠을 하고 마를 때까지기다리면 독특하면서도 돈이 들지 않는 핼러윈 가면이 생긴다. 이 가면을 만드는 과정에서 당신은 아이에게 많은 관심을 주게 될 것이다.

45. 구식 팝콘 기계를 구하여 거실 바닥에 낡은 천을 깔고 팝콘 기계를 놓은 후 안에 기름을 약간 넣는다. 아이들은 천 바깥에 앉게 하여 가까이오지 않도록 한다. 팝콘 알맹이를 기계에 넣고 팝콘이 튀어 오르는 것을 보여 준다. 아이들은 팝콘이 튀겨지는 장면을 정말 좋아할 것이다. 특별 서비스로 완성된 팝콘에 시나몬 설탕을 뿌려 준다.

46. 물에 잘 뜨는 가벼운 나무 조각을 구하고 고무 밴드와 종이클립으로 만든 페달로 나아가는 작은 보트를 만든다. 멋있는 돛을 만들어 달고, 근

처 개울이나 호수에 놀러 가서 아이가 보트를 띄우고 놀도록 한다. 보트가 강에 떠내려갈 때 건져 올릴 뜰채도 가져가도록 한다. 또는 미리 보트 앞쪽에 고리를 달고 낚싯줄을 묶어 보트가 떠내려갈 때 끌어당길 수 있게 한다.

47. 낚시 갈 때 아이를 데려간다. 깊은 대화를 나눌 수 있는 좋은 기회가 될 것이다.

48. 아이와 함께 드라이브를 하며 각 알파벳으로 시작하는 물건을 찾아본다. 찾은 물건 앞에서 아이의 사진을 찍고 이후 사진들을 모아서 ABC 책을 만든다. 예를 들어, "A: 애플비스(Applebee's) 음식점 앞에서 조니" "B: 블록버스터(Blockbuster) 비디오 대여점 앞에서 조니"처럼 라벨을 붙인다.

49. 지역 동물보호협회에 연락하여 18세 미만의 아동도 동물에게 음식과 물을 주는 자원봉사가 가능한지 확인한다(일부 보호소는 18세 이상의 성인에게만 자원봉사를 허가함). 아이의 올바른 행동에 대한 보상으로 동물보호소에서 동물에게 음식과 물을 줄 기회를 준다. 또는 작은 개를 산책시키거나 고양이를 쓰다듬게 해 준다.

50. 아이를 지역 소방서에 데려간다. 소방서 직원들이 바쁘지 않다면 기꺼이 아이에게 소방서 이곳저곳을 보여 주고 큰 관심을 줄 것이다. 많은 아이가 소방차를 본 적이 있겠지만 직접 소방서에 가서 본 아이들은 많지 않을 것이다.

51. 아이와 '문지기'게임을 한다. 이 게임에 대한 설명은 www.behavior doctor.org에서 찾을 수 있다(『Stork Manual』 60쪽에 있음).

52. 아이에게 깜짝 공연을 보여 주겠다고 말한 후 튼튼한 탁자와 털모자를 준비한다. 고개를 젖혀 턱이 허공을 향하게 한 채로 탁자 위에 눕고, 입과 턱을 제외한 얼굴 전체를 털모자로 가린다. 턱에 눈 2개를 그린 후 재미있는 노래에 맞춰 립싱크를 한다. 이런 연극은 마치 작은 얼굴에

큰 입을 가진 사람이 노래 부르는 것 같아 매우 웃긴다. 이후 아이가 연극을 해 보게 한다.

53. 어둠 속에서 숨바꼭질을 한다. 집 안의 불을 다 끄고, 모두가 숨게 한다. 한 사람의 술래가 집 안 곳곳을 돌아다니며 숨어 있는 사람을 찾는다. 어둠 속 숨바꼭질은 어둠을 무서워하는 아이를 돕는 데 좋은 방법이다. 자녀가 어리다면 숨는 장소를 방 1~2개로 제한해도 좋다.

54. 아이들에게 하루 1달러(약 1,000원)씩 30일간 돈을 받고 싶은지, 첫날 1센트(약 10원)를 받고 이후부터 전날 받은 돈의 두 배를 30일간 받고 싶은지 퀴즈를 낸다. 다시 말해, 첫날은 1센트, 둘째 날은 2센트, 셋째 날은 4센트, 넷째 날은 8센트와 같은 식이다. 아이들이 선택을 마치면 어느 편이 더 나은 조건인지 계산하게 도와준다(1센트에서 시작하여 매일 전날의 두 배에 해당하는 금액을 받게 되면 30일 후 10,737,418.23달러를 받게 됨).

55. 마닐라지와 밀랍 크레용을 아이에게 주고 아이가 종이에 빈틈없이 다양한 색으로 칠하도록 한다. 줄무늬나 물결무늬 등 아이가 좋아하는 어떤 방식으로 칠해도 좋다. 이후 아이에게 색칠한 그림 전체를 검정 크레용으로 덮게 한다. 아이에게 한쪽 끝을 편 종이클립을 주고 원하는 대로 검정 크레용 위를 긁어내게 한다. 검정 크레용 아래 미리 칠해둔 색들이 나타날 것이다. 작품을 전시하고 여러 그림을 보며 차와 쿠키를 먹는다.

56. 아이에게 미식축구공을 던지거나, 농구공을 바구니에 던지거나, 축구공을 골대 안으로 차거나, 야구공을 치거나, 골프공을 퍼팅하는 것을 가르친다. 이후 재미를 위해 반대 손이나 발로 이것들을 다시 해 본다.

57. 중고 크로케(운동) 장비를 구한다. 이베이(eBay)에서 찾을 수 있을 것이다. 장비를 마당에 설치하고 아이들끼리 크로케 경기를 하도록 한다. 우승자는 가족 저녁식사 메뉴를 고를 기회를 얻는다.

58. 식탁에 여러 개의 담요, 누비이불, 시트 등을 덮어 동굴을 만든다. 동굴 안에 들어가 손전등을 달고 석기시대 사람처럼 그림을 그려 동굴에 전시한다. 그림은 핀으로 동굴 벽에 안전하게 고정할 수 있다.

59. 가족 장기자랑 대회를 연다. 어떤 장기를 보여 줄지는 비밀로 한 후 모두의 앞에서 장기자랑을 한다.

60. 아이에게 양말 접는 법을 가르쳐 주고, 양말을 마법의 꼭두각시 인형으로 변신시킨다. 서로에게 인형극을 보여 준다.

61. 커튼봉으로 문틀에 오래된 커튼을 달아서 무대처럼 꾸민다. 아이가 무대에 입장하듯이 커튼을 통과해 들어와 장기자랑을 하게 한다.

62. 부엌 벽에 코르크 판자나 큰 액자틀을 붙이고, 아이가 만든 특별한 작품, 시, 훌륭한 과제를 게시하는 장소로 활용한다. 가족 모두가 이것을 보고 저녁에 한마디씩 칭찬하도록 한다.

63. 아이에게 감사카드, 생일카드, 명절카드를 디자인하여 장식하게 하고, 이것을 친구나 친척들에게 카드를 보낼 때 활용한다. 아이가 자신의 작품 아래 서명하도록 한다.

64. 아이에게 저렴한 디지털카메라를 사 주고 사진을 찍게 한다. 카메라를 TV에 연결시키거나, 사진 파일을 컴퓨터로 옮겨 컴퓨터를 TV에 연결시키고, 가족이 함께 모여서 팝콘을 먹으며 TV로 사진을 본다. 각자 제일 좋아하는 사진을 고르고 그 사진에 대해 이야기하는 시간을 갖는다.

65. 아이와 단둘이 데이트를 한다. 아이 1명과 단둘이 밖에서 저녁식사를 한 후 연극이나 영화를 본다.

청소년

1. 페인트 한 통은 그리 비싸지 않다. 아이에게 색을 고르게 하고 아이와 함께 그 색으로 아이의 방에 페인트칠을 한다. 다른 사람들이 잘 사 가지

않는 페인트를 사서 아이가 자기 방 벽에 벽화를 칠하게 할 수도 있다.

2. 청소년들은 학업 이외의 특별활동이 필요하다. 그러나 특별활동에는 돈이 많이 든다. 가라테 교사, 승마장 관리자, 미술교사, 운동 코치 등과 협상을 하여 차편 제공, 월 1회 청소, 도시락 등을 제공할 테니 자녀의 수업료를 할인해 달라고 부탁해 본다.

3. 청소년들은 감정 조절에 어려움을 겪는다. 인터넷에서 요가수업을 다운받아, 가족 전체가 요가 호흡법을 연습한다. 아이에게 학교에서 긴장을 느낄 때 이 호흡법을 사용하라고 이야기한다.

4. 청소년 자녀와 계약을 맺는다. 아이가 당신과 합의한 성적을 유지하고, 불필요한 학교 결석이 없고, 바르게 행동한다면, 하루 정도 정신 건강 휴일을 허락한다. 이는 당신이 집에 있는 날, 아이도 학교를 가지 않고 쉬는 것이다. 이날에는 아이쇼핑, 낚시, 경주용 자동차 타러 가기 또는 아이가 좋아할 어떤 활동을 해도 좋다. 내가 어렸을 때 어머니도 우리 형제들에게 이런 기회를 주었는데, 나는 지금도 그 시절을 그리워한다.

5. 저녁식사 시간에 청소년 자녀에게 좋아하는 음악을 틀게 하고, 왜 이 곡을 좋아하는지 말하게 한다.

6. 오래된 흑백영화를 함께 보고 영화가 얼마나 변화했는지 함께 이야기한다. 우리 아이들이 청소년이었을 때 Jimmy Stewart가 주연한 〈하비(Harvey)〉(역자 주: 1950년대 흑백 코미디 영화)를 매우 좋아했다.

7. 부모가 이야기나 시의 전반부를 쓰고, 나머지를 청소년 자녀가 이어서 쓰게 한다. 완성된 이야기들을 책자로 만들어 본다.

8. 청소년 자녀의 글이나 미술작품을 스캔하여 제본한다(www.lulu.com에서 저렴한 가격에 제본해 줌). 특별한 저녁식사 자리에서 이 책을 아이에게 선물로 준다.

9. 아이와 친구들의 사진이나 각종 티켓 조각들로 스크랩북을 만들고, 깜짝 파티에서 스크랩북을 선물한다.

10. 1년간 거스름돈을 저금통에 모은다. 모은 돈으로 무엇을 할지 청소년 자녀에게 정하게 한다. 내가 아는 어떤 가족은 6인 가족 모두가 디즈니랜드에 갈 돈을 모았다.

11. 청소년에게 줄 수 있는 훌륭한 선물 중 하나는 '이웃 사랑'을 가르치는 것이다. 한 달에 한 번씩 무료급식소나 양로원 같은 곳에 자원봉사를 신청하여 아이와 함께 간다.

12. 동네에서 축구나 배구 대회를 열어 형님팀-아우팀 또는 남성팀-여성팀 대항 경기를 한다. 경기 후 바비큐 파티를 한다.

13. 특별한 경우 아이에게 좋은 차를 몰아 볼 기회를 준다.

14. 아이가 좋아하는 디저트를 깜짝 선물로 준다.

15. 자녀를 사랑하는 이유 20가지를 적어 준다. 웃기고 재미있는 사진도 곁들인다.

16. 매달 가족끼리 '이달의 인물'을 뽑아 그 가족 구성원의 포스터를 만든다. 뽑힌 사람이 한 달 동안 금요일 저녁 메뉴를 고르게 한다.

17. 아이에게 스푼스, 카나스타, 포커 등의 카드게임을 가르쳐 준다. 가족끼리 게임하는 날을 정해 함께 카드게임을 한다.

18. 집 안의 불을 모두 끄고, 어둠 속에서 숨바꼭질을 한다. 가장 오래 숨어 있는 사람에게 토요일 저녁에 가족이 함께 볼 영화를 고르게 한다.

19. 아이에게 인테리어를 맡기고, 집 안에 있는 물건만으로 집을 새롭게 꾸며 보도록 한다.

20. 서로의 공간을 새롭게 꾸며 준다. 부모는 청소년 자녀의 침실을, 자녀는 부모의 침실을 새롭게 꾸며 본다.

21. 종이 여러 장에 다양한 금액을 쓴 후 플라스틱 부활절 계란 안에 각각 넣는다. 각 플라스틱 계란에 유성펜으로 번호를 매긴다. 부모 중 1명이 뱅커의 역할을 하며 '딜 오어 노 딜(Deal or No Deal)' 게임을 아이들과 한다[역자 주: 미국 NBC 텔레비전 게임쇼로, 돈을 가지고 하는 심리게임

이다. 도전자는 26가지의 다른 금액이 들어 있는 철가방 중 하나를 선택한 후, 매 라운드에 무대에 있는 다른 철가방을 열어 보면서 자신의 철가방 속에 있는 금액을 유추해 간다. 라운드가 끝날 때마다 뱅커는 협상금을 제시하는데 '딜(Deal)'을 선택하면 협상금을 받고 게임이 종료되며, '노 딜(No Deal)'을 선택하면 게임이 계속된다. 게임이 끝나면 자신이 처음에 선택한 철가방을 열어 금액을 확인한다. 만약 중간에 '딜'을 선택한 경우에는 자신의 철가방 속의 금액이 협상금보다 낮은지 혹은 높은지에 따라 '굿 딜(Good Deal)'의 여부가 결정된다. 끝까지 '노 딜'을 선택한 후에는 마지막으로 남은 2개 중 하나의 철가방을 선택할 수 있으며, 선택한 철가방 속의 금액을 획득하게 된다].

22. 〈Who Wants to be a Millionaire〉 퀴즈쇼의 화면으로 꾸민 파워포인트 서식을 다운받아 자녀의 시험 준비를 돕는다. 예상 문제의 답안을 파워포인트 서식 속 퀴즈쇼 보기 항목에 (오답과 함께) 적어 넣고, 게임쇼를 진행하여 아이의 공부를 돕는다.

23. 예상 문제를 녹음하여 아이가 자기 전에 듣게 한다.

24. 아이가 큰 시험에 대비할 때 중요 내용이 담긴 플래시 카드를 만들어 준다.

25. 청소년 자녀가 공책을 잘 정리하도록 도와준다. 과목별로 색깔을 다르게 한 폴더나 시험 대비용 플래시 카드를 담을 포켓 폴더를 사용하게 한다.

26. 청소년 자녀에게 보내는 긍정적 메시지를 아이 방 여기저기, 아이가 집에서 읽는 책 속(학교에서 사용하는 책에 넣어 두면 아이가 부끄러워할 수 있음), 화장실 거울 등에 숨기거나 적어 놓는다.

27. 가족과 〈Jeopardy〉 퀴즈쇼(역자 주: 역사, 문학, 예술, 대중문화, 과학, 스포츠, 지리, 세계사 등 다양한 주제를 다루는 미국의 텔레비전 퀴즈쇼)를 함께 본다. 메모지를 나누어 주고, 퀴즈의 답을 적게 하고 점수를 매긴다. 이긴 사람이 주말에 할 가족활동을 고를 수 있다.

28. 청소년 자녀를 위해 자료검색을 한다. 예를 들어, 자녀가 그리스 신화를 배우고 있다면, 도서관에서 그리스 신화와 관련된 책들을 빌려 오거나, 적절한 자료를 인터넷에서 다운받아 준다(인터넷 자료는 부정확할 수 있으니 주의할 것).

29. 박물관, 산책, 스포츠 경기 등 자녀가 좋아할 만한 곳에 데려간다. 중요한 것은 당신이 자녀와 함께 시간을 보내는 것이다. 아이와 함께 갈 수 있는 무료 행사들은 많이 있다.

30. 청소년 자녀가 좋아하는 음악을 모아 믹스 CD를 만들어 준다. 좋아하는 음악만 모아 하나의 CD로 엮어 주면 아이가 좋아하는 노래를 들으려고 CD를 여러 장 뒤적거릴 필요가 없다.

31. 낱개로 보면 용도를 알 수 없는 물건(예: 남성용 셔츠 고정 멜빵, 장난감 스프링 등)을 가져와 용도를 맞히는 게임을 한다.

32. 가족들에게 유명한 인용구를 하나씩 찾아오게 하고 그 인용구를 유행시킨 사람을 맞히는 게임을 한다.

33. 청소년 자녀가 학교에서 돌아왔을 때 할 수 있는 깜짝 보물찾기를 준비한다. 보물이 있는 장소에 대한 힌트는 어려워야 한다. 힌트를 계속 따라가다가 최종적으로 보물을 찾으면 야구 카드 같은 작은 상을 준다.

34. 청소년 자녀를 안내견 훈련에 참여시킨다. 이를 통해 자녀는 책임감을 배우고 자부심을 갖게 된다.

35. 청소년 자녀가 멘토가 필요한 어린 아동의 큰 형/누나가 될 수 있게 연결한다. 도움이 필요한 사람에게 봉사하는 것은 스스로에게 줄 수 있는 가장 훌륭한 선물이다.

8장

학생의 참여를 증진시키기

지난 몇 장에 걸쳐 우리는 다음의 내용들을 알아보았다.

- 2차 예방 중재는 보편적 중재에 반응하지 않는 학생들을 대상으로 효율적이고 효과적인 표적집단 중재를 제공하기 위해 고안되었다.
- 이 중재는 보편적 중재보다 강도가 높은 것으로, 좀 더 심각한 문제행동을 보일 우려가 있고 보편적 중재보다 더 많은 지원이 필요한 소수의 학생을 대상으로 한다.
- 2차 예방 중재는 소집단 학생들을 지원하는 형태로 실시되거나 개별 학생에게 간단한 중재 전략을 적용하는 형태로 실시된다.
- 2차 예방은 선행적인(proactive) 학교차원의 예방 노력에도 불구하고 어려움을 보이는 학생들을 위해 보편적 선별의 신속한 실시와 지속적인 진보 점검을 그 전략으로 한다.

2차 예방은 구조와 예측성을 높이고, 학생의 행동에 대한 성인의 피드백을 증가시키며, 학업과 행동의 수행을 연결하고, 가정-학교 간 소통을 촉진하며, 의사결정의 기반이 될 자료의 수집과 활용을 포함하는 체계를 말한다(Sailor, Dunlap, Sugai, & Horner, 2008). 2차 예방은 보편적 중재에서 제공된 것 이상의 지원이 필요한 10~15%의 학생을 지원한다(Gresham, 2004).

이 장에서 살펴볼 내용은 다음과 같다.

- '행동교육 프로그램(BEP)'이라고도 알려진 '체크인 체크아웃(CICO)'의 기본 정보, 실행방법, 실행시기, 대상
- '확인과 연계(Check & Connect)'의 기본 정보, 실행시기, 대상

체크인 체크아웃

행동교육 프로그램이라고도 불리는 체크인 체크아웃(CICO)은 더 심각한 문제행동을 보일 가능성이 있는 학생들에게 긍정적 효과를 기대할 수 있는 2차 예방 표적집단 중재로, 다층적 지원체계의 일부로 실시되기에 적절한 중재다(Crone, Hawken, & Horner, 2010; Crone & Horner, 2003; Hawken & Horner, 2003; Todd, Kaufman, Meyer, & Horner, 2008).

표적집단 중재가 필요한 학생들이 보이는 행동은 학습 환경에 방해가 될 가능성이 크기 때문에 학생이 학교와 긍정적이고 의미 있는 관계를 맺게 할 예방적 접근이 실행되어야 한다(Hawken, Pettersson, Mootz, & Anderson, 2005).

CICO는 학교 전반에 실시되는 보편적 행동지원에 반응을 보이지 않는 학생들에게 긍정적이고 의미 있는 관계를 제공한다. CICO는 훈육실 의뢰와 교실에서의 문제행동 감소에 효과적일 뿐 아니라 학업 참여를 증진시킨다(Crone, Horner, & Hawken, 2004; Hawken & Horner, 2003; March & Horner, 2002). 또한 CICO는 유사한 지원을 필요로 하는 여러 학생에게 유사한 행동전략을 적용하므로 표적집단 중재의 대상이 되는 학생들을 지원하는 효율적인 방법이기도 하다. CICO의 목표는 문제행동을 보이는 학생들이 더 큰 문제를 가진 집단에 속하게 되는 것을 막고 동시에 학생들의 학업 성취와 사회적 능력을 키워 주는 데 있다(Crone et al., 2010).

Crone과 동료들의 연구(2004)를 토대로 개발된 CICO는 학교차원에서 실시되는 지원체계의 한 부분인 표적집단 중재방법 중 하나다. CICO에 참여

할 학생들은 일반적으로 교사가 선정하는데, 일단 선정이 되면 일주일 안에 지원을 시작한다. CICO를 포함한 모든 표적집단 중재에는 학생이 자발적으로 참여하는 것이 매우 중요하다. CICO에 참여하는 학생은 교내에서 CICO 촉진자의 역할을 맡기로 한 성인을 만나 체크인하는 것으로 하루를 시작한다. 체크인을 할 때 학생은 1~5개의 목표가 적힌 일일 기록 카드(Daily Report Card)를 받는다. 체크인 과정에서 성인 촉진자는 학생을 격려하면서 학생이 하루를 시작하는 데 필요한 물품을 모두 챙겼는지 확인한다(연필이나 펜, 알림장, 노트, 숙제 등). 학생은 부모님의 서명을 받아 온 그 전날의 일일 진보 기록지(Daily Progress Report)를 가져와서 확인받는다. 학생은 그날의 목표를 확인하고 하루를 잘 보내라는 촉진자의 격려를 받는다. 매 수업 후 또는 과목이 바뀔 때 자연스럽게 발생하는 쉬는 시간에 학생은 각 수업담당 교사로부터 평정 점수의 형태로(어린 학생의 경우에는 웃는 얼굴로) 피드백을 받는다. 하루 일과가 끝나면 학생은 동일한 성인 촉진자에게 가서 체크아웃을 한다. 학생이 하루 동안 받은 점수의 합계가 보상 기준 점수를 넘으면 학생은 작은 보상을 받는다. 학생은 일일 기록 카드를 집에 가져가서 부모나 보호자에게 보여 주고 일일 진보 기록지에 서명을 받아 다음 날 다시 학교로 가져온다. 각 학생이 매일 얻는 점수의 합은 그래프에 표시하여 격주 단위로 점검한다. 학생의 변화를 추적하고 그 자료를 바탕으로 의사결정을 하는 것이다. 학생이 성공적인 변화를 보이면 학생에게 전달하던 피드백을 서서히 줄여 나가다가 CICO를 종료한다.

　학생들의 CICO 참여 여부는 대부분 교사가 결정하는데, 교사는 여러 요소를 고려하여 이를 결정한다. 그러나 문제행동으로 인해 훈육실에 의뢰된 횟수가 가장 일반적인 근거가 된다. 추가 지원이 필요한 학생을 판별하기 위해 훈육실 의뢰 횟수를 사용할 때 유의할 점은 훈육실 의뢰 횟수가 보편적 중재 이상의 행동지원을 필요로 하는 학생을 찾아내는 데 과연 타당한 수단인지를 숙고하는 것이다. 훈육실 의뢰 횟수가 항상 신뢰할 수 있는 행동 변화의 지표는 아니며, 문제행동의 감소와 직결되지 않는 경우도 있기 때문이다(Bezdek, 2011; Hawken, MacLeod, & Rawlings, 2007).

일반적으로 CICO에 참여하는 학생들은 여러 상황에서 문제행동을 보이지만 그 행동이 폭력적이지는 않다(Crone et al., 2004). 예를 들면, 과도하게 떠들기, 사소한 방해행동, 과제 미완성 등이다. 학생이 CICO 참여자로 추천받고 학생이 이를 수용하면, 며칠 안에 CICO를 시작한다.

CICO의 연구 성과

CICO가 1차 예방에 반응하지 않는 대부분의 학생, 특히 성인이나 또래의 관심을 얻기 위해 문제행동을 하는 학생들에게 효과적인 2차 예방 중재라는 것이 여러 연구를 통해 지지되고 있다. 선행연구에서는 이러한 학생들에게 CICO가 충실히 실행될 경우, 만족할 만한 성과가 나타남을 보고하고 있다(Fairbanks, Sugai, & Guardino, 2007; Filter et al., 2007; Hawken & Horner, 2003; McCurdy, Kunch, & Reibstein, 2007; McIntosh, Campbell, Carter, & Dickey, 2009; March & Horner, 2002; Todd, Kaufman, Meyer, & Horner, 2008).

예를 들면, 중학생들에게 CICO를 실시한 Hawken과 Horner의 연구(2003)에서는 훈육실 의뢰 횟수가 최소 5회 이상이고, 이 중재에 참여하면 좋을 학생이라는 교직원의 추천을 받았으며, 이전에 행동지원을 받은 경험이 없는 학생들이 참여자로 선정되었다. 중재를 실시한 결과, 연구 참여 학생들의 학업 참여가 증가하고 문제행동이 감소되었다. Todd와 동료들이 시행한 연구(2008)에서도 유사한 행동 결과가 보고되었는데 이들은 4명의 초등학생에게 10주에 걸쳐 CICO 중재를 실행하였다.

그러나 문제행동의 기능이 회피인 학생들에게는 CICO가 문제행동을 감소시키는 데 성공적이지 않았다(Fairbanks et al., 2007; McIntosh et al., 2009).

CICO에 반응하지 않는 학생의 경우 간단한 기능평가(McCurdy et al., 2007)

와 CICO를 함께 실시하여 문제행동의 기능에 부합하도록 중재 프로그램을 수정하는 것이 좋다. 개별적이고 집중적인 중재가 필요한 학생에게는 3차 예방에 해당하는 개별 중재가 고려되어야 한다(Hawken, 2006; Hawken & Horner, 2003; March & Horner, 2002).

전반적으로 볼 때 CICO는 효과적이며 효율적이다. 문제행동에 신속하게 대처하게 해 주고 일주일 안에 중재를 실행할 수 있다는 점에서 CICO는 매력적인 2차 예방 중재다. CICO는 성인의 관심을 목적으로 문제행동을 지속하는 학생의 행동 감소에 효과적이다. 그러나 현재까지 CICO를 다룬 연구가 충분히 발표되지는 않았으며, 이미 발표된 연구들은 유치원에서 중학생까지를 주요 대상으로 하고 있다. 보편적 중재 이상을 필요로 하는 미취학 아동과 고등학생을 포함하여 모든 학생에게 미치는 CICO의 효과에 대한 추가적인 연구가 필요하다.

CICO와 관련된 더 많은 정보가 필요하다면 Guilford Press에서 제작된 행동교육 프로그램에 대한 DVD를 추천한다. 이 비디오는 포인트 시스템을 만드는 방법과 CICO 절차의 활용법을 명확하게 보여 준다(Hawken et al., 2005). 이 DVD는 CICO를 중등 수준의 학생에게 적용하는 사례를 담고 있지만, 초등학교에서 사용할 때는 어떤 차이를 두어야 할지에 대해서도 강조한다. 이 비디오에서는 CICO 절차를 보여 주고 나서 저자가 학생, 교사, 학교 관리자와의 면담을 통해 프로그램에 대한 생각을 묻는다. 이 영상을 보고 나면 교직원들이 이 프로그램을 이해하고 실행하는 것이 쉬워질 것이다.

확인과 연계

확인과 연계(Check & Connect)는 학업중단의 위험을 가진 학생들에게 지속적이고 단호한 지원을 제공하여 학업 참여를 증진하고 학업을 마치게 하기 위한 2차 예방 중재다. 확인과 연계는 원래 장애 중학생을 위한 중재와 학업중단 예방 전략을 개발하고 이를 수정 · 보완한 후 그 성과를 평가하는 연구 과제의 일부였는데, 미 연방 교육부 산하의 특수교육 프로그램국(Office of Special Education Programs)이 연구비를 지원하였다(Sinclair, Christenson, Evelo, & Hurley, 1998). 선행연구들은 확인과 연계가 초등학생을 위한 효과적인 조기 학교 참여증진 전략일 뿐 아니라 그 시기가 지난 중학생과 고등학생에게도 효과적임을 지지하고 있다.

확인과 연계는 학생의 멘토이자 사례 관리자이며 옹호자인 모니터 요원이 여러 해에 걸쳐(필요하다면 여러 장소에서) 학생의 학교 수행을 밀착 관리하는 것이다(Christenson, Sinclair, Lehr, & Hurley, 2000). 확인과 연계에는 4개의 구성 요소와 7대 핵심 원칙이 있다.

4개의 구성 요소

확인과 연계의 구성 요소는 ① 멘토, ② '확인' 요소, ③ '연계' 요소, ④ 의사소통 강화다. 첫 번째 요소인 멘토는 지속적으로 학생의 출석, 사회성과 행동 면에서의 수행, 교육적 진보를 평가하여 자신이 맡은 학생의 교육이 지속될 수 있게 한다. 멘토는 최소 2년 동안 학생 및 그 가족과 함께하기로 동의한 사람이다. 두 번째 요소인 '확인'은 학생에 대한 지속적이고 체계적인 점검을 포함한다. 멘토는 적어도 주 1회 이상 학생을 만나며 그보다 자주 만날 때도 많다. 세 번째 요소인 '연계'는 모니터 요원이 자신의 담당 학생을 개별화되고 시의적절한 중재에 연결하는 것을 말한다. 네 번째 요소인 의사소통 강화는 가정과 학교 간 의사소통 강화와 가정에서의 학습 지원을 말한다.

7대 핵심 원칙

확인과 연계의 7대 핵심 원칙은 ① 관계, ② 문제해결, ③ 개별화되고 자료에 근거한 중재, ④ 학교 소속감과 학습기회 증진, ⑤ 지속적 동기부여, ⑥ 개선 가능한 학업중단지표에의 집중, ⑦ 학생 및 가족과의 동행(Christenson et al., 2008)이다.

관계

학업중단의 위험이 있는 학생들에게는 긍정적이고 애정 가득한 관계 형성이 중요하다. 확인과 연계 모니터 요원은 담당 학생뿐 아니라 가족 및 교직원들과도 신뢰관계를 맺고 열린 대화를 하려고 노력한다. 멘토는 학생이 학교에 잘 적응하게 도와줄 믿음직하고 변함없는 성인이라는 신뢰를 받을 수 있어야 한다.

문제해결

멘토는 학생이 성공적으로 문제를 해결하기 위해 필요한 기술을 습득하도록 돕는다. 멘토는 학생이 분쟁을 최소화하고 문제해결을 위한 적절한 방법을 배울 수 있도록 코칭과 지원을 제공한다.

개별화되고 자료에 근거한 중재

확인과 연계에 참여하는 모든 학생이 받는 기본 서비스는 학교 참여 노력에 영향을 미칠 수 있는 문제를 의논하기 위한 멘토와의 정기적 만남이다. 이 만남이 거듭되면서 학생과 멘토 간의 관계가 성장하고 강화된다. 학생이 학업을 중단할 것 같은 신호를 보이기 시작하면 학교 참여를 다시 한 번 촉진하기 위해 좀 더 강도 높은 중재가 제공된다. 중재에 관한 결정은 학생에 대한 자료를 바탕으로 학생, 가족, 학교 관계자들과의 대화를 통해 이루어진다.

학교 소속감과 학습기회 증진

멘토는 학생이 학교 활동과 행사에 적극적으로 참여하게 하기 위해 학생 및 교직원들과 협력한다. 이를 위해 멘토는 과외활동이나 학교 관련 활동 또는 지역사회 활동에 참여할 수 있는 모든 기회를 학생에게 알려 준다. 멘토는 활동을 신청하는 데 필요한 서류가 있거나 선결되어야 할 문제가 있을 때 도움을 주며, 학생이 참여할 활동에 관련된 사람들과 대화한다.

지속적 동기부여

지속적 동기부여란 교육이 학생의 미래에 매우 중요하다는 메시지를 학생에게 전달하는 것을 말한다(Thurlow, Christenson, Sinclair, Evelo, & Thornton, 1995). 멘토는 지속적으로 학생에게 동기를 부여한다. Christenson과 동료들(2008)은 다음과 같이 말했다.

> ('확인과 연계'에서는) 학생을 포기하지 않고 학생의 마음이 학교에 머물게 하며, 학생을 잘 알고 있을 뿐 아니라 학기 중이나 방학 그리고 그다음 학년까지도 늘 함께해 줄 누군가가 있다는 것과 반드시 학업을 계속해야 한다는 것을 학생이 알 수 있도록 지속성, 연속성, 일관성 있는 지원이 제공된다(p. 3).

개선 가능한 학업중단지표에의 집중

개선의 여지가 있는 학업중단지표에는 지각하기, 수업 빠지기, 무단 장기결석, 징계 결과, 과목낙제 등이 있다. 이러한 지표들은 변화될 수 있다. 확인과 연계의 '확인' 과정에서 멘토는 이러한 지표를 긍정적으로 개선하기 위해 부지런히 노력한다. 멘토는 담당 학생의 출석률과 과제 완수율을 추적할 뿐 아니라 기본적인 중재와 집중적 중재를 받는 학생 중 참여 수준에 문제가 있는 학생은 없는지 유심히 살펴본다.

학생 및 가족과의 동행

가능하다면 멘토는 이사를 자주 하는 학생 및 가족과 함께 이동하여 중재의 일관성을 유지해야 한다. 학생이 먼 곳으로 이사를 간 것이 아니라면 전학을 하더라도 멘토는 계속 그 학생 및 가족과 함께한다. 이는 중재의 연속성을 확보하고 학생, 학생의 가족, 멘토 간에 시간의 흐름에 따라 서서히 발전해 나가는 신뢰관계를 보호하고 증진시키기 위한 것으로 가능한 범위에서는 꼭 지켜져야 한다.

확인과 연계의 연구 성과

확인과 연계가 학생 참여에 미치는 영향을 살펴보기 위한 연구가 초등교육과 중등교육에서 실행되어 왔다. 여기서는 다섯 편의 연구를 간단히 소개한다. 초등학교에서 실시된 연구가 두 편, 중등학교에서 실시된 연구가 세 편이다.

초등학교에서 실시된 연구 중 첫 번째는 Lehr, Sinclair와 Christenson (2004)이 수행한 것으로, 학생의 학교생활 참여에 초점을 맞추었으며, 학생 참여를 포함한 확인과 연계 중재의 효과에 대한 교직원의 인식을 중점적으로 고찰하였다. 이 연구에서는 학생들의 교육이 꾸준히 유지되도록 학생, 가족, 교직원과 긴밀하게 협력할 모니터 요원을 각 학생에게 배정하였다. 모니터 요원은 주 1회 이상 학생과 만났고, 가족 및 교직원과 학생의 진보에 대한 대화를 주고받았으며, 정기적으로 학생 참여 요소를 점검(학업중단의 징후에 유의하면서)했다. 이 연구에서 '연계' 요소는 두 가지 수준의 학생중심 중재로 실행되었는데, 하나는 모든 학생에게 제공된 기본 중재이고 다른 하나는 기본 중재를 넘어서는 추가적 지원을 필요로 하는 학생들에게 제공된 개별화되고 빈번한 집중적 중재다. 이 연구에서는 학생의 출석(지각과 결석), 학생 참여와 프로그램의 효과에 대한 교직원의 인식을 고찰하였다. 이 연구는 무단결석과 중퇴의 위험에 있는 초등학생이 학교에 재적응할 수 있다는 증거를 제시하였다.

초등학교에서 실시된 두 번째 연구는 학생 위험 요인 및 모니터 요원—학생 간 관계의 질과 친밀도가 학생의 학교 참여 증진과 상관관계가 있는지를 측정하여 확인과 연계의 효과를 살펴보았다(Anderson, Christenson, Sinclair, & Lehr, 2004). 이 연구는 출석의 증감 패턴과 학교에서의 사회적·학업적 참여 증진 여부를 고찰하여 학생들의 학교 참여행동이 향상되는지를 알아보는 데 초점을 두었다. 교육을 최우선으로 두는 동시에 학생, 가족, 학교와 긍정적인 관계를 만들어 가는 데 주력할 모니터 요원이 각 학생에게 배정되었다. 모니터 요원은 학생을 매주 만나 출석과 행동 의뢰, 학업에서의 진보 등과 같은 학생 참여 지표를 평가하였다. 학업중단의 징후를 보이는 학생에게는 더 집중적인 중재를 제공하였다. 학생과 멘토 모두 그들의 친밀도와 관계의 질이 학교 출석을 향상시켰다고 인식하였다.

중등학교에서 실시된 첫 번째 연구는 Sinclair와 동료들(1998)이 수행한 것으로, 도심에 위치한 중등학교 장애 학생이 중학교에서 고등학교로 전환하는 동안 지속적 학업중단 예방절차를 실행하고 그 효과를 살펴보았다. 연구 참여자들은 크게 두 집단으로 나뉘었는데 한 집단은 확인과 연계 서비스를 중학생 때부터 고등학교 입학 후 1년까지 받았다. 이 집단에 속한 학생들은 고등학교 입학 후에도 중학교 때의 모니터 요원과 최소한 2주에 한 번씩 만남을 가졌고, 출석, 행동, 학업성취를 매일 점검받았다. 나머지 한 집단은 중학교 때만 확인과 연계 서비스를 받고 고등학교 진학 후에는 더 이상 서비스를 받지 않았다. 연구 결과, 지속적으로 확인과 연계 서비스를 받은 집단에게서 유의한 효과가 나타났다. 이 학생들은 학업을 꾸준히 지속하였고 결석이 적었으며 무사히 졸업하는 비율이 유의하게 높았다.

두 번째 연구에서는 확인과 연계가 도심에 위치한 고등학교에 재학 중인 장애 학생의 학교 참여에 미치는 영향을 살펴보았다(Sinclair, Christenson, &

Thurlow, 2005). 연구에 참여한 학생들은 기본 중재를 받았는데, 기본 중재란 모니터 요원이 출석, 낙제한 과목의 재수강, 교외 정학과 같은 학업중단 관련 지표를 일 단위나 주 단위로 파악하는 것과 월 2회 이상 학생과 만나는 것을 말한다. 더 집중적인 중재가 필요한 학생들에게는 추가의 지원이 제공되었다. 연구 결과, 확인과 연계는 도심 지역 정서행동장애 학생들의 학교 참여 수준에 긍정적 영향을 미친 것으로 나타났다.

세 번째로, Sinclair와 Kaibel(2002)의 연구에서는 교정교화 프로그램이나 사회봉사 명령 등의 노력이 성공적이지 못했던 중등학교 학생들을 대상으로 확인과 연계를 실시하여 무단결석의 감소에 미치는 효과를 살펴보았다. 이 학생들은 무단결석으로 인해 관할 지역 담당검사에게 사건이 의뢰된 후 확인과 연계 프로그램에 참여하게 되었다(역자 주: 학생이 장기간 무단결석을 하면 학교가 이를 지역 검사에게 신고하고 학부모를 소환). 학생들의 평균 연령은 14세 정도였다. 2년 이상 이 프로그램에 참여한 학생들 대부분은 일반학교나 대안학교에 입학하여 재학 상태를 유지하였고, 결석, 정학, 과목낙제가 유의하게 감소하였다. 이 연구는 확인과 연계를 실시한 후 시간이 흐름에 따라 무단결석이 감소되고 출석이나 학업 향상과 같은 학교 참여가 향상됨을 보여 주었다.

요약하자면, 확인과 연계는 학생의 학교 참여와 졸업 가능성을 높이는 효과적인 2차 예방 중재다. 확인과 연계 그리고 CICO는 보편적 중재보다 더 많은 도움을 필요로 하는 학생들에게 적용했을 때 긍정적인 성과를 보여 주었으며, 이는 선행연구를 통해 지지되고 있다.

맺음말

이 장에서는 2차 예방 중재가 필요한 학생의 학교 참여를 증진시키는 중재 두 가지를 살펴보았다.

- CICO의 실행에 관한 추가 정보는 Crone, Hawken과 Horner(2010)의 연구를 참고하라.
- 확인과 연계의 실행에 관한 추가 정보는 Christenson과 동료들(2008)의 연구를 참고하라.

9장

교실 환경 조성하기

8장에서는 'CICO' 및 '확인과 연계' 중재로 학생의 참여를 높이는 방법을 알아보았다. 또한 학생과의 관계가 좋아지면 학생들이 중재에 반응하기까지 걸리는 시간도 줄어든다는 것을 알게 되었다. 이 장에서는 학급 분위기의 중요성을 다룰 것이다. 학생은 학급 분위기를 통해 교사가 가진 태도나 능력이 어떠한지를 은연중에 알게 된다.

　'풍수(風水)'는 단순히 교실 내 가구 배치에 국한된 것이 아니다. 풍수는 가구의 물리적 배치뿐 아니라 교사가 조성하는 학급 분위기와 관련된다. 이 장은 교실 내 풍수(인간 존재와 주변 환경의 조화에 관한 중국의 철학사상)와 4개의 벽으로 둘러싸인 교실이라는 생활공간이 불러일으키는 정서에 초점을 둔다. 최근에 1저자는 동료들과 함께 호주 퀸즐랜드주의 여러 유치원을 방문했다. 그중 한 곳은 그날 오후에 참관할 가장 좋은 유치원이 어디인지를 누구에게 물어볼 필요가 없을 정도로 멋진 분위기를 갖고 있었다. 물리적 배치도 좋았지만 더 중요한 것은 건물 안으로 들어갔을 때 집처럼 편하게 느껴진다는 것이었다. 아늑하고 밝으며 좋은 향기가 났고, 성인과 아이들 모두가 미소 짓고 있었으며, 자연광이 잘 들고, 우리를 끌어당기는 많은 흥미로운 광경이 있었다. 이런 것이 바로 풍수다.

　기업은 자본 창출에 도움이 되는 사업장을 설계하기 위해 실내 장식가를 고용하는 데 수십억을 쓴다. 교육에서의 자본 창출은 바로 학생 성취다. 교실 설계에 관한 책들이 몇 권 있기는 하지만, 그런 책을 살 여윳돈이 있는 교사는 별로 없다. 행동전문가로서 우리는 들어가자마자 환영받는 느낌과 안락

함을 느끼게 하는 교실에도 가 보았고, 매우 불편한 느낌을 주는 교실에도 가 보았다. 교사는 교실을 꾸미는 방식을 통해 학생과 수업을 어떻게 생각하는지에 대한 메시지를 학생에게 전달한다.

교실을 편안하고 집처럼 느끼게 만드는 것은 필수적이다. 당신이 이런 일에 소질이 없다면 이런 것을 잘하는 다른 교사에게 이를 부탁하고 당신은 당신이 잘하는 것을 해 주는 식으로 재능을 교환하라. 예를 들면, 어떤 사람들은 엑셀 프로그램을 잘 다루지만, 어떤 사람들은 인테리어에 능하다. 커튼, 카펫, 화려한 게시판은 교실을 획일적으로 보이지 않게 해 준다. 차분한 색을 고르고 너무 다양한 색을 사용하지 않는 것이 중요하다. 이와 관련하여 1저자가 3학년 교실에서 실수했던 경험이 있다. 여름에 학생들과 함께 교실 벽에 열대 우림 벽화를 그렸는데 멋지긴 했지만 너무나 많은 색이 사용되었다. 우리 학급에는 약을 복용하지 않는 ADHD 학생이 5명 있었는데, 벽화의 현란한 색들은 이 학생들을 1년 내내 높은 각성 상태에 있게 만들었다. 다음 해에도 같은 학생들을 가르쳤는데 그때는 차분한 색조의 고래와 돌고래로 가득한 파란 빛깔의 멋지고 고요한 바다를 벽에 그렸다. 그해에는 학생들의 에너지 수준이 훨씬 낮아졌다.

풍수에 따르면 파란색이 내면에 초점을 맞추고 차분한 분위기를 조성하는 데 효과적인 색이므로 학교에서 사용하기에 적절하다. 이 철학사상에 따르면 벽이나 전등갓을 파란색으로 하는 것은 두뇌 운동을 증가시킬 수 있다. 교실 분위기를 차분하게 만들기 위해 파란색을 도입하는 또 다른 방법은 교실 전등 덮개를 파란색으로 교체하는 것이다.

파란색 전등 덮개는 www.huelight.net에서 최저 가격으로 구입할 수 있다. 이 덮개는 차분한 분위기를 만든다고 알려져 있으며 형광등의 강렬한 빛으로 인한 눈부심을 줄여 주어 광과민성 증후군(scotopic sensitivity syndrome, 독서 능력에 영향을 미칠 수 있는 시지각장애)을 가진 학습자에게 도움이 된다. 또한 자폐성장애 학생들도 빛에 민감하다(Foss-Feig, Tadin, Schauder, &

Cascio, 2013). 학교에 이러한 덮개를 설치해 본 교장들은 이 덮개의 설치로 눈부심이 해결되었고 문제행동도 감소했다고 보고하였다(Rampey, 2011, 개별 교신 및 메일).

게다가 형광등이 야기하는 눈부심의 감소는 불안을 완화하고 훈육이 필요한 문제를 감소시키며, 환경을 더 조용하게 만드는 것으로 나타났다. 푸른 전등을 사용하는 학교를 방문했을 때 1저자와 함께 간 사람들은 간단한 실험을 했다. 색조 전등 덮개를 사용하지 않는 교실에 인쇄된 종이를 들고 갔을 때는 그 내용을 읽기 위해 안경을 써야 했다. 같은 종이를 색조 전등 덮개를 사용한 방에 들고 갔을 때는 안경 없이 글을 읽을 수 있었다.

교실에 페인트칠을 할 때에는 벽에 칠할 페인트 색과 게시판 색을 정한 후, 어떤 메시지를 벽에 넣을지 생각하라. 풍수 사상을 이용하자면, 학생들이 모델로 삼을 인물의 사진은 교실 안으로 들어간 사람의 시선으로 볼 때 왼편에 붙여야 한다. 학생들은 벽에 붙어 있는 Albert Einstein, Thomas Edison, Rosa Parks나 Martin Luther King 등의 사진을 보며 따르고 싶은 롤모델을 갖게 된다. 우리 고장 출신의 영웅, 역사적 인물, 세계적 위인도 왼편 벽에 붙이는 것이 좋다. 이곳은 또한 학생들의 우수한 글을 게시하기에도 좋은 장소다.

교실 안에 안정을 취할 공간이나 생각을 정리할 장소를 두려면 교실 왼쪽 끝의 코너를 '휴식처'로 고려하라. 여기에 파란색이나 초록색 빈백(beanbag) 의자를 두면 좋다. 빈백의자는 학생이 앉았을 때 감싸 안아 주는 역할을 하며 학생을 차분하게 만든다. 미니 분수를 설치하거나 60bpm의 음악이 나오는 헤드폰을 두는 것도 좋다. 60bpm 음악에 대해서는 이 절 후반부에서 다룰 것이다. 3분짜리 모래시계나 타이머를 두는 것도 좋은 생각이다. 이렇게 하면 학생이 '휴식처'에 3분이나 6분간 머무른 후 제자리로 돌아가게 할 기준을 정할 수 있다. 학년이 시작되고 처음 며칠간은 학생들에게 언제 '휴식처'를 사용하는지에 대해 알리는 것이 중요하다. 휴식처는 벌을 받아서 가는 곳이 아니고 학생들이 다시 생산적인 학습을 할 수 있도록 행동을 회복시키는 법을 배우는 곳이다. 학생들이 호흡법을 연습하여 전두엽에 산소가 공급될 수 있도록 이 영역에 요가 호흡법 포스터를 붙이면 좋다.

　　요가 호흡법의 방법은 다음과 같다.

- 위쪽 앞니와 아래쪽 앞니 사이에 혀를 둔다.
- 입을 다문다.
- 속으로 1-2-3-4를 세면서 코로 숨을 들이킨다.
- 속으로 1-2-3-4를 세면서 코로 숨을 내쉰다.
- 10회 반복한다. 숫자를 세기 위해 계수기(clicker)나 클립을 사용한다.
- 이 호흡법으로 사고를 담당하는 전두엽에 산소가 공급된다. 입을 벌린 채 호흡을 하면 산소가 폐로 가서 전두엽이 아니라 뇌간(brain stem)을 사용하여 사고하게 될지도 모른다.

　　산소가 공급될 때 활성화되는 두뇌 영역이 통제 가능하다는 것을 학생들이 이해하게 도와주어야 한다. 여기서 제시하는 유튜브 링크에 가면, 애니메이션을 이용하여 뇌를 여러 각도로 회전하면서 두뇌의 각 영역과 그 역할을 보여 주는 훌륭한 영상을 볼 수 있다(http://tinyurl.com/brain4kids).

　　학생들에게 자신의 행동을 통제하는 법을 가르치는 것은 학생들의 역량을 강화하고 학생이 속한 환경을 성숙하고 책임감 있는 분위기로 만들어 준다(Panitz & Panitz, 2004). 학생들이 자신을 몇 바퀴 돌려서 좋은 상태로 돌아오게 한다는 의미로 휴식처를 '호키포키 클리닉' 같은 재미있는 명칭으로 부를 수도 있다. 앞에서 말했듯이, 차분하게 만드는 호흡법을 담은 포스터를 붙여 두면 좋다. 자연 풍경 사진은 학생들을 차분하게 하는 효과가 있으므로, 자연 경관 사진이나 달력에서 오려 낸 자연경관 그림을 코팅해서 걸어 둔다(Louv, 2005).

　　저렴한 스포츠용 계수기를 사서 학생들 스스로 호흡 주기를 세면서 10회까지 반복하게 하라. 작은 이유식 통과 10개의 클립을 준비하여 학생들이 호흡 한 세트를 끝낼 때마다 이유식 통에 클립을 하나씩 넣게 할 수도 있다. 이런 기술은 학생들이 '스스로 회복하는' 방법을 배우게 해 준다. 이 영역에는 긍정적인 글귀와 함께 앞서 말한 보라색, 초록색, 황금색이 포함된 자연 풍경 사진을 두어야 한다. 교실에서 이 영역은 자존감과 성공을 담당하는 장소다. 학생이 잘하기를 바란다면, 학생이 신속하게 스스로 회복하는 경험을 통해 성장하도록 지원해야 한다. 나무로 된 탁자와 자연의 소리나 60bpm의 음악이 나오는 헤드폰, 음악기기를 이 영역에 두는 것도 좋다. 60bpm의 음악은 사람이 쉬고 있을 때의 심장 박동 수로서 학생을 차분하게 만들어 준다(Labbé, Schmidt, Babin, & Pharr, 2007). www.gary.lamb.com이나 www.innerpeacemusic.com에서 60bpm 음악들을 구매할 수 있으며 바로크 시대 음악 대부분도 60bpm이다. 또 인터넷에서 'Tangerine'이라는 프로그램을 다운로드할 수 있다. 음악을 구할 수 있는 웹사이트 주소는 http:tinyurl.com/tangerine2다. 이 프로그램은 여러분의 개인 iTunes 계정에 있는 음악의 bpm이 얼마인지를 알려 준다. 여러분이 가진 음악 중 적당한 bpm을 가진 것만 골라서 휴식처를 위한 재생목록을 직접 만들어도 좋다. 휴식처에 비치할 오래된 iPod을 기부해 달라고 주변에 부탁하라. 여기에 이어폰을 꽂아 두고 물티슈를 옆에 두면 학생들이 이어폰을 사용한 후 귀 부분을 닦을 수 있다. 휴식처에 걸어 둘 긍정적 글귀의 몇 가지 예는 다음과 같다.

- 잘할 거야.
- 너에게는 멋진 재능이 있어.
- 넌 멋진 하루를 보낼 자격이 있어.

이 공간에는 물을 사용하는 간단한 조형물을 두면 좋다. 거대한 인공분수나 연못은 아니더라도 물이 흐르는 소리는 사람을 평화롭게 하므로 이 영역

근처에 두는 것이 좋다. 거울을 두는 것도 좋은 방법이다. 그러나 학생이 떨어뜨리거나 던졌을 때 깨지지 않는 것이어야 한다. 이 공간은 학생들이 실제로 이곳을 이용하지 않는 시간에도 그 존재만으로 학생들의 긍정적인 생각을 촉진한다.

풍수 사상에 따르면, 교실에 들어섰을 때 교실의 오른편이자 교실 뒤쪽으로 가는 약 1/3 지점에 금속 성질의 물건을 두는 것이 교실에서의 창의성을 증진시킨다. 이런 물건에는 금속으로 된 화분이나 금속 사진 액자 또는 금속성의 장식품 등이 있다. 이러한 금속성 물건을 흰색의 원형 물건(예: 흰색의 금속 시계, 흰색의 원형 테이블 또는 흰색 테이블보를 씌운 원형 테이블) 위나 옆에 두도록 한다. 이 위치는 체스 같은 비판적 사고를 요하는 게임이나 확장된 학습 활동 자료를 두기에도 좋은 장소다. 풍수 이론에서 빨간색은 창의력을 감소시킨다고 보기 때문에 이 지점에 빨간색 물건은 두지 않는 것이 좋다.

학생에게 더 많은 도움을 주려면, 교실의 앞문으로 들어섰을 때 오른편에 은색 상자를 둔다. 신발 상자를 은박지로 감싸서 만들어도 되고 은색 보석 상자를 활용해도 된다. 학생들이 칭찬이나 고민을 쪽지에 적어 무기명으로 상자 안에 넣게 하고 학급회의 시간에 이 상자를 이용한다. 이 활동은 교사가 학생들의 고민뿐 아니라 교실에서 교사 모르게 진행되고 있는 일을 알게 해 준다. 예를 들면, 내가 3학년을 맡은 해에 운동장에서의 놀이와 관련된 문제가 진행되고 있었는데 나는 그것을 몰랐고 다만 몇몇 학생 사이에 약간 문제가 있다는 정도만 아는 상태였다. 한 학생이 쪽지에 어떤 학생이 피구를 할 때 자꾸 선에 닿은 공을 가져가고, 퇴장을 해야 하는데도 이를 거부한다고 적었다. 나는 이름이나 구체적 상황을 비밀로 한 채 학급회의에서 피구에 관한 주제를 다루었다. 우리는 규칙을 다시 살펴보며 선에 닿은 공을 어떻게 처리할 것인지에 대해 이야기를 나누었고, 앞으로 그러한 상황이 발생하면 어떻게 처리할지에 대해 모두의 동의를 받았다. 그 이후로 피구 때문에 화가 나서 상자에 쪽지를 넣는 일은 더 이상 없었고 학생들은 사이좋게 지내는 것

같았다.

또한 교실의 이 구역에는 손바닥 모양으로 잘라 낸 여러 개의 종이를 벽에 붙이고 거기에 각 학생의 이름을 적어 둔다. 이것은 서로 돕는다는 의미를 내포하고 있으며, 그 학급의 구성원을 보여 주는 역할도 한다. 각 학생의 이름이 빠짐없이 손바닥 모양의 종이에 적혀 있어야 한다. 중등학교의 경우 손바닥 모양의 종이 하나에 2명 이상의 이름을 적을 수도 있다. 손바닥 모양은 은연중에 서로 도와야 한다는 메시지를 보낸다(Heiss, 2004).

윈드차임(wind chime)이라는 악기의 사용은 우리가 이미 익숙하게 사용 중인 풍수 사상의 요소다. 교실의 앞문 안쪽 오른편이 윈드차임과 지구본을 두기에 좋은 장소다. 사람들은 이 두 가지 물건이 교실에서 서로 돕는 마음을 증가시킨다고 믿는다. 윈드차임을 달아 두고 싶지 않다면 옛날식 학교 종 또는 아무 종이나 달아 두면 된다. 일과 중에 모두가 자축할 일을 알리기 위해 종을 울리는 방식을 고안해 보라. 이전에 함께 일했던 오클라호마의 한 학교에서는 학생이 '참 잘했어요' 티켓을 받을 때마다 교내방송으로 작은 종을 울린다. 교사들은 '참 잘했어요' 티켓을 제작할 때, 티켓 25개마다 하나씩은 티켓 뒷면에 특별한 도장을 찍어 두었다. 만약 학생이 이 도장이 찍힌 티켓을 받는다면 그 학생은 즉시 교장실에 가서 상을 받게 된다. 어떤 학교에서는 교장선생님이 직접 집으로 칭찬 전화를 해 주기도 한다. 어떤 학교는 이 경우 〈마카레나(Macarena)〉 음악에 맞춰 교장선생님과 춤을 추기도 하고 또 다른 학교는 모든 교직원이 일어나 학생을 위해 춤을 춰 주기도 한다. 당신이 주고자 하는 즉각적인 보상은 당신이 속한 학교와 교직원들의 문화에 맞게 정하면 된다. 앞에 열거한 어떤 보상도 학교 예산이 전혀 필요하지 않음에 주목하라. 종소리는 이 학교에서 바른 행동을 하면 상을 받는다는 것을 모든 학생에게 알리는 즉각적 신호다. 교사는 교실의 누군가가 하는 올바른 행동을 목격할 때마다 교실의 종을 울릴 수도 있다. 손님이 팁을 남길 때마다 바텐더가 종을 울리는 것도 같은 원리다. 이는 다른 손님도 그렇게 하라고 상기시키는 것이다.

교실에서의 관계 증진을 위해서는 둥근 나무 기둥이나 탁자를 교실의 왼쪽 벽 중간 지점에 둔다. 작은 나무나 화분을 두어도 좋다. 이곳은 식물을 두는 공간으로, 인조식물도 괜찮다. 이곳은 또한 당신 학급의 단체사진을 걸어 두는 장소이기도 하다. 만약 중등학교라면 여기에 수업시간표를 붙여도 좋다. 나무들의 액자에 넣어도 되고 탁자나 기둥 위쪽 벽에 붙여도 된다. Heiss(2004)는 교사가 학생들과 관계를 잘 맺기 위해 반드시 해야 하는 세 가지 구체적인 과제가 있다고 하였는데, 이는 ① 눈 맞추기(eye contact), ② 말하기(speaking), ③ 접촉하기(touching)다. Jones, Jones와 Jones(2007)는 교실 문 앞에서 이 세 가지를 하면서 학생들을 맞이하는 교사는 교실 안에서 학생들이 오기를 기다리는 교사에 비해 교실 내 방해행동을 훨씬 적게 경험한다고 하였다. 많은 교사가 학생들과 접촉하는 것을 두려워한다. 학생과 접촉하는 쉬운 방법은 각 학생과 하이파이브를 하거나 악수를 하는 것이다. 점차 학생들은 자신만의 독특한 악수 방식을 만든다. 새끼손가락, 엄지, 주먹 그리고 팔꿈치를 이용하는 학생도 있다. 어떤 아이들은 위로 하이파이브를 하고 어떤 아이들은 아래로 손바닥을 치기도 한다. 이렇게 인사하는 교사들을 지켜보는 것은 즐거운 일이며, 이들이 학생과 긍정적인 관계를 맺고 있음은 명백하다. 매일 아침 교장선생님이 문 앞에 서서 교사인 당신을 맞이하며 하이파이브를 하고 개인적인 관심을 보여 준다고 상상해 보라. 당신 역시 행복하게 하루를 시작하게 될 것이다.

풍수의 또 다른 특징은 정리정돈이다. 정돈되지 않은 교실은 특정 수업에 필요한 자료를 찾느라 불필요하게 수업시간을 낭비하게 만드는 무질서한 교사를 양산한다. 교사가 정리정돈을 못하면 학생도 그렇게 된다. 지난 미술수업에서 쓰고 남은 계란 박스 50개가 있다면 다른 사람이 쓸 수 있게 교무실에 가져다 두거나 집에 가져가서 지하실에 보관하라. 사용하지 않는 물품은 깔끔한 상태로 최소한의 개수만 보관해야 한다. 쓰지 않는 물품이 너무 많이 선반에 널려 있어서 성인들조차 집중을 할 수 없는 교실을 본 적이 있다. 잡동사니는 깨끗이 치우라. 교사의 잡동사니부터 치우고 나서 학생들에게 자신의 잡동사니를 치우게 하고 주변을 정리정돈하는 법을 배우게 도와주라. 초등학생에게는 책상이 어떻게 정리되어야 하는지에 대해, 중등학생에게는 사물함이 어떻게 정리되어야 하는지에 대해 명확한 지침을 주라. 밤에 책상 요정과 사물함 요정이 교실을 방문한다는 설정을 해 보라. 책상이나 사물함을 잘 정리한 학생들은 요정의 깜짝 선물을 받게 된다. 내가 아이를 키우기 전이라 잘 몰랐던 시기에는 사탕을 선물로 주었지만, 엄마가 된 후에는 사탕을 보상으로 주는 것에 대한 생각이 완전히 바뀌었다. 그 이후에는 멋진 학용품이나 칭찬 쪽지를 남겨 둔다. 나이가 어린 학생들은 향기 나는 연필을 좋아하고 중학생들은 샤프펜슬을 좋아한다. 고등학생들은 세련된 디자인의 바인딩 노트를 좋아한다. 어떤 교사들은 '선반 위의 요정' 같은 작은 조각상을 이용하는데 이것을 가장 깨끗하고 정리가 잘된 책상 위에 놓아둔다. 어떤 중등학교는 가장 깨끗하고 정리가 잘된 사물함을 금상(golden award) 모양의 장식으로 꾸며 준다. 어떤 식으로 상을 줄지는 학생들의 인구학적 특징에 따라 다양하다. 그러나 무엇을 하든 간에 목표는 학생들이 정리정돈의 중요성을 깨닫는 것이다.

5장에서 설명한 것처럼 학생들의 정리정돈을 위해 색깔별 정리방법을 사용할 수 있다. 각 학생은 무지개 색으로 칸이 나누어지는 폴더를 사용하는데, 각 색깔마다 과목이 배정되어 있다. 학생들이 해야 할 과제를 배부할 때 교사는 그 과제가 속한 과목에 배정된 색깔의 마커로 종이 묶음 옆면을 위에서 아래로 그어 내린다. 배부된 종이가 아니라 학생들이 스스로 과제를 작성한 경우에는 그 종이의 우측 상단 구석에 그 과목에 배정된 색으로 점을 찍는다. 이렇게 하면 굴러다니는 종이를 발견한 학생은 옆면의 색깔을 보고 폴더의 어느 칸에 넣어야 할지를 알 수 있을 것이다. 숙제 제출 박스도 과목별 색깔로 구분되어 있다. 이 방법은 초등학교에서 매우 효과적이며 중등학교에서도 효과적인데, 특히 모든 과목의 교사들이 과목별 색깔을 통일할 때 더욱 효과적이다.

교실의 중앙에서 뒤편에 이르는 곳은 풍수에서 '불'을 의미하는 영역으로, 인기, 명성, 사회생활에 해당되는 장소다. 대부분의 교실에는 벽난로가 없고 진짜 불을 교실에 둘 수도 없기 때문에 건전지로 작동하는 초를 여기에 두면 된다. 이 영역은 교실에서 게시판에 빨간색을 사용해도 되는 유일한 장소다. 이 게시판은 학급을 위한 사회적 정보로 가득 채워도 좋다. 이 영역은 학생들이 공동의 목표를 위해 협동하는 장소이기 때문에 집단강화 점수판을 배치한다. 게시판의 그림은 꽃밭과 나무에 걸려 있는 벌집으로 한다. 학생들이 집단 칭찬을 받을 때마다 거대한 벌이 하나의 꽃에서 다음 꽃으로 날아가게 한다. 벌이 여러 꽃을 거쳐 꿀이 가득한 벌집에 도착하면 학급은 집단 보상을 받게 된다. 이것이 바로 전체 집단의 행동에 따라 전체 집단이 강화를 받는 예다(결과가 긍정적일 수 있음을 기억하라!). 다른 아이디어가 필요하다면 www.behaviordoctor.org 사이트에 제시된 교사가 학생에게 비용 지출 없이 보상을 줄 수 있는 100가지 아이디어를 참고하라. 또한 이 영역에는 학급이 받은 '참 잘했어요' 티켓의 총 개수에 대한 누가 기록표를 붙여 둘 수도 있다. 빨간색은 학생들을 흥분시킬 수 있기 때문에 이 영역은 매우 깔끔하게 유지해야 한다.

이 영역의 오른편 옆쪽은 협동과 관계 영역으로 배정한다. 이 영역에는 분홍색이나 황토색을 사용한다. 만약 당신이 전뇌학습(whole brain teaching)을 활용하는 교사라면, 이 영역에 팀 이름을 나열해 둘 수 있다. 교사들이 사용하는 팀 이름의 예시는 다음과 같다.

- 땅콩잼과 딸기잼
- 북과 남
- 동과 서
- 비스킷과 그레이비

• 캐퓰렛과 몬터규

이 영역에 팀 점수를 기록해 둔다. 고리를 사용해도 되고 코팅된 두꺼운 종이에 지워지는 마커로 써도 된다.

지금까지 여러분이 최적의 교실 설계에 대한 설명을 잘 따라왔다면 이제 교실에서 단 하나의 영역이 남아 있을 텐데 그것은 바로 교실 중앙이다. 풍수에서 이 영역은 행운의 중심을 뜻한다. 이곳이 교사가 있어야 할 이상적인 위치다. 이 영역에는 노란색이 포함되어야 하므로 노란색 소형 카펫을 깔아 두면 좋다. 최선의 책상 배치 형태는 바로 이 중앙부를 둘러싼 'U'자 모양인데, 이렇게 하면 모든 학생이 앞줄에 앉을 수 있고 교사와도 가까이 있을 수 있다. 교사가 책상이 'U'자 모양으로 잘 배열된 교실의 중앙에 선다면, 칠판에 접근하기도 쉽고 모든 학생에게 가까이 가서 눈 맞춤을 할 수도 있다. 알다시피 모든 학생과 눈 맞춤을 하는 것은 매우 중요하다. 교사가 새로운 기술을 시범 보일 때, 모든 학생이 앞줄에 있기 때문에 다른 학생의 어깨너머로 볼 필요가 없다. 영역별로 적절한 게시판 색깔은 [그림 9-1]에서 확인하라.

앞서 언급한 모든 물품을 구매할 필요는 없다. 언급한 물품 중 일부와 게시판을 꾸밀 색지는 학교가 제공해야 하는 것이고, 많은 물품은 벼룩시장이나 eBay와 같은 인터넷 사이트에서 적정 가격에 살 수 있다. 풍수의 원칙에 맞게 교실을 바꾸려면, 다음과 같은 물건을 주변에서 구해 두면 좋다.

• 노란색 카펫
• 윈드차임
• 건전지로 작동하는 초
• 은색 보석상자나 은박지로 싼 담배상자
• 60bpm의 음악이 든 CD나 저장장치
• 자연 풍경 포스터나 오래된 달력 사진

- 파란색 빈백의자
- 원형의 나무 탁자
- 흰색의 원형 테이블이나 흰색 테이블보
- 흰색의 금속성 시계
- 영웅들의 사진
- 지구본
- 음수대

보라색 게시판	빨간색 게시판	분홍색 게시판
• 치료나 휴식 공간 • 자연 풍경 포스터 • 60bpm의 음악 • 긴장 이완 포스터 • 소형 분수 • 파란색 빈백의자	• 건전지로 작동하는 초 • '참 잘했어요' 누가 기록표 • 사회적 정보	• 팀별 점수 • 전뇌학습을 하는 경우, 팀 구성표
초록색 게시판	노란색 카펫	흰색 게시판
• 원형의 나무 탁자 • 학생들의 사진		• 흰색의 원형 테이블 • 흰색의 금속성 시계 • 확장된 학습 게임
파란색 게시판	출입구는 남색이어야 함	회색 게시판
• 영웅들의 사진	• 학급 사진 • 학교 밖에서 찍은 교사 사진	• 은색 상자 • 윈드차임 • 지구본
교실로 들어오는 주요 입구가 있는 벽		

[그림 9-1] 풍수의 예

맺음말

이 장에서는 풍수의 원리를 이용하여 교실 환경을 조성하는 방법을 알아보았다. 10장에서는 전이 관리의 주요 특징을 살펴볼 것이다. 전이와 그로 인한 혼란은 교사와 학생 모두에게 가장 힘든 일 중 하나다.

10장

변화는 왜 이리 어려울까

9장에서는 교실 환경 조성에 관해 알아보았다. 환경 조성에 관계된 또 다른 요소는 '전이(transition)'(역자 주: 'transition'은 상급학교나 성인기로의 전환을 지칭할 때 사용하는 용어이나, 여기서는 평일과 주말 사이, 과목과 과목 사이의 단기적 전환을 의미하므로 '전이'라는 용어를 사용)를 다루는 교사의 능력이다. 이 장은 전이를 어떻게 관리할 것인가에 초점을 둔다. 먼저, 학교 환경에서 일어나지만 자주 간과되는 중요한 전이 유형 두 가지를 정의해 보면, 하나는 가정과 학교 간의 전이이고 다른 하나는 평일과 주말 간의 전이다. 이 두 유형의 전이는 하루나 한 주의 시작이 어떤 학생들에게는 어려울 수 있음을 의미한다. 또 어떤 학생들에게는 하루나 한 주의 끝이 어려울 수 있다는 의미도 된다. 실제로 어떤 학생들에게는 주말이 다음을 의미할 수 있다. ① 먹을 것이 거의 없거나 전혀 없는 시기, ② 이혼 후 함께 살지 않는 엄마나 아빠의 집에서 머무는 시기, ③ 주중과 비교했을 때 거의 또는 전혀 구조화되지 않은 일과와 장소, ④ 재충전에 도움이 되지 않는 너무 많은 활동을 하는 시기.

　하루 종일 발생하는 소소한 전이도 많다. 초등학생들은 종종 과목 간의 전이(읽기에서 영어로, 영어에서 맞춤법으로, 맞춤법에서 수학으로 등)를 힘들어한다. 중등학교 학생들에게는 다음 수업을 위해 이동해야 하는 복도에서의 전이가 힘들 수 있다. 이러한 모든 전이는 연쇄적으로 문제행동을 일으킨다. 특히 중등학교 학생은 이러한 전이가 이후 문제행동의 유발 요인이 될 수 있다. 예를 들면, 8학년 학생이 복도를 걸어가다가 옷차림이 촌스럽다는 말이나 듣기 싫은 농담이나 욕설 등 자신을 깔보는 투의 이야기를 들었다고 하자. 이런 일은 감정을 자극하여 몇 분간 속에서 부글거리다가 교사가 큰 과제를 주는 순간 교실에서 폭발한다. 교사는 과제가 선행사건이라고 생각하겠지만, 실제로 선행사건은 수업 간 전이 시 발생한 정서적 괴로움이다.

1저자의 또 다른 저서 『개별 학생을 위한 긍정적 행동지원: 심각한 문제행동을 보이는 학생을 위한 개별 중재』는 3차 예방 중재가 필요한 학생을 대상으로 자료를 수집하고 그 자료에서 행동의 패턴을 분석하는 방법을 다룬다. 이 책은 그보다는 집중적인 요구가 덜한 학생들에 대한 것이지만, 이 학생들에 대해서도 행동의 패턴을 파악해 보기를 권한다. 행동 패턴은 일화를 중심으로 살펴보면 된다. 월요일에 더 힘들어하는가? 아침에 더 힘들어하는가? 금요일 또는 하루의 마지막 활동을 할 때 더 힘들어하는가? 일단 학생의 행동 패턴을 파악하고 나면 전이 상황을 수정할 수 있다. 다음에서는 몇몇 전이 상황에 대한 사례를 살펴보고 그 시간에 모든 학생이 전이를 잘할 수 있도록 지원할 학급 관리 전략을 설명하고자 한다.

1저자가 지원하고 있는 PBIS 학교 중 하나는 대안학교다. 우리는 학교차원의 정보 시스템(SWIS) 자료를 통하여 학교 일과 중에 발생한 공격행동의 대부분이 고에너지 전이(high energy transition) 후 5분 내에 일어났음을 알게 되었다. 공격행동 발생 횟수의 일일 평균은 42회였다. 고에너지 전이란 체육수업, 레크리에이션 치료, 쉬는 시간, 점심시간 등과 같이 학생들의 심장박동 수를 높이는 활동을 마치고 다른 활동으로 이동하는 것을 말한다. 공격행동을 하기 직전의 심장박동 수는 분당 147회까지 높아질 수 있다고 한다(Freeman, Grzymala-Busse, Riffel, & Schroeder, 2001). 고에너지 전이 후 학생들의 심장박동 수를 낮추기 위해 우리가 세운 계획은 다음과 같다. 먼저 이러한 유형의 전이가 일어난 직후, 교사들은 형광등을 끄고 60와트 전구를 사용하는 탁상용 램프를 켠다. 우리는 교사들에게 전이 후에 할 활동과 관련된 질문 하나를 칠판에 적어 두고 3분간 60bpm의 음악을 들려주라고 요청했다. 예를 들어, 곧 시작될 사회과 수업에서 주(states)와 주도(capitals)를 배울 거라면 교사는 "캔자스의 주도는 어디이며 이 도시에 대해 이미 알고 있는 사항은 무엇인가요?"라고 적어 둘 수 있을 것이다. 학생들에게는 쉬면서 칠판에 적힌 질문에 대해 생각해 보라고 지시한다. 음악이 멈추고 불이 켜지면 학생들에게 칠판에 있는 질문에 대해 다 함께 대답해 보자고 하면서 모든 학생이 질문의 전반부(캔자스의 주도는 어디인가?)에 대한 답을 말하게 한다. 이러한 전략을 적용한 지 한 달이 지난 후 우리는 다시 한 번 SWIS를 통해 공격행동 발생에 대한 자료를 검색하였고, 공격행동의 일일 평균 발생 횟수가 42회에서 2회로 감소했음을 알게 되었다. 이는 학교차원에서 전이를 관리하는 방법의 예다.

주말에서 주중으로의 전이

어떤 학생들에게는 월요일 아침으로의 전이가 매우 큰 사건이다. 만약 학생이 주말 동안 거의 먹은 것이 없다면 그 아이는 학교에 도착했을 때 배가 무척 고파서 에너지가 거의 없을 것이다. 사실 월요일은 다들 별로 좋아하지 않는 날인데, 빈속으로 월요일을 맞이한다고 상상해 보라. 만약 여러분의 학급에 유독 월요일을 힘들어하는 학생이 있다면, 약간의 조사를 통해 그 아이가 주말에 제대로 음식을 섭취하고 있는지 알아보아야 한다. 다음은 초등학생의 주말 음식 섭취를 알아볼 때 유용하게 쓰이는 방법이다.

- 월요일 아침(아직 기억이 남아 있을 때)에 학생들에게 도표 만들기 활동을 할 것이라고 알린다.
- 가로선과 세로선이 그려진 큰 종이를 꺼낸다.
- 학생들에게 토요일과 일요일 아침식사로 무엇을 먹었는지 쓰거나 그리게 한다.

- 학생들에게 토요일과 일요일 점심식사로 무엇을 먹었는지 쓰거나 그리게 한다.
- 학생들에게 토요일과 일요일 저녁식사로 무엇을 먹었는지 쓰거나 그리게 한다.
- 학생들이 주말에 먹었다고 한 음식을 도표의 해당 칸에 색칠하여 도표를 완성한다.

전날 저녁에 무엇을 먹었느냐는 질문에 옆 친구와 똑같은 답을 한 학생도 있었고, 주말 동안 먹은 것이라고는 냉장고에서 꺼낸 차가운 핫도그뿐이라고 답한 학생도 있었다. 학생들에게 먹은 음식을 종이에 쓰거나 그려 보게 하는 것은 이들이 먹었다고 한 것을 정말로 먹었는지 아닌지를 판단하는 데 도움이 될 것이다. 만약 제대로 식사를 하지 못하고 있는 학생을 알게 된다면, 주말에 먹을 결식아동 식품 박스를 제공하는 기관이 많이 있으므로 여기에 연결해 주면 된다.

8장에서 살펴본 체크인 체크아웃(CICO)은 월요일 아침 전이에 어려움을 겪는 학생들에게 적용할 수 있는 좋은 도구다. 월요일 아침에 친근하고 믿을 만한 성인과 만나 체크인하는 것은 학생들이 긍정적으로 하루를 시작하게 해 준다. CICO 촉진자는 학생이 학교 건물로 들어올 때의 상태가 지킬 박사인지 또는 하이드 씨인지를 판단할 수 있고, 학생에게 추가 지원이 필요한 시기를 판별할 정보제공자가 될 수 있다. CICO 촉진자는 주말에 학생에게 있었던 일에 대해 상담을 해 줄 누군가를 소개해 줄 수도 있고, 학생이 하루를 긍정적으로 시작하기 위해 필요한 음식이나 기타의 것들을 제공할 수도 있다. 우리 저자들은 추가 지원이 필요한 학생들이 아침에 찾아가 만날 수 있는 인력이 준비되기를 강력히 추천한다.

주말을 불행하게 보내고 학교로 돌아온 학생들에게는 월요일 등교 직후에 누군가의 교실이나 사무실로 직행하는 것이 많은 학생이 모여 있는 강당으로 가는 것보다 훨씬 낫다. 기분 나쁜 주말을 보낸 데다 전이에 어려움이 있는 학생이 수백 명의 시끄러운 소음으로 가득한 공간으로 간다면 상태가 악화될 수 있다. 많은 학교가 아침에 몇몇 학생을 만나 도움을 줄 자원봉사자를 교내에서 찾는다. 학생에게 역할을 부여하는 전략은 학생이 스스로를 가치 있게 여기게 함으로써 자부심과 자존감을 높인다. 일반적으로 자존감이 높은 학생들은 그렇지 않은 학생들보다 학교에서 더 잘한다.

주중에서 주말로의 전이

많은 학생에게 금요일은 힘든 날이다. 그 이유에는 여러 가지가 있지만 몇 가지만 제시하면 다음과 같다. ① 주중에 비해 덜 구조화된 주말이 다가옴, ② 다른 요일에 비해 금요일 수업이 다소 여유로운 경우가 많음('즐거운 금요일' 등), ③ 주로 금요일에 치는 시험 때문에 긴장을 느낌, ④ 큰 행사나 변화에 대한 기대가 높음. 믿기지 않겠지만 학생들은 구조화되고 한계가 설정된 환경을 몹시 필요로 한다. 학교에서 보내는 월요일부터 금요일까지의 시간은 하루를 흥미롭게 만들어 주는 다양한 일과별 활동으로 가득하다. 스포츠 참가나 여러 활동을 하면서 주말을 알차게 보내는 학생도 있지만, 주말에 무엇을 할지를 모두 알아서 해야 하는 학생도 있다. 주말에 할 일이 없거나 기대할 것이 없는 학생에게는 금요일에 문제가 발생할 수 있다. 학교에서 제공되던 구조가 곧 사라질 것임을 감지하고 불안해지기 때문이다. 예를 들면, 많은 자폐성장애 학생과 구조화된 환경을 좋아하는 다른 학생들은 일정표 없이 살 수가 없다. 주말 일정이 시장 보기, 예기치 않은 손님의 방문 등과 같은 불확실하고 의외의 일로 가득하다면 학생에게 주말은 매우 불쾌할 수 있다.

행동지원팀 회의에서 왜 금요일이 각 학생에게 더 힘든지 논의해 보라. 정식 행동지원팀 회의는 PBIS 3차 예방 중재를 할 때 열리는 것이지만, PBIS 2차 예방 중재를 논의하기 위해 비공식적으로 개최할 수도 있다. 몇몇 학생이 금요일마다 어려움을 겪는 또 다른 이유는 교실 활동의 변화 때문이다. 많은 교사가 금요일에 시험을 친다. 시험 불안을 가진 학생이 하루에 3~4개의 시험을 쳐야 한다면, 그 학생은 시험 불안으로 인해 문제행동을 보일 수 있다. 중등학교에서는 전체교사 회의를 통해 이 문제를 완화시킬 수 있다. 회의에서 교사들이 각자 다른 요일에 시험을 치기로 하면, 금요일에 모든 시험을 치는 대신 시험을 여러 날에 분산시킬 수 있다.

'즐거운 금요일' 활동 역시 문제가 될 수 있는데, 이는 특히 초등학교에서 그러하다. 많은 교사가 금요일에 게임을 더 많이 하고 덜 구조화된 수업을 한다. 다시 말하지만 구조를 필요로 하는 학생들에게 이런 느슨한 시간표는 악몽 같은 사회적 상황을 야기할 수 있으며 학생들을 매우 초조하게 만들 수 있다. 교육공학과 서비스 및 아동 매체의 선구자로 알려진 Scholastic에서 2011년 발표한 연구에 따르면, 학교 일과 중 기초 학업에 쏟아야 할 시간의 27%는 점심 식사나 쉬는 시간, 과목 간 전이, 화장실 사용 시간, 체육, 음악, 미술 그리고 학급 내에서의 활동 간 전이 등과 같은 기타 활동으로 소실된다.

이러한 수업 결손 시간을 '즐거운 금요일'을 하느라 소모된 시간과 합하면, 소실되는 학업 지도 시간의 비율은 극적으로 증가할 것이다. 이러한 사실은 구조화된 일과를 바라는 학생들의 불안을 가중시킬 수밖에 없다.

한편, 교실에서의 게임 활동을 지지하는 목소리도 있다. 2011년에 출판된 책 『누구나 게임을 한다(Reality is Broken)』(역자 주: 원제는 『Reality is Broken』이나 국내에서는 『누구나 게임을 한다』라는 제목으로 번역서가 출판됨)의 저자 Jane McGonigal은 교실에서 하는 특정 게임이야말로 학생들에게 다가가게 해 주는 훌륭한 도구라고 말한다. 인간으로서 우리는 매일 만족스러운 일을 열망한다. McGonigal은 우리가 바라는 네 가지가 있다고 이야기하는데, 첫째는 노력의 직접적 영향을 볼 수 있게 되는 것, 둘째는 성공을 경험하는 것, 셋째는 사회적으로 타인과 연결되는 것, 넷째는 자기 자신보다 더 큰 무언가의 일부가 되는 기회다. 이것들은 공기, 물, 음식이 필요한 것과 마찬가지로 삶의 강력한 원동력이 되는 내적인 보상이다. 게임은 이 네 가지 내적 보상을 모두 제공할 수 있다. 그렇지만 게임을 하는 날의 떠들썩함은 많은 아이, 특히 충동성 문제를 가진 아이들에게는 너무 벅찰 수 있다. 미국 질병통제예방센터(CDC, 2010)에 따르면, 아동 10명 중 1명이 ADHD를 가지고 있으며, 이는 20명의 학생이 있는 학급에서 하루 종일 게임을 할 경우 어려움을 보일 학생이 2명 있다는 의미다. 이 학생들을 위해서는 하루 전체를 게임의 날로 하기보다 주중에 게임을 분산해서 하는 것이 더 좋다.

집에서 학교로의 전이

어떤 학생들에게는 아침에 집에서 학교로 오는 전이가 굉장히 힘들다. 1교시에는 힘들어하다가 그 이후 시간에는 잘 지내는 학생을 담당했던 적이 있는데, 약간의 조사를 해 본 결과 학생이 학교에 가져갈 준비물을 찾느라 매일 아침 어머니와 전쟁을 치른다는 것을 알게 되었다. 우리의 간단한 해결책은 커다란 상자를 하나 구해서 집의 뒷문 옆에 두는 것이었다. 밤에 잠자리에 들기 전, 이 여학생은 학교에 가져갈 모든 준비물을 뒷문 옆 상자에 넣는다. 이로써 모든 물건이 제자리에 있게 되었고 아침에 준비물을 찾느라 갈등이 생길 일이 없어졌다. 때로는 해결책을 찾는 일이 이렇게 간단하다. 이런 문제를 가진 학생이 한 반에 2~3명은 있기 때문에 신학기 학부모 총회에 온 학부모들에게 앞서 말한 커다란 상자를 이용하여 준비물을 챙기는 방법 등과 같은 정리 기술을 알려 주면 좋다. 자녀를 지원하는 데 도움이 될 여러 팁을 부모에게 알려 줄 필요가 있다.

학생들이 힘든 아침을 보내는 또 다른 이유는 학교버스에서 일어나는 사건 때문이다. 교사들은 해야 할 일이 너무나 많기 때문에 버스 기사들에게 버스 안에서 일어난 일을 물어보지 않는 경우가 많다. 등교 직후의 이른 시간에 어려움을 보이는 학생이 있다면, 버스 기사에게 버스를 타고 오는 동안 별일이 없었는지 살펴봐 달라고 부탁하고, 혹시 버스 안에서의 일이 아침에 발생하는 문제행동의 유발 요인은 아닌지 알아보라. 때때로 학생들은 버스 안이나 버스 정류장에서 괴롭힘을 당한다. 많은 경우 버스 기사들은 이러한 정보를 알고 있지만, 다음 행선지로 가야 하는 촉박한 버스 운행 일정 때문에 또는 아이들을 학교에 내려 준 다음 바로 다른 학교로 가야 하기 때문에 그 정보를 학교와 공유할 기회가 없다. 수업을 맡지 않은 교내의 누군가에게 버스 기사를 만나 특정 학생에 대한 이야기를 물어봐 달라고 요청하라. 버스 기사가 아침에 학생들이 버스에서 내리기를 기다리거나 일과 후 버스에 올라타기를 기다리는 동안 교장이 이 역할을 할 수도 있다.

어떤 때는 학생들이 학교의 일과 때문에 힘든 아침을 보낼 수도 있다. 우리가 지원하는 많은 학교가 수업 시작 전에 큰 강당 같은 곳에 학생들을 모여 있게 한다. 보통 이런 장소는 바닥이 타일로 되어 있으며 천장이 높아서 소리를 확장시킨다. 400~500명의 학생이 동시에 말하는 소리가 만들어 내는 떠들썩함은 많은 학생, 특히 ADHD나 자폐성장애, 감각 문제를 가지고 있는 학생들의 문제행동을 유발할 수 있다. 학생들이 집합할 안전한 장소가 필요하다는 점은 이해하기 때문에 우리는 다음 방식을 제안한다. 큰 강당을 여전히 활용하되, 조명을 너무 밝게 하지 말고 다소 약화시킬 방법을 찾아보라. 60와트 전구를 사용하는 거실용 조명을 사용할 수도 있고 뒤편에만 불을 켜 두는 방법도 있다. 이는 둘 다 강렬한 형광등 불빛을 줄이기 위함이다. 다음으로는 학생들이 교실로 갈 차례를 기다리면서 조용히 할 수 있는 활동을 개발하라. 우리가 지원하는 한 학교에서는 다음과 같은 방법을 써 보았다. 학생들은 월요일 등교 시 흰 도화지와 크레용 한 상자를 가방에 넣어 온다. 학생들은 월요일부터 금요일까지 강당에서 기다리는 동안 바닥에 엎드려 그림을 그린다. 그림은 정교하게 그릴수록 좋다. 이 학교에서는 미술교사가 프로젝트 수업을 하면서 학생들에게 원근법과 형태와 명암에 대해 가르쳤다. 학생들은 일주일 내내 자신의 작품을 완성해 간다. 금요일에 학생들이 작품을 제출하면 학년마다 하나의 그림을 선정하여 학교 건물 앞쪽 복도에 위치한 전시 공간에 걸어 둔다. 이 작품을 그린 학생들은 학교의 전시 공간에 자신의 작품이 걸려 있음을 알리는 증명서를 받아 집에 가져간다. 작품은 일주일간 전시되며, 전시 공간을 담당하는 팀은 60bpm의 음악을 틀어 놓고 파워포인트를 이용해서 모네, 다빈치, 샤갈, 달리 등이 그린 명화를 벽에 비춘다. 이는 학생들의 그리기 활동에 영감을 준다. 학생들이 훌륭한 예술작품을 위해 많은 시간을 투자하도록 격려하기 위해 시스티나 성당의 사진을 보여 주고 그 성당의 천장을 그리는 데만 몇 년이 걸렸는지를 알려 주기도 했다.

학생들이 옆에 앉은 친구들에게 자신의 작품에 대해 낮은 목소리로 말하는 것은 장려했지만 그림은 조용히 그리도록 했다. 몇몇 학생은 가방에 기내용 담요나 베개를 넣어 와서 사용했다. 원하는 학생들에게는 체육교사가 수업용 파란 매트를 주었다. 교사들은 교실로의 이동 시 산만함이 감소되었다고 보고했으며 미술교사는 30분의 수업시간에 가르쳐야 했던 내용을 충분히 확장시켜 가르칠 수 있어서 행복해했다. 이것이 바로 일석이조이자 윈-윈 (win-win)이다.

몇몇 중등학교는 이른 아침 시간과 이동 시간에 복도의 불빛을 바꾼다. 이들 학교에서는 어두운 불빛이 침착한 분위기를 조성한다고 여긴다. 빛이 밝을수록 학생들이 더 시끄럽게 떠드는 것 같다. 빛이 어두울수록 학생들도 목소리를 낮춘다. 당신의 학교에서 이를 시험해 보라. 복도의 불을 절반만 켜두고 데시벨 측정기를 사용하여 소음 수준을 측정해 보라. 모든 불을 켠 평범한 날과 비교해 보면 빛이 어두울 때 학생들이 더 온화하게 말한다는 것을 발견하게 될 것이다. 학생들이 건물로 이동해 들어갈 때 불을 어둡게 하고 방송으로 60bpm의 음악을 틀어 주라. 중재 이전의 아침 시간 훈육실 의뢰 수와 앞의 제안을 시행한 후 한 달이 지났을 때의 훈육실 의뢰 수를 비교하여 당신의 학교에 변화가 일어났는지 확인해 보라.

하루 일과를 마칠 때의 전이

많은 교사가 하루 일과를 마칠 즈음이면 구조화의 정도를 줄인다. 초등학생의 경우 15분 정도를 주고 사물함을 확인하고 하루 동안 했던 활동지를 모아 가방에 넣게 한다. 이들은 또한 알림장에 숙제를 써야 한다. 비구조화된 이 15분이 어떤 학생들에게는 너무 길게 느껴질 수 있으며, 문제행동을 유발할 수도 있다. 이와 같이 모든 것이 다소 느슨해지는 시간을 해결할 수 있는 예를 하나 들어 보겠다. 우리는 대집단 이야기 듣기 시간에 한 챕터를 남겨두었다가 일과를 마무리하는 시간에 읽기로 했다. 학생들에게는 이 시간의 진행을 도미노처럼 하도록 시키는데, 즉 한 학생이 나가서 가방을 가지고 돌아오면, 그다음 학생이 나가서 자신의 가방을 가지고 돌아온다. 이런 식으로 모든 학생이 가방을 가지고 온 후 학생들은 남은 한 챕터의 이야기를 들으며 한 번에 1명씩 사물함에서 자신들이 한 활동지를 가지고 와서 조용히 자신의 가방에 넣고 알림장에 숙제를 쓴다. 학생들은 이야기에 나오는 영웅들에게 벌어지는 흥미로운 일을 잘 들으려고 조용히 움직이며, 복도에 나가 있느라 이야기를 놓치고 싶지 않기 때문에 복도에서도 빠르게 움직인다. 옮겨 적는 것에 어려움이 있는 학생들은 교사의 책상 위에서 숙제가 적힌 스티커를 가져와 알림장에 붙인다. 이 방법은 매우 효과적이었으며, 학생들이 듣기를 통한 학습을 지속적으로 하게 해 준다. 하루를 마무리하는 시간에 학급 전체가 한꺼번에 전이하는 것이 아니라 한 번에 1명씩 전이를 했기 때문에 혼란이 눈에 띄게 줄었다. 일단 한번 가르치고 나면 초등학교 1학년생도 이러한 일과를 충분히 따를 수 있을 만큼 조직화된다.

중등학교에서의 걱정스러운 전이 중 하나는 교사가 학생들에게 칠판의 숙제를 노트에 필기하게 할 때다. 우리는 교실에서 휴대전화를 적극적으로 활용할 수 있다고 생각한다. 교내에서는 휴대전화를 금지해야 한다고 생각하는 사람들이 있다는 건 알지만, 아무리 금지해도 휴대전화는 어느 교실에나 있기 마련이다. 교실에서 휴대전화를 생산적으로 이용하게 한 교사의 예를 살펴보자. 이 교사는 학생들에게 수업시간에는 교사 책상 위에 있는 바구니에 전화기를 넣어 두게 하고, 이것만 잘 지킨다면 쉬는 시간에 문자를 할 수 있게 해 주겠다고 말했다. 수업이 끝나면 학생들은 줄을 서서 자신의 휴대전화를 받아 휴대전화에 내장된 카메라로 칠판에 적힌 숙제를 찍었다. 대부분의 학생은 카메라 기능이 있는 휴대전화를 가지고 있었으므로, 숙제를 사진으로 찍어 자신에게 메일로 보낼 수 있다. 이렇게 하면 숙제를 몰랐다는 변명은 할 수 없다.

학생들이 어떻게든 사용하고 싶어 하는 물건을 사용하게 허락하면 그 물건은 더 이상 금단의 열매가 아니다. 수업 간 전이 시간에 문자를 할 수 있게 허락한 학교들은 수업시간에 문자를 하는 학생이 줄었다고 보고하였다. 카메라 기능이 없는 휴대전화를 가진 학생들을 위해서는 교사가 숙제를 라벨지에 출력해 두면 학생들은 스티커로 된 라벨지를 떼 내어 알림장에 붙이기만 하면 된다. 어떤 교사들은 이것을 읽고 이렇게 반응할지도 모른다. "말도 안 돼. 숙제를 필기할 책임은 학생에게 있어." 그런 교사들에게는 이렇게 질문하고 싶다. "숙제를 필기하는 것이 학생들에게 칠판에 있는 것을 베껴 쓰는 방법을 가르치기 위한 것인가요, 아니면 집에 가서 숙제를 해 올 수 있도록 숙제를 알게 하려는 것인가요?" 물론 당신이 현재 사용하고 있는 방법이 효과적이라면 계속해서 사용하라. 그러나 그렇지 않다면 그 방법을 반복할 필요는 없다. 모든 학생이 성공을 경험할 수 있도록 우리는 새로운 사고를 통해 학습 과정을 쉽고 성취 가능하게 만들어야 한다.

하루 종일 일어나는 전이

학교에서의 하루는 여러 가지 전이로 가득 차 있다. 초등학교에서는 과목에서 과목으로 전이한다. 중등학교에서는 과목이 바뀔 때 다른 교실로 이동한다. 한 과목 내에서도 활동과 활동 간에 전이가 있다. 하나의 수업 안에서도 교사의 모델링을 관찰하는 것에서 직접 해 보는 것으로, 개별 발표를 하는 것으로, 배운 것을 생각하며 총 정리하는 시간으로 전이한다. 이 모든 전이가 어떤 학생들에게는 힘들 수 있다. 변화는 어려운 것이며, 이는 어른들에게도 그렇고 학생들에게도 그렇다.

교사들이 갑자기 "이제 끝!"이라고 말하는 것을 종종 목격하곤 한다. 학생들은 활동이 끝나 간다는 예고를 받지 못했고, 활동을 멈출 준비가 되어 있지 않은데 말이다. 이것은 문제가 될 수 있다. 교사 연수를 할 때도 사람들이 대화나 활동을 마무리하도록 1분이나 2분 전에 예고를 한다. 학생들에게 전이가 다가오고 있음을 미리 안내하는 방식에는 여러 가지가 있는데, 다음을 알아 두면 좋다.

- 상업적으로 이용 가능한 시각적 타이머를 스마트 보드에 다운로드한다.
  - 많은 타이머가 무료다.
  - 인터넷에 'free timers+smartboard'로 검색하면 다양한 선택지가 화면에 나타난다.
- 음악을 들려준다.
  - 음악이 끝나면 5분이 남은 것임을 학생들에게 알려 준다.
  - 학생들이 활동을 하는 중에는 한 종류의 음악(60bpm)을 들려주고 활동 종료 3분 전이 되면 박자가 다르면서 가사가 있는 노래를 들려준다.
  - 학생들은 이러한 청각적 변화를 통해 단서를 배운다.

- 칠판에 '5분 남음'이라고 적는다.
  - 이렇게 할 때 소리를 약간 내서 당신이 칠판에 뭔가를 쓰고 있음을 학생들이 알게 한다.
  - 벨크로로 숫자 5, 4, 3, 2, 1을 만들어서 1분이 지날 때마다 하나씩 떼어 낸다.
  - 학생들이 벨크로 떼는 소리를 듣는다.
  - 이렇게 하면 학생들이 속도를 조절하는 데 도움이 된다.
- 타이머를 사용한다.
  - 빨간 바탕색을 가진 시각적 타이머를 사용한다.
  - 시간이 지남에 따라 바탕의 빨간색이 조금씩 줄어든다.

  학생들이 전이를 잘하게 해 주면 교실에서의 혼란이 줄어든다. 전이가 다가온다는 예고는 특히 아스퍼거 증후군(Asperger syndrome) 학생에게 도움이 된다. 이 학생들은 갑작스러운 변화를 좋아하지 않는다. 공연장에서 불빛의 깜빡임으로 인터미션이 끝나 간다는 것을 예고하여 손님들이 자리로 돌아가게 하는 것을 생각해 보라. 이러한 안내 없이 공연이 바로 시작되어 사람들이 오케스트라의 연주를 듣고서야 자리로 달려갈 때 발생할 혼란을 상상해 보라. 교실에서도 문제행동을 미연에 방지하려면 전이가 일어나기 전에 유사한 예고를 해야 한다.

  시각적 일정표에 대해서는 아무리 강조해도 지나치지 않다. 각 교실 칠판에는 하루가 어떻게 진행되는지에 대한 시각적 일정표가 있어야 한다. 모든 활동의 성취 목표와 대략적인 시간이 나열되어야 한다. 이는 시각적 학습자인 학생들이 다가올 변화에 대한 단서를 파악하게 해 준다. 수업이 시작되면 교사는 청각적 학습자인 학생들을 위해 일정표 내용을 구두로 알려 주어야 하는데, 이렇게 하면 다양한 학습 스타일을 가진 학급의 모든 학생이 가진 요구를 대략 다 충족할 수 있다.

  중등학교의 전이 시간에는 많은 학생이 문제를 일으킨다. 미국 서부 지역의 한 교장은 자신의 학교에서 수업에 지각하는 행동을 감소시킬 방법을 찾아냈다. 매 시간 약 50명의 학생이 수업에 늦게 도착해서 지각 표(tardy slip) 작성을 위해 훈육실로 보내졌는데, 이로 인해 학생들의 수업시간 손실이 컸다. 교장은 학생들에게 새로운 계획을 시행하겠다고 알렸다. 교장은 한 수업에서 다음 수업으로 이동하는 데 주어지는 5분 중 초반 4분 동안 학생이 선택하고 교장의 승인을 거친 음악을 틀었다. 마지막 1분 동안은 교장 자신이 좋아하는 폴카 음악을 틀었다. 학생들은 폴카 음악이 나오면 수업 시작까지 1분이 남았음을 알게 된다. 학생들은 교장선생님이 틀어 줄 음반을 집에서 가져와도 되지만, 가사에 욕설이 들어 있거나 불순한 메시지를 담고 있다면 음반을 돌려받지 못한다. 교장은 익숙하지 않은 음악은 미리 조사했다. 그는 학생들에게 지각생 수가 특정 숫자를 넘지 않으면 학생들이 고른 음악을 4분 동안 틀고 자신의 음악은 1분 동안 틀겠다고 알렸다. 교장은 지각생 수가 미리 정한 기준을 넘어가면 4분 동안 자신의 음악을 틀고 1분간만 학생이 고른 음악을 틀었다. 학생들은 이 방식에 푹 빠져서 자신들이 고른 음악을 더 오래 듣기 위해 또래 학생들이 제시간에 수업에 가게 하려고 서로를 단속하기 시작했고, 지각생 수는 줄어들었다. 교사들 역시 지각한 학생을 교실 밖으로 내보내지 않고 학급 명부에 기록하기 시작했다. 지각을 세 번 한 학생에게는 방과 후에 보충수업을 받으라는 메일을 보냈다. 방과 후 보충수업에 빠지면 토요일에 보충수업을 받게 된다. 토요일 보충수업은 다들 좋아하지 않기 때문에 대부분의 학생은 방과 후 보충수업에 참석했다. 귀가하는 교통편으로 인해 문제가 생기지 않도록 방과 후 시간에도 학교버스를 운행했다. 이전에는 운동선수들이 훈련이나 경기에 빠져서 벌점을 받았을 때만 방과 후 보충수업을 했다. 학생들은 보충수업 처분을 받은 다음 날, 아침에 40분 일찍 등교해서 보충수업을 받거나 방과 후에 40분의 보충수업을 받았다. 새로운 변화와 함께 지각하는 학생이 현저하게 줄어들어 보충수업을 받는 학생이 거의 없어졌다. 이는 윈-윈의 또 다른 예시다. 심지어 교사들은 학생들이 고른 음악

중 일부를 좋아하게 되었다!

맺음말

　이 장에서는 전이에 주목하여 큰 전이와 작은 전이를 다루었다. 예방을 위한 계획의 요점은 어떤 학생들은 문제행동으로 전이에 반응할 수 있음을 이해하는 것이다. 예방은 사후 대응보다 훨씬 즐겁다. 학생들이 하나의 활동에서 다음 활동으로 부드럽게 전이하여 수업시간이 방해받지 않게 되는 데 이장에 나왔던 아이디어들이 도움이 되기를 바란다. 11장에서는 학생이 우리가 바꾸기를 바라는 문제행동을 보일 때 우리의 반응을 관리하는 방법에 대해 알아보고자 한다.

11장

어떻게 후속결과를 바꿀 수 있을까

10장에서는 교실 내에서의 전이와 보다 넓은 범위의 전이, 즉 하루가 시작될 때나 끝날 때, 새로운 한 주가 시작될 때와 한 주가 끝나고 주말이 시작될 때 등의 전이를 관리하는 방법에 대해 알아보았다.

　이 장에서는 다음의 주제를 다루고자 한다.

- 강압적 상호작용(coercive interactions) 주기와 강압적 상호작용의 유혹이 있을 때 우리의 반응을 관리하는 방법
- 학생이 교실에서 강도 높은 행동을 보일 때 반응하는 방법
- 교실에서 위기 상황이 발생하는 것을 인지하고 예방하는 방법

　학교의 훈육과 학교에서의 학생 행동은 부모와 교사를 포함한 모두의 주요 관심사다. 교사들이 가장 많이 도움을 요청하는 영역은 행동지원과 학급 관리다(U.S. Public Health Service, 2000; Walker, Ramsey, & Gresham, 2004). 2010년대로 들어서면서 학생들에게 긍정적 행동지원을 제공하는 것에 대한 관심이 증가하고 있다. 2009년 7월, 미국 교육부 장관인 Arne Duncan은 학교가 모든 학생의 문제행동을 최소화하는 동시에 사회적·학업적 목표를 성취하게 하는 데 필요한 사회적 문화를 조성하게 하는 체계적 접근인 긍정적 행동중재 및 지원(PBIS)의 적용을 지지했다. 이러한 체계적 접근이 실행되려면 교사들이 강압적 상호작용 주기([그림 11-1] 참조)를 이해하고, 교사를 강압적 상호작용에 끌어들이려는 학생들에게 능숙하게 반응할 수 있어야 한다. 교사들

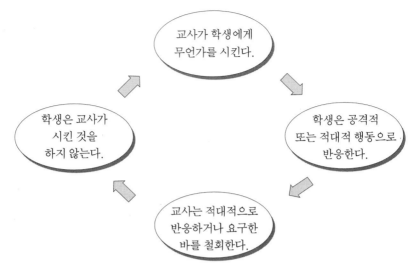

[그림 11-1] 강압적 상호작용 주기

은 또한 자신을 강압적 상호작용에 빠지게 하려는 학생들에 대한 자신의 반응이 학생들에게 미치는 영향력을 인식할 수 있어야 한다.

　교사들은 다음 질문에 대한 해답을 찾고 있다. ① 강압적 상호작용에 대한 유혹이 있을 때 어떻게 그들의 반응을 관리할 것인가, ② 학생이 교실에서 강도 높은 행동을 보였을 때 어떻게 반응할 것인가, ③ 교실에서의 위기 상황을 어떻게 알아채고 미리 예방할 것인가.

　다음의 시나리오를 생각해 보자. 잭슨(Jaxon)은 옷에 달린 후드로 머리와 얼굴을 거의 다 가린 채 또래를 밀치고 걸어가 자신의 의자에 미끄러지듯 앉고는 바로 책상에 엎드렸다. 교실에 있던 교사는 학생들과 인사를 하고 교과서를 꺼내라고 한 후 수업을 시작한다. 잭슨은 움직이지 않는다. 교사는 직접 잭슨의 책상으로 다가가 교과서를 꺼내 과제를 하라고 요구한다. 잭슨은 교과서를 꺼내지 않을 것이며, 선생님은 당장 꺼지라고 소리치는 형태로 반응한다. 교사는 계속해서 잭슨에게 교과서를 꺼내 과제를 하라고 말하고 그렇게 하지 않을 경우 부모에게 전화하겠다고 말한다. 잭슨은 고개를 들고 교사를 노려보면서 선생님이 시킨 대로 할 생각이 없으니 빨리 못생긴 얼굴과 뚱뚱한 엉덩이를 치우라고 그리고 제발 자신을 그냥 내버려 두라고 욕을 섞어 가며 말한다. 교사는 잭슨에게 이미 충분히 했으니 욕을 그만하라고 말한다. 잭슨은 이 엉터리 같은 수업이 짜증나게 싫고 선생님이 뭐라 하든 아무것도 하지 않겠다고 소리를 지른다. 잭슨은 벌떡 일어나 책상을 벽으로 밀어 버리고, 잭슨과 출입문 사이에 서 있던 교사를 향해 걸어간다. 교사는 잭슨이 교실 밖으로 나갈 때 잠시 비켜 서 있다가 잭슨이 나가자 도움을 요청한다.

이러한 상황에서 당신은 잭슨에게 어떻게 하겠는가? 당신은 이 교실의 교사에게 무엇을 추천하겠는가? 잭슨과 이 교사 간에 일어난 일은 강압적 상호작용의 한 예다. 이 예에서 본 강압적 상호작용은 교육적 상황에서, 특히 강도 높은 행동을 보이는 학생들에게서 자주 발생한다. 강압적 상호작용은 학생이 무엇인가를 하라는 요구를 받은 후 그 요구를 무시할 때 시작된다. 요구는 반복되고, 학생은 그 요구를 따르지 않으려고 적대적이거나 공격적 방식(이는 말다툼, 소리 지르기, 물건 던지기 혹은 신체적 공격 등으로 확대될 수 있다)으로 반응한다. 학생이 이렇게 반응하면 교사도 학생의 적대감이나 공격성에 대해 같은 방식으로 반응하는데, 보통은 학생이 말을 듣게 하려고 교사의 요구 강도도 더 높아진다. 학생의 행동 강도가 더욱 커지면, 교사는 기존의 요구를 철회한다. 교사가 요구를 철회하면 학생은 행동을 멈추고, 학생과 교사 모두 부적 강화를 경험하게 되어 이후에도 문제행동이 발생할 가능성이 높아진다(Patterson, 1982). 학생은 원하지 않는 과제를 회피하기 위해 공격행동으로 반응하는 법을 배우게 된다. 교사는 요구를 철회하면 학생의 공격행동이 멈춘다는 것을 배우게 된다. 결국 이는 '둘 다 잃는(lose-lose)' 상황을 초래하고, 이후 회피나 거부를 목적으로 하는 문제행동의 발생 가능성을 높인다(Shores, Gunter, & Jack, 1993).

교사가 잭슨에게 다르게 반응했더라면 잭슨과 교사 간 상호작용이 어떻게 진행되었을지 상상해 보자. 잭슨이 책상을 벽으로 밀치고 교사를 향해 걸어

갔을 때 교사가 잭슨에게 손을 얹고 멈추게 했으면 어떻게 되었을까? 혹은 잭슨이 문으로 걸어갈 때 그의 앞을 가로막은 채 자리로 돌아가서 과제를 하라고 요구했다면? 혹은 커서 뭐가 되려고 저러는지 모르겠다는 부정적인 말을 하면서 교사가 공개적으로 잭슨에게 망신을 주었다면?

불행히도 이런 시나리오는 매일 수천 개의 교실에서 발생하여 교실 생태계를 교란하고 교사−학생 관계를 손상시킨다(Walker, Ramsey, & Gresham, 2003). 강압적 상호작용이 고조에 이르러 위기 상황이 야기되면, 그 결과로 매우 사후처방적인 조치, 즉 교내 정학, 교외 정학, 방과 후에 남게 하기, 특권 상실, 격리, 신체적 구속, 체벌 등이 따르게 된다(American Civil Liberties Union & Human Rights Watch, 2009; Council for Children with Behavior Disorders, 2009a; Council of Parent Attorneys and Advocates, 2009; Government Accountability Office, 2009). 교직원들은 교실에서 발생한 도전행동에 반응할 때 종종 혐오적이고 배제적인 후속결과에 과도하게 의존한다(National Disabilities Rights Network, 2009; Sprague et al., 2001). 학생의 행동이 향상되지 않으면, 학교는 사후처방적 조치를 더 많이 한다. 비록 잠시뿐이긴 하나 즉각 문제행동이 줄어들고 그로 인한 긴장이 해소되는 경험을 해 보았기 때문이다. 이렇게 부정적인 후속결과에 과도하게 의존하는 것은 반사회적 행동을 증가시키고(Mayer & Sulzer-Azaroff, 1990), 학생−교사 관계를 무너뜨리며 학교와 사회 분위기를 악화시키고 학업 성취의 저하로 이어진다(Sulzer-Azaroff & Mayer, 1994). 어떻게 하면 교사들이 부정적인 후속결과에 대한 과도한 의존을 줄일 수 있을까?

Colvin(2010)은 『교실에서 발생하는 파괴적 행동의 완화(Defusing Disruptive Behavior in the Classroom)』라는 책에서 앞의 예시에 등장했던 잭슨과 교사 간에 발생한 것과 같은 상호작용을 '상호작용 경로(interaction pathways)'라고 명명하였다. 상호작용 경로는 꼬리에 꼬리를 물고 일어나는 일련의 학생 행동과 교사 행동으로 이루어진다. 예를 들면, 잭슨과 교사의 상호작용에서 잭슨이 어떤 행동을 하면 교사가 그 행동에 이어서 어떤 행동을 한다. 교사의 이 행동은 다시 잭슨의 또 다른 반응을 일으키며 이런 식의 행동연쇄가 계속된 다. Colvin(2010)은 다음과 같이 말했다.

> 문제행동을 다루기 위한 주요 단초는 처음으로 문제행동이 발생한 직후 의 그 순간 또는 문제행동의 초기에 달려 있다. 구체적으로 말하자면, 그 행동이 완화되어 수업 활동이 재개될지, 아니면 문제행동이 지속되거나 더 심해져서 수업 진행에 차질이 생길지를 결정하는 것은 초기 문제행동에 대 한 교사의 첫 반응이다(p. 23).

잭슨의 예에서 등장했던 교사와 비슷한 처지의 교사들이 강압적 상호작용 을 멈추게 하는 방법을 이해하게 된다면, 파괴적 행동이 더 심해지기 전에 효 과적으로 중재하여 완화시킬 수 있을 것이다. 학생의 행동에 대한 교사들의 첫 반응은 상호작용이 어떤 방향으로 나아갈지에 영향을 미친다.

이제 다시 잭슨의 사례로 돌아가 다음과 같은 시나리오를 고려해 보자. 잭 슨은 옷에 달린 후드로 머리와 얼굴을 거의 다 가린 채 교실로 들어와 또래를 밀치며 지나가 의자에 미끄러지듯 앉은 후 바로 머리를 책상에 파묻었다. 교 실에 있던 교사는 이 모든 상황을 보았다. 교사는 잭슨의 행동(후드를 푹 눌러 쓰고, 또래를 밀치면서 지나가 자리에 앉자마자 머리를 책상에 파묻은 행동)을 통해 잭슨의 심리 상태가 좋지 않음을 짐작할 수 있었다. 교사는 수업 시작 인사를 한 후 학생들에게 교과서를 꺼내 혼자서 혹은 짝과 함께 과제를 시작하라고 지시했다. 잭슨은 꼼짝도 하지 않았다. 교사는 잭슨에게 다가가 뭔가 고민이 있는 것 같은데 학생들이 개별 과제를 하는 시간에 함께 이야기하자고 조용 히 이야기했다. 교사는 이제 자신이 다른 학생들을 봐 주러 가야 한다고 말하 면서, 잭슨에게 교과서를 꺼내 오늘 공부할 부분을 펴서 혼자 과제를 해도 되 고 짝과 함께 과제를 해도 된다고 말했다(불안을 줄여 주고 선택기회를 줌). 잭슨은 교사에게 자신을 이제 그만 괴롭히고 그냥 좀 내버려 두라고 말했다. 교사는 조금 있다가 다시 보러 오겠다고 한 후, 더 이상의 말을 하지 않고 잭슨에게서 먼 쪽으로 움직여 잭슨이 혼자만의 시간과 공간을 갖게 했다(교사가 잭슨과의 상호작용을 중단함). 교사는 계속해서 수업을 진행했다. 몇 분이 지난 후 교사는 잭슨이 교과서 쪽으로 손을 뻗는 것을 보았다. 교사는 계속해서 수업을 진행하였고, 바람직한 행동을 보이는 학생의 행동을 구체적으로 묘사하면서 과제에 참여하고 있는 학생들에게 정적 강화를 제공했다. 교사는 또한 잭슨이 교과서를 펴고 수업을 따라오기 시작한 것도 눈치챘다. 교사는 잭슨과 눈을 맞추고, 잭슨이 교사가 시킨 대로 잘 하고 있음을 알고 있다는 표시로 머리를 살짝 끄덕이고 미소를 지으며 엄지를 드는 동작을 이용하여 "정말 잘했어!" 하는 메시지를 보냈다(교사가 잭슨에게 정적 강화를 제공함). 전체 수업이 끝나고 학생들이 짝과 함께 또는 혼자 활동을 할 때, 교사는 약속대로 잭슨을 잠시 보러 왔다. 이 상황을 자세히 들여다보면, 교사가 잭슨이 던진 미끼를 물지 않고 잠시 상호작용을 중단함으로써 강압적 상호작용 주기가 교란되었음을 알 수 있다. 그뿐만 아니라 교사는 잭슨에게 선택기회를 주면서 계속해서 그의 행동을 점검하였다. 교사는 잭슨이 자신의 말에 반응할 적절한 시간과 공간을 제공하면서 수업을 이어 나갔고, 잭슨이 바람직한 행동을 보이자 정적 강화를 제공하였다. 이러한 과정을 거쳐 결국 문제행동이 감소되었다.

강도 높은 문제행동을 보이는 학생과 상호작용을 할 때 학생의 행동에 효과적이고 정중하게 반응하려면, 교사들이 '폭발(acting out)'행동의 주기를 이해해야 한다(Walker, Colvin, & Ramsey, 1995). 이는 위기 모델(crisis model)이라고도 불린다(Colvin & Sugai, 1989). 교사가 위기 모델의 7단계를 이해하고 있으면(즉, 각 단계에서 발생하는 상황과 위기 예방을 위한 대응 방식), 강도 높은 문제행동을 보일 가능성이 있는 학생들에게 훨씬 더 효과적으로 반응할 준비가 된 셈이다. 게다가 교사는 학생의 행동에 대한 자신의 반응이 학생-교사

상호작용에 미치는 영향을 신속하게 인식함으로써 강압적 상호작용에 빠지지 않게 되고, 결과적으로 학생의 문제행동을 완화시킬 수 있다.

위기 모델의 7단계([그림 11-2] 참조)는 ① 평온(calm), ② 유발(trigger), ③ 흥분(agitation), ④ 가속(acceleration), ⑤ 절정(peak), ⑥ 진정(de-escalation), ⑦ 회복(recovery)이다. 이 모델에서 강조하는 것은 가속 단계가 시작되려 할 때의 조기 개입, 수정 가능한 환경 요인 판별, 학생에게 가르칠 수 있으면서 문제행동과 기능이 같은 교체행동의 판별이다(Colvin & Sugai, 1989).

학생이 위기를 겪을 때, 이 모델에서 설명하는 단계들이 빠짐없이 이 순서대로 진행되지 않을 때도 많다. 즉, 어떤 학생은 유발-흥분-진정-회복 단계만을 거치고 가속과 절정 단계의 특징은 보이지 않을 수 있다. 또 다른 학생은 단시간에 절정 단계에 이른 후 진정이 되었다가 다시 절정 단계로 돌아간 후 진정 및 회복 단계를 거치기도 한다. 또 다른 학생은 흥분 단계 이상을

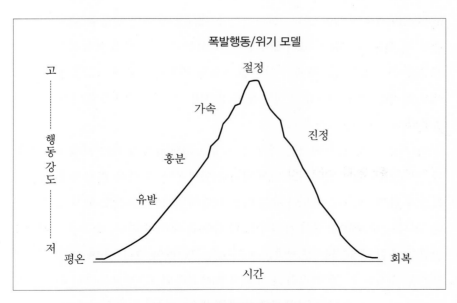

[그림 11-2] 폭발행동/위기 모델

출처: Colvin (2010); Colvin & Sugai (1989); Walker, Colvin, & Ramsey (1995).

절대 넘어가지 않을 수도 있다. 이렇게 위기 상황은 각기 다르다. 민감하고 불확실한 위기 상황의 특성상 교사는 각 단계에서 어떤 일이 발생하며 어떻게 반응해야 하는지를 알고 있어야 한다. 이를 알고 있는 교사는 위기 상황이 악화되지 않도록 조기에 효과적으로 개입할 수 있는 역량을 갖출 수 있다.

평온으로 묘사되는 1단계에서 학생은 협조적이며 교정적인 피드백을 받아들인다. 학생은 지시사항을 따르고 칭찬을 받아들이며 자신을 산만하게 하는 것들을 무시한다. 이 단계에서 교사의 중재는 예방에 중점을 둔다. 교사는 문제행동을 진단하고, 문제행동의 유발 요인과 기능을 판별한다. 교사는 ① 정적 강화를 활용하고, ② 긍정적인 기대행동을 알려 주며, ③ 문제해결, 긴장이완, 자기관리 등의 사회성 기술을 지도한다.

유발 단계인 2단계에서 학생은 해결되지 않은 일련의 갈등을 경험한다. 여기에는 다른 사람과의 갈등, 과제를 완수하는 데 필요한 능력의 부족, 빈번한 교사의 교정, 정적 강화의 부재 등이 포함된다. 교사의 중재는 예방과 재지도(redirection)에 중점을 둔다. 교사들은 문제행동에 대한 반응을 계획하고 실행할 때 행동의 기능을 고려해야 한다. 교사는 ① 침착하게 행동하고 학생에게 조용히 말하며, ② 학생이 성공을 경험할 기회를 늘려 주고, ③ 문제 상황에서 학생을 빼내거나 문제 상황을 수정하며, ④ 이전에 지도했던 행동을 강화한다.

3단계인 흥분 단계에서는 학생이 제대로 집중하지 못하는 모습이 증가한다. 점점 집중도가 떨어지고 과제에서도 이탈한다. 학생은 혼자 떠들거나 또래들과 함께 떠들고, 과도하게 자리를 이탈하거나, 아무것도 하지 않으려 한다. 교사의 중재는 학생의 불안 감소에 중점을 두어야 한다. 반응을 계획하고 실행에 옮길 때 교사는 문제행동의 기능을 고려해야 한다. 또한 교사는 ① 침착함을 유지하고, ② 합리적인 선택지를 제공하며, ③ 필요하다면 환경을 수정하고, ④ 성공적인 활동 참여를 통해 학생을 수업에 끌어들여야 한다.

4단계인 가속 단계에서 학생은 도발적이고 강도가 높으며 위험의 소지가 있는 행동을 보인다. 가속 단계에서의 중재는 안전에 중점을 둔다. 교사는 ① 침착함을 유지하고, ② 학생에게 좀 더 많은 공간을 쓰게 해 주며, ③ 학생이 이 단계에 머무르게 하는 모든 유발 요인 및 경쟁 요소를 제거하고, ④ 기대행동을 수립하고 이를 반드시 준수하게 하며, ⑤ 학생과의 상호작용을 멈추고, ⑥ 위기 예방 절차를 실시해야 한다.

절정으로 알려진 5단계에서 학생은 신체적 공격, 기물 파손, 자해행동, 이탈행동, 사회관계 거부 등을 포함하는 가장 심각한 문제행동을 보인다. 이 시기에는 구두 지시를 이해하는 학생의 능력이 현저히 감소된다. 교사의 중재는 안전에 중점을 둔다. 교사는 ① 침착하게 행동하고, ② 학생과의 안전거리를 유지하며(단, 개인마다 안전하다고 느끼는 거리가 다르다는 점에 유의), ③ 학생에게 다가갈 때는 신중하게 그리고 천천히 움직이고, ④ 몸의 움직임을 최소화하며, ⑤ 긴급한 경우에 한해서만(즉, 학생이 자신이나 타인을 신체적으로 해치려 할 때) 최소한의 신체적 접촉을 하고, ⑥ 학생을 존중하는 자세를 보이는 동시에 조용한 목소리와 차분한 어조로 "괜찮아질 거야." "심호흡해 보자." "여긴 안전해." 등과 같은 짧은 말을 반복해서 말해 주며, ⑦ 최대한 빨리 신체적 접촉을 중단해야 한다. 절정 단계에서의 상호작용에 대한 추가 정보가 필요한 경우를 위해 공격행동을 관리하는 방법에 대한 연수를 제공하는 여러 프로그램이 있다(Couvillon, Peterson, Ryan, Scheuermann, & Stegall, 2010). 공격행동을 보이는 학생을 지도하는 교사들은 학생과의 활동을 하기 전에 이러한 연수를 완벽하게 이수해야 한다. 도전행동을 보이는 학생들과 함께 일하는 교사들은 또한 소속 교육구의 지침과 안전 절차를 따라야 한다. 또한 소속 교육구의 특수교육부서를 통해 위기 중재 행동 훈련(crisis intervention behavior training)을 받거나 지역교육협의회를 통해 제공되는 전문가 연수에 참여할 수도 있다.

6단계인 진정 단계에서는 학생이 차분해지고 행동의 강도도 약해지지만, 여전히 흥분과 혼란스러움을 보인다. 학생은 사회적 위축, 부인, 타인 비난,

문제행동 축소 등의 특징을 보일 수 있다. 이 단계에서 교사의 중재는 과도한 관심을 제거하고 학생에게 회복할 시간을 주는 데 초점을 둔다. 교사는 ① 침착함을 유지하고, ② 학생에게 사과를 요구하지 않으며, ③ 학생의 최근 문제행동에 대해 잔소리를 하거나 언급하는 것을 삼가고, ④ 새롭게 시작할 것을 강조해야 한다.

7단계인 회복 단계에서는 학생이 문제를 바로잡으려 노력하고 평소의 활동에 참여하려고 애쓰는 모습을 보일 수 있다. 그러나 이와 동시에 집단 활동에 참여하기를 주저하고 사회관계를 거부하며 졸리다고 할 수도 있다. 이 단계에서 교사는 ① 침착함을 유지하고, ② 어떤 것이든 적절한 행동을 하자마자 정적 강화를 제공하며, ③ 일과와 활동을 다시 계획하고, ④ 문제행동에 대한 후속결과를 이행해야 한다.

학생들은 화가 나면 자신이 평소 많은 시간을 함께 보내는 성인들의 약점을 찾아낸다는 것을 명심해야 한다. Long(2010, p. 43)은 이 학생들을 솜씨 좋은 플라이(fly) 낚시꾼에 비유한다. 교사가 강압적 상호작용이나 학생과의 갈등에 빠질 때까지 '교사의 인종, 종교, 성, 위생, 얼굴, 몸매, 옷차림, 가족, 행동을 깎아내리는 말을 하는' 학생의 능력이 '물고기가 미끼를 물 때까지 감정의 연못에 플라이를 날리는' 낚시꾼의 능력에 필적한다는 것이다. 교사들은 절대 학생의 말을 인신공격으로 받아들이지 않아야 한다.

Long(2010)은 교직원이 경험하는 분노폭발의 반 정도가 교직원이 학생과의 갈등이나 강압적 상호작용의 악순환에 빠져 돌이킬 수 없는 상태에 놓이게 된 데서 발생한다고 하였다. 이런 상호작용이 발생하면 교직원들은 강한 분노를 표출한 자신의 행동에 죄책감을 느끼고, 자신이 그런 행동을 했다는 것에 충격을 받는다. 교사들이 갈등이나 강압적 상호작용의 악순환을 해소하는 방법을 배워야만 화내는 빈도가 실질적으로 감소할 수 있으며, 이런 상황이 거의 발생하지 않는 수준까지도 내려갈 수 있다(Long, 2010). 그러므로 교사들은 반드시 강압적 상호작용 주기와 위기 모델의 단계를 이해하고 심한 문제행동을 보일 가능성이 있는 학생을 지도할 때 각 단계에 따라 효과적으로 대처하는 방법을 알고 있어야 한다. 교사들은 그들의 첫 반응(first response)이 매우 중요할 뿐 아니라, 학생-교사 상호작용 과정을 좌우함을 명심해야 한다. 결과적으로 교사는 학생이 주어진 요구에 반응할 공간과 시간적 여유를 제공할 필요가 있다. 교사는 또한 강압적 상호작용에 끌어들이려는 학생이 있을 때 그 악순환의 고리를 능숙하게 끊을 수 있어야 한다. 성공을 극대화하려면 교사들이 강압적 상호작용과 위기 모델을 완벽하게 이해하고 있어야 한다. 이는 학생의 행동과 위기 모델 중 학생이 처한 단계를 신속하게 판별할 뿐 아니라 교사 자신의 행동과 위기 모델 중 자신이 거치고 있는 단계를 빨리 알아챈다는 것을 의미한다. 마지막으로 교사들이 침착함을 유지하며 행동하는 능력을 갖추는 것이 가장 중요하다. 침착하게 의사소통하고 위기 중에도 자신의 행동을 절제하는 교사는 문제행동을 효과적으로 완화시킬 준비가 잘되어 있다고 할 수 있다.

맺음말

이 장에서는 강압적 상호작용 주기와 이를 피하는 방법, 학생의 강도 높은 문제행동에 대한 우리의 반응을 관리하는 방법 그리고 문제행동 발생을 최소화하기 위해 예방 조치를 실행하는 방법에 대해 알아보았다. 〈표 11-1〉은 위기 단계별 학생 행동과 그에 대한 교사 반응을 요약한 것이다. 다음 장에서는 기능에 근거한 2차 예방 중재의 예시를 살펴볼 것이다.

표 11-1   도전행동에 대한 교사의 반응

위기 단계	학생 행동	교사 반응
평온	• 협조적임 • 피드백을 수용함 • 지시를 따를 수 있음 • 칭찬을 잘 수용함 • 방해 요소를 무시함	• 정적 강화를 활용하기 • 긍정적인 기대행동을 알려 주기 • 자기관리, 문제해결, 긴장 이완 등의 사회적 기술 지도하기
유발	• 해결되지 않은 갈등을 경험함 　-다른 사람과의 갈등 　-과제를 완수하는 데 필요한 능력의 부족 　-빈번한 교사의 교정 　-정적 강화의 부재	• 침착함 유지하기 • 조용히 말하기 • 학생이 성공을 경험할 기회 확대하기 • 이전에 지도한 행동 강화하기 • 문제 상황에서 학생을 빼내거나 문제 상황 수정하기
흥분	• 주의 집중이 감소함 　-과제이탈 　-혼자 떠들기 　-또래들과 함께 떠들기 　-지나친 자리이탈 　-활동에 참여하지 않으려 함	• 문제행동의 기능을 고려하기 • 침착함 유지하기 • 합리적인 선택지 제공하기 • 필요할 경우 환경 수정하기 • 성공적인 활동 참여를 통해 학생을 수업에 끌어들이기
가속	• 위험의 소지가 있는 행동 • 도발적 행동 • 고강도의 행동	• 안전에 유의하기 • 침착함 유지하기 • 학생에게 좀 더 많은 공간을 허용하기 • 학생을 이 단계에 머무르게 하는 모든 유발 요인과 경쟁 요소 제거하기 • 기대행동을 수립하고 이를 반드시 준수하게 하기 • 학생과의 상호작용 멈추기 • 위기 예방 절차 실시하기
절정	• 신체적 공격 • 기물 파손 • 자해행동 • 이탈행동 • 사회관계 거부	• 침착하게 행동하기 • 몸의 움직임 최소화하기 • 존중하는 태도로 조용히 말하기 • 긴급한 경우에 한해서만 최소한의 신체적 접촉하기

진정	• 약간 차분해졌지만 여전히 흥분상태 • 행동 강도가 약해짐 • 사회적 위축 • 자신이 한 행위 부인 • 타인 비난 • 문제행동 축소	• 침착함 유지하기 • 새로운 시작 강조하기 • 긍정적인 면에 집중하기 • 잔소리를 하거나 학생의 사과를 요구하지 않기
회복	• 문제를 정정하고 바로잡으려 노력함 • 평소 하던 활동에 최소한으로라도 참여하고 싶어 함 • 사회관계 거부 • 집단 활동에는 참여하기 꺼림	• 모든 적절한 행동에 대해 정적 강화 제공하기 • 일과와 활동을 다시 계획하기 • 문제행동에 대한 후속결과 이행하기

출처: Colvin (2010); Colvin & Sugai (1989); Walker, Colvin, & Ramsey (1995).

12장

기능기반 중재란 무엇인가

앞 장에서는 교사들이 문제행동에 어떻게 반응하는지 그리고 교사의 반응
이 행동의 재발생 여부에 어떤 영향을 미치는지 알아보았다. 이 장에서는 교
실에서의 특정 문제행동과 그 행동의 기능별로 추천할 만한 중재를 살펴볼
것이다. 2, 6, 9장에서도 후속결과와 보상을 다루었지만, 구체적 사항까지는
살펴보지 않았다. 이 장에서는 후속결과와 보상에 대한 이전 장의 내용을 모
두 연결하여 자세히 알아보고자 한다.

초등학교

　피거너시(Piggernathy) 교사는 3학년 담임이다. 학급에는 26명의 학생들이
있고, 매일 밤 그녀는 동네 할인 매장의 안내원이 되는 게 낫겠다고 생각하며
퇴근한다. 학생들은 방해행동, 생각 없이 불쑥 말하기, 자리이탈 행동으로 교
실을 뒤집어 놓았고, 그 결과 수업을 제대로 할 수 없었다. 이 문제는 1~2명
의 학생이 아니라 학급 전체에서 일어나는 보편적 문제였기 때문에 학급차원
으로 적용할 중재가 필요했다. 피거너시 교사가 가장 먼저 할 일은 교실에서
의 바른 행동이 어떻게 보이고 들리며 느껴지는지를 담은 동영상 예시를 만
드는 것이다. 이를 위해 그녀는 학급의 기대행동을 학교 전체의 기대행동과
동일하게 설정하고, 학교의 기대행동 매트릭스를 자신의 학급에 맞게 수정하
였다(〈표 12-1〉 참조).

표 12-1 학급 기대행동

피거너시 선생님 학급의 규칙	
우리는 _____ 소중히 여깁니다.	
다른 사람을	• 손을 들고 선생님이 이름을 부르실 때까지 기다립니다. • 서로에게 바른 말 고운 말을 사용합니다. • 자리에서 일어나야 할 때는 손을 들고 선생님의 허락을 구합니다.
지역사회를	• 쓰레기를 주워서 휴지통에 넣습니다. • 다른 사람들을 격려합니다. • 물건을 제자리에 둡니다.
배움을	• 최선을 다한 과제를 제출합니다. • 제시간에 과제를 마칩니다. • 과제가 주어지면 즉시 시작합니다.
나 자신을	• 잘 쉽니다. • 골고루 먹습니다. • 자신에게 긍정적인 말을 합니다.

피거너시 교사는 기대행동이 어떻게 보이고 들리며 느껴지는지를 학생들에게 보여 주면 자신이 그런 행동을 목격했을 때 행동 특정적 칭찬(behavior specific praise)을 하는 데 도움이 될 거라고 믿었다. 그녀는 이를 위해 TIPP 전략을 활용했다. TIPP란 가르치고(Teach it), 모델링을 통해 기억하게 하며(Imprint it), 연습을 시키고(Practice it), 실천하는 것을 보면 칭찬하는(Praise it) 것을 말한다(Riffel, 2011). 피거너시 교사는 한 번에 한 영역씩 진행하기로 결정하고, 다른 사람을 소중히 여기기로 한 기대행동부터 시작했다. 우선 학생들에게 다른 사람을 소중히 여기는 행동 중 교실에서 할 수 있는 행동의 예를 들어 보게 하였다. 학생들이 자신의 의견을 말하면 교사는 이를 칠판에 적었다. 모든 학생이 의견을 공유한 뒤 교사는 학생들이 자신들의 여러 의견을 아우를 수 있는 몇 가지 예시로 압축하게 도와주었다. 그런 다음 모든 학생이 참여하여 교실 내에서 다른 사람을 소중히 여기는 행동에 대한 동영상을 만

들었다. 교사는 등교 전과 하교 후에 기대행동을 복습시켜 달라는 부탁 편지 와 함께 동영상 복사본을 모든 학부모에게 보냈다.

다음으로 교사는 모든 학생이 좀 더 즐겁게 기대행동을 따르게 해 보려고 다음과 같은 몇 가지 물건을 챙겼다.

- 감자머리 인형(역자 주: Mr. Potato Head라는 미국의 고전적 인형으로, 눈, 코, 입, 팔, 수염, 안경 등을 자유자재로 떼었다 붙였다 할 수 있음)
- 브라우니 모양을 인쇄해서 코팅한 후 뒤에 자석을 붙인 사진이 놓인 쿠 키시트
- 싱크대 거름망과 리본 몇 개
- 선택한 칸을 덮고 있는 페인트를 긁어서 벗겨 내면 그 아래 상품 이름이 나오는 상품판
- 벌레인형

교사는 매일 학생들이 자신들이 진행했던 논의와 동영상을 바탕으로 기대 행동을 더 잘 지키게 할 활동을 하기로 했다. 월요일에는 감자머리 인형을 가 져와서 학생들에게 지금은 인형에 아무것도 붙어 있지 않지만 함께 논의하고 동영상에도 포함된 예시에 따라 학급에서 서로 존중하는 행동을 교사가 목격 할 때마다 한 학생을 호명하여 감자머리 인형에 붙일 조각 하나를 고르게 하 겠다고 말했다. 또한 감자머리 인형에 모든 부분(귀, 눈, 코 등)이 부착된 후에 는 학급 전체에게 추가 쉬는 시간을 보상으로 주기로 하였다. 교사는 다른 사 람을 소중히 여기는 행동을 격려하고 상기시키기 위해 많은 촉진을 하였고 오후 2시가 되자 학급은 추가 쉬는 시간을 얻게 되었다.

화요일에 교사는 코팅하여 뒤에 자석을 붙인 12개의 브라우니 사진과 쿠 키시트를 가져와서 기대행동을 잘 지키면 '브라우니 점수'를 얻게 될 것이고, 12개의 브라우니가 쿠키시트에 놓이면 추가 미술수업을 해 주겠다고 말했

다. 이날 교사는 전날보다 촉진이 덜 필요하다고 느꼈는데 학생들이 스스로를 촉진하기 시작했기 때문이다. 학생들은 추가 미술수업 보상을 받았다. 사실 교사는 추가 미술수업을 하려던 계획이 이미 있었다. 그러나 학생들은 자기들이 다른 사람을 소중히 여기는 행동을 잘해서 상을 받은 것이라고 믿었다. 학생들은 그들이 열심히 노력하는 만큼 이익이 생긴다고 생각하기 시작했다. 수요일에 교사는 벌레인형을 가져와서 학생들이 바른 행동을 보이면 벌레인형의 부분(다리, 눈, 더듬이, 입, 리본 등)을 다 붙일 수 있을 것이라고 했다. 오후까지 모든 부분을 다 붙이면 건물 밖 나무 아래에서 교사가 사회책을 읽어 주기로 했다. 오전이 끝나 갈 즈음 교실이 약간 소란스럽긴 했지만, 교사의 임무는 학생들이 목표로 하는 보상을 상기시켜 주는 것뿐이었다. 학생들은 곧 적절한 행동을 회복했고, 서로를 단속하며 바른 행동을 하게 했다. 그날 오후 모든 학생은 자신의 의자를 들고 밖으로 나가 큰 참나무 아래에 앉아 사회책을 읽었다.

피거너시 교사는 학생들이 보상을 받기 전에 점점 더 많은 일을 할 수 있도록 매일 조금씩 기대행동을 늘려 나갔다. 목요일에는 플라스틱으로 된 싱크대 거름망의 첫 번째 줄에 리본을 걸어서 가져왔다.

그녀는 학생들에게 바른 행동을 할 때마다 한 줄을 짤 수 있다고 말했다. 학생들이 멋진 행동을 하거나 다른 사람을 소중히 여기는 행동을 하는 것을 교사가 목격하면 교사는 학생 중 1명을 호명하여 리본으로 한 줄을 짜도록 하였다. 싱크대 거름망을 다 짜면 학급은 집단 보상을 받게 된다.

교사가 이야기책을 읽는 동안 학생들은 팝콘파티라는 보상을 받기 위해 열심히 노력했다. 이때 읽은 이야기책은『마법에 걸린 성(The Castle in the Attic)』이었는데, 이 책은 태어날 때부터 돌보아 온 남자아이에게 은빛 기사 인형과 모형 성을 선물한 영국 출신의 유모에 관한 것이었기 때문에, 영국식 발음으로 책을 읽어 주기로 약속했다. 학생들은 몰랐지만 그녀는 실제로 영국식 토피맛 팝콘을 가져왔다. 교사는 학생들을 더 긍정적으로 느끼기 시작했고 학생들은 바른 행동을 더 많이 하는 것에 대해 더 긍정적으로 느끼기 시작했다. 학생들은 이제 바른 행동을 하는 것의 장점을 이해했다. 그날이 끝날 무렵, 학생들은 그들의 바른 행동 덕분에 리본으로 거름망의 모든 면을 쌌고, 추가의 독서시간과 간식을 받았다.

금요일은 보통 힘든 날인데, 피거너시 교사는 진짜 커다란 깜짝 선물을 가져왔다. 그녀는 REWARD라는 단어를 풍선모양 글씨로 두꺼운 종이에 썼다. 그녀는 각각의 철자 안에 전체 학급을 위한 상품을 적어 두고 그 종이를 코팅한 후 모형비행기용 페인트로 두 번 칠하고 식기세척용 세제로 한 번 칠했다. 이렇게 하면 글씨가 은색으로 덮여 학생들이 긁어낼 수 있게 된다. 교사는 출근 후 칠판에 커다란 직사각형을 그리고, 거기에 다음을 적었다.

- 숙제 없는 날
- 15분간 좋아하는 음악에 맞춰 춤추기
- 모든 것을 멈추고 15분간 그림 그리기
- 15분간 컴퓨터 수업 더 하기
- 15분의 추가 쉬는 시간
- 15분간 좋아하는 음악에 맞춰 춤추는 시간에 교사가 학생들이 고른 의상을 입고 학생들이 선택한 음악에 맞춰 춤추기

교사는 칭찬 상자에 25개의 칭찬이 모이면 학생 중 1명을 호명하여 REWARD의 철자 중 하나를 긁어 학급 전체가 받을 보상을 정하겠다고 했다. 학생들은 그날 너무나 훌륭하게 행동을 하였고, 오후 1시 45분이 되자 학급 전체가 보상을 받게 되었다. 호명된 학생은 'W' 철자를 긁었고, 그 아래에 있던 상은 모든 학생이 15분간 춤을 출 뿐만 아니라 교사도 학생들이 고른 의상을 입고 음악에 맞춰 춤을 추는 것이었다. 학생들은 교사가 소 의상을 입고 Taylor Swift의 〈We are Never Ever Getting Back Together〉에 맞춰 춤출 것

을 선택했다. 학생들은 교사의 춤을 구경하고 자신들도 춤추는 시간을 즐겼다. 그날 저녁 피거너시 교사는 교사 휴게실에 가서 다른 교사들에게 자신의 새 프로그램이 얼마나 효과적이었는지를 말하고 싶어서 빨리 다음 날이 오기를 간절히 바랐다. 다음 주에는 지역사회를 소중히 여기는 행동을 정복해 보리라 생각했다.

중학교

오펜하이머(Oppenheimer) 교사는 8학년 수학을 가르친다. 그는 자신의 수업에서 행동을 변화시키는 데 성공한 적이 없다. 학생들은 학용품을 가져오지 않았고 숙제도 하지 않은 채 학교에 왔다. 교사는 방과 후 남게 하기, 훈육실로 보내기, 포인트 차감하기, 과목 낙제점수 주기, 학부모 호출 등을 시도해 보았지만, 기대했던 긍정적 결과를 거두지 못했음을 깨달았다. 이러한 시도를 통해 일부 행동은 수정되었지만, 학급 학생의 20%에게는 이 방법들이 아무 효과가 없었다. 그러나 교사는 이 20%의 학생이 8학년 수학에서 낙제하기를 원치 않았다.

오펜하이머 교사의 학교는 PBIS를 실행하는 학교였기 때문에 학생들이 복도나 학교버스, 급식실 그리고 교내 다른 장소에서 바른 행동을 했을 때 '참 잘했어요' 티켓을 주었다. 교사는 도움이 필요해 보이는 학생들을 위해 '0교시 소집단 모임'을 만들고 각 학급마다 2명씩을 선정하여 매일 아침 일찍 등교하게 하였다. 그는 이 학생들이 다른 학생들보다 일찍 학교에 들어올 수 있도록 코팅을 한 입장권을 주었다. 학생들이 아침에 오펜하이머 교사의 교실에 도착하면 그는 먼저 숙제에 대해 질문할 수 있는 시간을 15분간 주었다. 일찍 학교에 온 학생은 다음과 같은 것들을 받았다.

- 아침 일찍 온 것에 대해 '참 잘했어요' 티켓 1개
- 숙제에 대한 질문을 한 것에 대해 '참 잘했어요' 티켓 1개
- 숙제를 마친 것에 대해 '참 잘했어요' 티켓 1개
- 연필을 가져온 것에 대해 '참 잘했어요' 티켓 1개
- 수업에 맞는 교과서를 가져온 것에 대해 '참 잘했어요' 티켓 1개
- 소집단 모임에 와서 잘 참여하면 매일 앞에 나열한 총 5개의 티켓을 받을 수 있음

오펜하이머 교사는 아침에 학생들이 교실에 들어올 때면 반드시 밝은 모습으로 악수하며 맞이하려고 최선을 다했고, 학생들에게 '참 잘했어요' 티켓을 일관성 있게 주었다. 연필을 가져오지 않은 학생에게는 교사가 연필을 제공했지만, 그 학생은 연필을 가져온 것에 대한 티켓은 받지 못했다. 이런 과정을 통해 그는 학생들과 관계를 맺기 시작했다.

아침 모임을 시작한 지 몇 주가 지나자 이 모임에 참여한 학생들이 평상시의 수업에서 손을 들고 참여하기 시작했다. 이 작은 중재가 가져온 엄청난 효과는 믿기 힘들 정도였다. 다른 학생들이 자기도 아침 모임에 참여할 수 있는지 물어보기 시작했다. 교사는 이런 학생 중 몇몇은 그저 매일 5개의 티켓을 더 모으려고 참여를 희망한다는 것을 알았지만, 그들이 모임에 참여하면 부족한 기술을 갖추게 될 것임도 알았다. 교사로서 0교시 소집단 모임이 성공의 열쇠임을 알고 있었고 이 모임에서 진행되고 있는 학습을 중단하고 싶지 않았기 때문에 오펜하이머 교사는 비슷한 형태로 방과 후 모임을 시작했다.

- 모임에 온 것에 대해 '참 잘했어요' 티켓 1개
- 연필을 가져온 것에 대해 '참 잘했어요' 티켓 1개
- 수업에 맞는 교과서를 가져온 것에 대해 '참 잘했어요' 티켓 1개
- 앉아서 숙제를 시작한 것에 대해 것에 대해 '참 잘했어요' 티켓 1개

- 숙제와 관련된 적절한 질문을 한 것에 대해 '참 잘했어요' 티켓 1개
- 방과 후 모임에 와서 잘 참여하면 매일 앞에 나열한 총 5개의 티켓을 받을 수 있음

교사는 모임에 나온 학생들이 숙제를 시작하도록 도와주었는데 이렇게 함으로써 학생들은 자신이 숙제를 제대로 하고 있음을 알 수 있었다. 교사는 아침 15분, 오후 15분이라는 추가의 시간을 내야 했지만, 수업시간에 그에 대한 보상을 충분히 받게 되었다. 질문이 더 있을 경우, 방과 후 모임 학생들은 쉬는 시간이나 점심시간에 교사를 찾아올 수 있었다. 이 학생들에게는 수업 사이 어느 때든 오펜하이머 교사의 연구실로 갈 수 있는 통행권을 주었고, 통행권을 적절하게 사용한 학생에게는 다음 수업 교사에게 제출할 지각 사유서를 써 주었다. 종종 그에게 들러 문제 푼 것을 보여 주고 맞는지 물어보는 학생들이 생겼다. 오펜하이머 교사는 일과 시작 전, 일과 중, 방과 후에 학생들에게 시간을 내어 줌으로써 학생들의 긍정적 성과를 증진시켰다.

고등학교

스니드(Sneed) 교사는 고등학교에서 역사를 가르친다. 학생들은 그녀의 수업 중에 자고, 숙제를 하지 않으며, 욕설이나 트림을 하거나 돌아다니거나 장난을 쳐서 수업을 방해하기 일쑤였다. 1970년대부터 교사생활을 해 온 스니드 교사는 요즘 아이들이 예전 아이들보다 훨씬 더 버르장머리가 없다고 확신했다. 1970년대 이후로 세상이 변했는데 자신의 수업은 그대로임을 깨닫지 못한 스니드 교사는 수업시간 내내 강의만 하고 매일 단원평가 문제를 숙제로 냈으며 그녀의 수업 방식은 매우 단조로웠다. 그녀는 은퇴할 때까지 버티기 위해서는 뭔가 새로운 것을 시도해야겠다고 생각했다. 여름방학 동안

그녀는 컴퓨터에 매달려 자신의 수업을 변화시킬 새로운 교수방법을 찾기 시작했다.

그녀가 처음 발견한 것은 전뇌학습(Whole Brain Teaching, 이하 WBT)이었다(Biffle, 2013). WBT에서는 교사가 수업 내용의 일부만을 가르치고 학생들이 서로에게 나머지 내용을 가르친다. 학급은 두 팀으로 나뉜다. 예를 들면, 미국사 시간에 그녀는 학급을 '북군'과 '남군'으로 나눴다. 세계사 시간에는 학급을 '연합군(Alliance)'과 '추축군(Axis)'으로 나눴다. 스니드 교사는 학생들에게 새로운 내용을 가르친 후 '북군'이 '남군'에게 포드 메이콘 전투가 어떻게 끝났으며 어느 편이 이겼는지를 설명하게 했다. 학생들이 서로를 가르치고 나면 이번에는 '남군'이 '북군'에게 포드 메이콘 전투의 또 다른 사실에 대해 가르치게 했다. 학생들은 수업에 몰입하여 서로를 가르쳤으며 더 이상 자지 않았다.

스니드 교사는 자신의 수업에 더 많은 기술이 필요하다고 생각했다. 전투에 대해 강의만 하는 대신에 짧은 동영상 여러 개를 찾아냈고 미국 남북전쟁의 전투를 현재의 사건과 연결할 방법을 고안했다. 그녀는 학생들이 지금 배우고 있는 내용을 파워포인트 이야기로 만들게 했다. 한 남학생은 레고 블록으로 게티즈버그 전투를 재현하여 전쟁의 주요 장면을 급우들과 공유하였다. 그녀는 학급 전체가 자신이 수업에서 다룰 수 있다고 생각한 것 이상으로 많은 것을 배우게 되었다고 확신했다. 또 다른 학생은 고조부가 남북전쟁에서 사용했다는 리볼버 총 사진을 가져와 친구들에게 보여 주었다. 교사는 그 사진을 저장하여 다른 반 수업에서 보여 줘도 될지에 대한 허락을 구했다.

스니드 교사는 미국사 시험에 대비한 총정리 시간에 학생들에게 회색과 파란색 옷을 입고 오게 하여 북군과 남군 팀을 만들었고, 시험에 대비한 복습문제로 퀴즈 게임을 했다. 남군이 게임에서 이겼는데, 학생들은 '남군'이 이겼다는 사실에 즐거워했다. 수업을 들으러 오는 학생들은 즐거워 보였고 기꺼이 수업에 참여했다. 그 학생들은 그 전해의 학생들보다 시험도 훨씬 잘 쳤다. 스니드 교사는 수업 준비에 더 많은 시간을 쏟게 되었지만 그 어느 때보다도 피로를 덜 느끼며 퇴근하게 되었다.

대안학교

약 80명이 재학 중인 중서부의 한 대안학교에서는 하루 평균 42건의 공격행동이 발생하였다. 매일 38명의 학생이 이러한 42건의 공격행동을 보였다. 이러한 공격행동은 ① 언어적 공격과 ② 신체적 공격의 두 범주로 나눌 수 있었다. 이는 대부분의 학급에 해당되는 보편적인 문제였기 때문에 팀은 이를 표적집단 중재가 필요한 상황으로 규정하였다. 이 학교는 PBIS 학교였고, 자료 수집을 위해 학교차원의 정보 시스템(SWIS) 프로그램을 사용했다. 각 교사는 각자 자신의 정보를 입력하되 학생의 행동이 경미한 사안인지 또는 심각한 사안인지도 함께 입력하였다. PBIS 팀은 이전 달의 정보를 한꺼번에 출력해서 특별히 언어적 공격과 신체적 공격을 분석하였다. 팀은 모든 공격행동이 고에너지 전이가 일어난 지 5분 이내에 발생했음을 알게 되었다. 저학년 학생들의 고에너지 전이는 ① 아침식사 시간, ② 쉬는 시간, ③ 레크리에이션 치료, ④ 점심시간이었고, 고학년 학생들의 고에너지 전이는 ① 아침식사 시간, ② 수업 간 이동 시간, ③ 레크리에이션 치료, ④ 점심시간이었다.

팀은 Freeman, Grzymala-Busse, Riffel과 Schroeder(2010)의 연구를 살펴본 후 고에너지 전이에 대해 새로운 방법을 시도해 보기로 했다. 공격행동을 하기 전에 심장박동 수가 빨라지므로, 심장박동 수를 낮추기 위해 팀은 60bpm의 음악을 고에너지 전이 시간에 틀기로 했다. 교사들에게는 일곱 가지 다른 종류의 자연 풍경 사진이 담긴 CD를 주고 매일 전이 시간마다 60bpm 음악을 틀어 줄 때 보여 주게 하였다. 각 교사는 또한 60와트 전구가 들어가는 탁상용 램프를 받았다. 이 램프는 지역 생활용품점에서 기부받은 물건이었다. 교사들에게는 형광등을 끄고 60와트의 램프를 켜고 60bpm의 음악을 틀어 두는 동시에 화이트보드에 자연 풍경 사진을 띄워 두라고 하였다. 화이트보드 옆에는 전이 직후 수업에서 가르칠 내용과 관련된 질문을 써 놓게 했다. 다음 수업이 수학이라면 "144의 제곱근은?" 같은 질문이 적혀 있을 것이다. 학생들에게는 불이 켜지고 음악이 멈추면 질문을 읽고 답을 말하는 연습을 시켰다.

교사들에게는 문 앞에 서서 TUMS라고 불리는 지침을 적용하여 학생들을 맞으라고 부탁하였다. TUMS란 학생과 교사 간 관계를 향상시키기 위해 이 책의 1저자인 Riffel 박사가 개발한 것으로, 'T'는 접촉(Touch)을 의미한다. 교사들에게는 적절한 악수나 하이파이브로 학생들과 접촉하라고 부탁하였다. 'U'는 학생들의 이름을 긍정적인 방법으로 사용(Use)하는 것을 의미한다. "해리(Harry)야, 조용하게 수업에 와 줘서 고마워."라든가 "행크(Hank), 좋은 아침이구나. 이렇게 일찍 오다니 대단한 걸." 하는 식으로 말하라고 교사들에게 부탁하였다. 'M'은 눈 맞춤 하기(Make)다. 많은 학생이 눈 맞추기를 간절히 원한다. 'S'는 미소 짓기(Smile)를 의미한다. TUMS를 하는 이유는 이번 수업시간 이전에 학생이 이미 교실에 있었더라도, 마치 새로 하루를 시작하듯이 매 시간 수업을 새롭게 시작해야 함을 전달하기 위해서다. 이 방법은 학생들이 교사와 관계를 맺도록 도와준다. Corwin(2007)은 관계를 맺으려면 다음 세 가지가 필수적이라고 하였다. ① 눈 맞추기, ② 접촉하기, ③ 말하기. Bhaerman과 Kopp(1988)은 학생의 이름을 긍정적으로 사용하면 학생이 학업을 계속할 가능성이 커진다고 하였다(Hickson, Land, & Aikman, 1994). 교사들이 한 달간 꾸준히 이 방법을 실행한 후, PBIS 팀은 다시 자료를 수집했다. 여전히 공격행동을 하는 학생은 단 2명뿐이었다. 표적집단 중재는 매일 기록된 공격행동 42건 중 40건에, 또 공격행동에 관여한 학생 38명 중 36명에게 명백한 효과가 있었다. 팀은 여전히 공격행동을 보이는 2명의 학생에게 정식 기능평가를 실시했고 이 학생들을 위해 특별하게 고안된 집중적 중재를 시작했다.

유치원

　유치원 아동들은 3~4세다. 이들 대부분은 이때 처음으로 학교를 다녀 본다. 몇몇 유아는 그들이 보이는 행동 때문에 장애를 가진 것으로 오인받기 쉽다. 중서부의 한 유치원은 특수교육 의뢰학생 비율이 높고, ADHD에 대한 구체적 지원 요구가 있었다. 유치원 원장은 여름방학 동안 Malcom Gladwell의 『결정적 전환점(The Tipping Point)』(2000)을 읽고 유아들의 행동에 대한 새로운 접근법을 시도하기로 했다. 남녀 비율에 근거해서 분반을 하는 대신, 원장은 유아의 출생일을 바탕으로 분반을 했다. 이 유치원에는 3세반이 4개, 4세반이 4개 있는데, 원장은 다음과 같이 출생일 범위로 학생들을 분류하여 각 반에 배치하였다.

- A 교사=출생일이 8월 1일~10월 31일인 학생들
- B 교사=출생일이 11월 1일~1월 31일인 학생들
- C 교사=출생일이 2월 1일~4월 30일인 학생들
- D 교사=출생일이 5월 1일~7월 31일인 학생들

　유치원의 입학 자격은 해당 출생년도 8월 1일 및 그 이전 출생 유아이므로 연령이 비슷한 아이들을 한 반에 모으기가 어렵지 않았다. 원장과 교사들은 이렇게 반을 나누면 각 반에 비슷한 발달단계에 있는 유아들을 모아 둘 수 있다고 가정했다. 6월 1일에 태어난 아이가 자기보다 거의 한 살이 적은 아이들과 한 반이 된다면 그 아이는 다른 아이들보다 발달단계가 너무 앞서게 된다. 교사들은 원장이 학생들을 나누는 새로운 방식을 신뢰할 수 없었다. 무엇보다 반별로 학생 수가 달랐기 때문에 교사들은 이러한 변화에 대해 화를 냈다. 각 반이 20명을 넘지는 않았지만, 어떤 교사는 가장 적은 15명의 학생을 맡은

반면에 다른 교사는 가장 많은 20명의 학생을 맡았기 때문이다. 그러나 3주가 지나기 전에 교사들의 태도가 달라졌다. 교사 휴게실에서 "올해 우리 반 아이들은 참 차분해요."라고 말하거나 그 전해에 직면했던 문제행동과 비슷한 일이 전혀 없다고 말하는 소리가 들렸다.

원장은 교사들에게 출생일에 따른 새로운 반 편성 방식을 다시 한 번 설명하고 어린 유아일수록 몇 달 차이로 얼마나 발달단계가 달라지는지를 상기시켰다. 결국 이 유치원은 특수교육 서비스로의 의뢰가 줄어들었고, 유아들에게 ADHD 꼬리표를 붙이는 일도 줄었다. 이 유치원의 사례는 발달단계에 따라 집단을 구성하고 그에 따라 지도를 했다는 점에서 표적집단 중재의 예라고 볼 수 있다. 유치원 전체에 집단별 중재가 적용되면서 각 반이 하나의 소집단으로서 구체적인 표적집단 중재를 받을 수 있게 되었다. 교실에서의 문제행동이 줄어들었기 때문에 학부모들도 결과에 만족했다. 놀랍게도 더 어린 유아들을 맡은 교사일수록 규칙을 설명하고 지도하는 데 더 많은 시간을 할애하였고 더 자주 촉진을 제공하였는데, 이것이 바로 유아들에게 필요한 것이었기 때문이다. 좀 더 나이가 많은 유아를 맡은 교사들은 지난주에 배웠으나 잊었을 만한 행동을 강화하기 위해 기대행동을 정하고 '준비하는 화요일(Tuesday Tune-ups)' 같은 활동을 실행하는 데 더 많은 시간을 할애했다. 모든 학교 구성원이 행복해했으며, 출생일에 따라 분반하기로 한 결정의 유익은 명백했다.

시도해 볼 만한 표적집단 중재의 몇 가지 예를 〈표 12-2〉에 제시하였다. 창의적인 중재를 개발하기 위해 PBIS의 그린팀(보편적 중재를 위한 지원팀)과 옐로팀(표적집단 중재를 위한 지원팀)은 협력해야 한다. 지금 당신이 하고 있는 중재가 효과적이지 않다면, 자료를 활용하여 현재의 활동을 분석하고, 어떤 부분이 잘 작동하지 않으며 그 이유는 무엇인지 파악하고, 새로운 중재를 실행하기 위해 그 자료를 사용하라. 중재가 일정 시간 동안 진행된 후에는 자료를 재검토하여 선택된 중재의 성공 여부를 알아보아야 한다.

표 12-2 중재 흐름 표

행동	누가 어떤 순서로 진행할 것인가	중재
주별 학교 자료(weekly school data)에 따르면 방해행동이 교내에서 가장 많이 발생하는 문제행동이다.	• 학교 관리자가 교실을 관찰한다. 분명히 교사들이 다음과 같은 교실 전략을 사용하지 않고 있을 것이다. 　– 행동 특정적 칭찬 　– 교실 문 앞에서 TUMS 　– 차별화된 교수 　– 집단 보상이 있는 집단강화 　– 학생의 참여를 촉진하는 수업 　– 교사가 학생들 가까이 다가가기 　– 모든 학생이 일제히 답하게 하기 　– 전뇌학습	• PBIS 챌린지팀은 방해행동 감소를 위한 최선의 연구기반 전략을 보여 주는 동영상을 제작하여 교사연수 시 교직원에게 보여 준다. • 학교 관리자는 교사 칭찬규준을 제작하고, 자신이 방문한 학급의 교사가 추천된 전략을 교실에서 활용하고 있으면 규준을 준다. • 교사 칭찬규준은 교직원들이 좋아하는 다양한 상품으로 교환 가능하다. 　– 교장선생님이 한 시간 동안 대신 수업을 해 주고 교사는 휴가를 즐기기 　– 하교에 정비지물 읽고 읽을 수 있는 허가증 　– 일주일간 청바지를 입고 아침 발렛 주차권 　– 하교 업무과 가까운 특별 주차 공간
학교 자료에 따르면 수업 간 이동 시간에 복도에서 문제가 가장 많이 발생한다.	• 관리자가 수업 간 이동 시간에 복도를 걸어 다녀 본 결과, 대부분의 교사가 복도에 나와 학생을 감독하지 않고 있음을 발견한다.	• 학교 관리자는 수업 간 이동 시간에 복도에 나와 있는 모든 교사에게 교사 칭찬규준을 준다. • 학생들에게도 교사 칭찬규준을 주어 학생 지도를 위해 복도에 나와 있는 교사들에게 감사를 표하게 한다. • 교사의 감독이 복도에서의 문제행동의 변화에 대한 지난달 자료를 모든 교사에게 보여 준다.
학교 자료에 따르면 욕하기가 교내에서 가장 많이 발생하는 문제행동이다.	• 학교 관리자는 교사들에게 가장 흔한 욕설의 목록 작성을 부탁한다. • 학교 관리자는 학생 10명을 불러 욕하기를 멈춤 요인을 함께 의논해 보게 한다. • 학생들은 욕설과 비슷한 발음이지만 욕보다는 훨씬 적절한 단어로 구성된 대체단어 목록을 만든다(예: '머저리 같으니라고' 대신 '꾸데기 같으니라고', '젠장' 대신 '된장').	• 학생들은 화를 낼 수는 있지만 모욕적인 말을 하면 안 된다는 내용의 동영상을 제작한다. 이 영상에서 학생들은 자신들이 만든 대체단어를 사용하는 시범을 보인다. 전교생에게 이 동영상을 보여 준다. • 교사들에게는 2장짜리 '참 잘했어요' 티켓을 지급하는데, 이 티켓은 화가 났을 때 욕설을 참고 더 적절한 단어를 선택한 학생들에게 주어진다.

학교 자료에 따르면 집단 괴롭힘이 교내에서 발생하는 가장 큰 문제다.	• 학교 관리자는 괴롭힘을 당하고 있다고 보고된 학생들을 한 번에 1명씩 불러서 구체적인 괴롭힘의 유형과 괴롭힘을 가하는 학생이 누구인지를 묻는다. • 이 자료는 중재에 사용될 것이다. • 중재가 실행된 후 교장은 학교 자료를 점검하고 괴롭힘을 당했다고 신고한 학생과의 개별 만남을 지속한다. 괴롭힘을 가하는 학생들은 상담 부서에서 관리한다.	• 학교는 PBIS 웹사이트에서 학교급(초등학교 혹은 중등학교)에 맞는 버전이 〈학교폭력 없는 PBIS 학교(Bully-proofing Your PBIS School)〉 동영상을 다운받는다. • 학생들은 학교폭력 예방 전략인 '멈추라고 말하기-그 자리를 떠나기-성인에게 말하기(Stop-Walk-and-Talk)'를 배운다. 괴롭힘을 가하는 학생들에게 학교폭력 예방 동영상 제작을 도와달라고 요청한다. 이 학생들에게 괴롭힘을 당하는 역할을 맡기고(이 학생들이 가해자라는 것은 철저히 비밀로 함), 다른 학생을 괴롭힘을 연기하게 한다. 동영상에서 괴롭힘을 당하는 학생들은 멈춤 표지판을 들어 보인다. 그 자리를 떠나는 행동, 성인에게 말하는 행동을 시범 보인다. 또한 욕을 듣거나 괴롭힘을 당할 때 기분이 어떠한지에 대한 학생 인터뷰도 동영상에 포함한다.
특정 학년의 학생들이 운동장에서 보이는 행동으로 훈육실에 의뢰된 횟수가 타 학년보다 월등히 많다.	• PBIS 옐로팀은 운동장에서 그 학년 학생들을 관찰하고 어떤 규칙을 지키지 못하는지 결정한다. • PBIS 옐로팀은 모든 운동장 시설의 적절한 사용법에 대한 짧은 연구 매뉴얼을 쓴다.	• 운동장에서 가장 많은 문제를 보이는 학급이 운동장 시설의 적절한 사용법에 관한 새 동영상의 등장인물을 맡는다. • 모든 학년이 이 동영상을 시청하되, 동영상 촬영에 참여한 학생들에게는 그들이 동영상을 만든 장본인이기 때문에 다른 학생을 위한 롤모델이 되어 달라고 부탁한다.
학교버스에서 보이는 행동으로 훈육실에 의뢰된 사건이 특정한 버스 하나에서 주로 발생하고 있다.	• 학교 관리자는 그 버스를 타는 모든 학생이 문제인지 아니면 몇몇 학생의 문제인지를 파악하기 위해 버스 기사와 이야기를 나눈다. • 학교 관리자는 버스 기사에게 몇 가지 행동 지도 전략을 알려 준다. • 학교 관리자는 매일 저녁 학생들을 데리고 학교로 돌아오는 버스에 가서 '참 잘했어요' 티켓 10개를 버스 기사에게 주고 다음 날 사용하게 한다. 또한 그날 오후 운행 시 발생한 문제에 대해 이논한다.	• 버스 기사에게 코팅된 '참 잘했어요' 티켓 10개를 주고 매일 버스에서 다음과 같은 행동을 한 학생 10명을 뽑으라고 부탁한다. 　-조용한 목소리로 대화하기 　-손잡이 잡고 있기 　-제자리에 앉아 있기 • 이 10명의 학생은 버스가 학교에 도착하자마자 '참 잘했어요' 티켓을 받고 버스에서 가장 먼저 내린다. 이 티켓을 교무실로 가져가면 행정직원이 코팅된 '참 잘했어요' 티켓을 실제로 '참 잘했어요' 티켓으로 교환해 준다.

특정 한 학년의 남학생들이 무례한 행동을 가장 많이 보인다.	• 상담교사는 '신사들의 모임(Gentlemen's Club)'을 만들고 해당 하년 남학생들을 초청한다. • 시도해 볼 수 있는 또 하나의 방법은 '과수군 아빠' 프로그램을 학교에서 시작하는 것이다. 과수군 아빠는 예의 바른 학생의 아버지를 못한다. 이 프로그램에서는 자원한 아버지가 하교에 와서 예의 바른 행동을 하는 학생을 찾아내고 청찬하게 하는데, 이렇게 함으로써 하교 안에 긍정적인 남성 롤모델을 두려는 것이다. • '신사들의 모임'에 가입한 남학생들은 예의 바르게 행동하는 법을 다 배우면 나비넥타이를 받게 된다. 나비넥타이는 그들이 CEO(Chief Example of Others, 역자 주: CEO 원문을 풀이 쓰면 다른 학생을 위한 예의 바른 모범생이라는 의미인데, 앞글자만 따면 최고 경영자를 못하는 CEO와 같아지는 점을 이용한 명명)임을 나타낸다. 남학생들은 역할극, 비디오 모델링, 비디오 자기모델링 그리고 토론그룹을 통해 예의 바르게 행동하는 법을 배운다. • 민간 조직인 PTO(Parent-Teacher Organization, 부모-교사 협의회)와 부모 조직인 PTA(Parent-Teacher Association, 부모-교사 협회)에 '신사들의 모임'의 점심식사를 후원해 달라고 부탁한다. 이 모임에 로터리클럽 회원 몇 명을 초대하여 학생들이 예절을 잘 배운 것에 대한 격려의 말을 해 달라고 부탁한다.
학급 자료에 따르면 ADHD 학생들이 충동적 행동과 자리기 소리내기 행동으로 교실에서 하든 시간을 보내고 있다.	• 교내의 행동과 학습 중재 전문가들은 학급 교사들이 교실에서 적용할 수 있는 중재에 관한 교사연수를 실시한다. • 연수를 통해 교사들에게 일러 주어야 할 중재는 다음과 같다. 　-기억하기 어려운 내용을 기억하게 도와줄 전략 　-와글 의자(Wiggle seats, 역자 주: 앉은 상태에서 몸을 꼼지락거리기 쉽게 만들어진 의자) 사용 　-적절한 발 받침대의 활용 　-하생이 고가수용감자(관절과 관절 사이 내에서 움직임을 감지하는 신체 능력을 맡으며 다리를 튀기거나 어떤 것에 맞서 미는 행동이 그 예임) 충족을 위해 지료용 밴드를 의자의 다리에 감아서 활용하는 방법 　-비밀 신호 　-3-2-8분단 　-글쓰기를 위한 손가락 교정 연필 　-신경적으로 연필 묶음 쉽을 겪는 아이들을 위해 연필 끝에 냉장고용 튜브 씌우기 　-좌석 배치 조정 　-향광등을 대체하는 휴(Hue) 전등 패널 활용 　-60bpm 음악

유치원   215

전교생의 약 7%가 매일 지각한다.

- 관리자는 지각 학생들의 가족에게 줄 특별한 알람시계를 구매하기 위해 다음과 같은 곳에 기부를 요청한다.
  - PTO/PTA
  - www.donorschoose.org
  - Kohl's Community Cares
  - Limeades for Learning(Sonic)
  - 지역 사업체
- 중재 실행 후 교장은 자료를 점검하고 중재 후에도 여전히 버스를 놓치거나 학교에 지각하는 학생을 위해 더 강력한 중재를 실시한다.

- 지각생의 가족들을 학부모 교육에 초청한다. 참석하는 가정은 자신의 자녀를 위한 50개 이상 중에서 '잠 잘했어요' 티켓을 받을 수 있다. 교직원들은 WebMD 사이트의 자료를 바탕으로 부모에게 자녀의 적정 수면 시간을 알려 준다. 각 가정에도 도망 다니는 알람시계인 클라키(Clocky)가 주어진다. 클라키는 정해진 시간에 알람이 울려 사람을 잠자리에서 일어나게 하는 시계인데, 이 시계는 누군가 일어나서 시계를 들어 올려 알람을 끌 때까지 바닥을 굴러다닌다. 클라키 시계가 알람을 울릴 때 무시하고 계속 자기는 매우 어렵다. 학생들은 빠르게 제자리를 잡아 갈 것이다(클라키에 대해서는 13장에서 더 자세히 설명할 것이다).

맺음말

이 장에서는 표적집단 중재가 학교 전체와 학급 전체 또는 학급 내 특정 집단의 학생들에게 적용될 수 있음을 배웠다. 또한 자료에 기반을 둔 결정은 창의적이어야 하고, 사후대응적 중재라는 평범한 사고의 틀을 벗어나 추구되어야 함을 알게 되었다. 다음 장에서는 학교나 학급, 집단을 위해 수립된 계획을 실행하는 방법을 알아볼 것이다.

13장

어떻게 내비게이션 지도를
따라갈 수 있을까

이전 장들에서 우리는 문제행동을 하는 학생을 위해 갖추어야 할 계획과 준비에 대해 알아보았다. 이 장에서는 그러한 계획을 실행하고, 성과를 유지하기 위해 추후 지도하는 방법을 중점적으로 살펴볼 것이다. 학생들을 위해 선택한 계획의 종류가 무엇이든 간에 유지와 재검토를 위한 체계는 반드시 필요하다. 우리의 경험상, 문제행동이 지속된 기간이 1년 증가할 때마다 중재기간도 한 달씩 추가되어야 한다. 이는 진보가 나타난 후에는 팀이 더 이상 만나지 않는다는 의미는 아니며, 상황이 악화되지 않는 한 중재가 효과를 거둘 때까지만 계획을 충실히 진행한다는 의미다. 우리의 목표는 문제행동이 기초선에 비해 적어도 80% 감소되는 것이다.

　행동이 기초선보다 감소된 정도를 어떻게 계산할까? 쉽게 들리겠지만, 많은 교사가 이러한 자료를 처리할 줄 모른다. 간단한 공식은 다음과 같다(Riffel, 2011).

$$\frac{I-B}{B} \times 100 = D$$

　여기서 I는 중재 단계의 수치, B는 기초선 단계의 수치이고, D는 감소된 정도를 말한다. 이제 예제를 풀어 보자.

　기초선 단계에서 하루 38회의 방해행동이 발생하였고, 중재 단계에서 하루 6회로 방해행동이 감소되었다고 하자. 공식에 대입하면 (6−38)/38×100이고 이를 계산하면 84%가 된다. 즉, 기초선에 비해 84%의 행동 감소가 발생한 것이다.

기초선을 파악하기 위해 5일간 자료를 수집했더라도, 중재 단계의 수치를 결정하기 위해 5일간 자료를 수집할 필요는 없다. 이미 기초선 자료는 알고 있으므로, 하루의 중재 자료만 수집하면 된다. 만약 우리가 하루 동안 자료를 수집했는데 평소와 매우 다른 양상이 나타났다면 자료 수집을 이틀간 하도록 한다. 대부분의 경우 중재 단계의 수치는 하루치의 자료로 충분하다. 매주 1회씩 자료를 측정할 수도 있는데 이렇게 하면 문제행동의 감소 추세를 알 수 있다. 이는 중재를 실행하고 있는 교사들에게 보람을 느끼게 하는 정보다.

우리는 행동이 지속되는 시간을 뜻하는 지속시간이나 정해진 시간 동안 행동이 발생하는 횟수를 뜻하는 빈도 또는 정해진 구간 중 특정 행동이 발생한 구간의 퍼센트를 뜻하는 비율 자료를 측정할 수 있다. 이 중 무엇을 측정하든 기초선과 중재 자료를 비교하려면 동일한 측정 방식을 써야 한다. 선행사건, 기초선, 후속결과 자료나 각자 개발한 측정 방식을 통해 빈도, 지속시간, 비율 중 한 가지의 측정치를 얻을 수 있다. 기초선 단계에서는 행동의 이면에 숨겨진 기능을 찾는다. 중재 단계에서는 이미 기능을 알고 있기 때문에 그 요소는 측정하지 않아도 되고 빈도, 비율, 지속 시간 중 한 가지 방법을 일관성 있게 사용하여 자료를 수집하고 이 자료를 검토하면 된다.

옐로 존 중재는 표적집단이나 교실 차원에서 관리 가능한 행동에 대한 것이다. 따라서 교사의 자세한 일화 기록, 학급 관리의 목적으로 작성하는 개별 행동 자료표, 기능평가 등에 중점을 두지는 않는다. 정식으로 기능평가를 하지는 않더라도, 교사들이 측정해 둘 경미한 문제행동은 다음과 같다.

- 과제이탈
- 자리이탈
- 불쑥 말하기
- 숙제 제출의 문제

- 방해가 되는 돌발행동
- 복장 규정 위반
- 지각
- 학용품 안 가져오기

다음에서는 이 각각의 행동을 검토한 후 간단한 자료 수집 방법을 제시하고 이러한 문제를 완화시키는 데 도움이 될 중재를 제안할 것이다.

과제이탈

학생의 과제이탈 행동을 측정할 때는 교사가 한쪽 주머니에 30~40개의 클립을 넣어 두었다가 학생의 이탈을 목격할 때마다 클립 1개를 다른 쪽 주머니나 교탁 위에 둔 컵에 넣는다. 매 시간 교사는 컵이나 주머니의 클립 수를 세어서 표에 적고, 다음 시간에 다시 처음부터 시작한다. 이 활동은 빈도 자료를 산출하게 해 준다. 과제이탈 행동을 측정하는 또 다른 방법은 교사가 스톱워치를 가지고 다니면서 학생의 이탈행동을 볼 때마다 스톱워치를 작동시켰다가 이탈행동이 멈추면 스톱워치도 멈추는 것이다. 해당 교시가 끝날 때 교사는 과제이탈 행동이 나타났던 초나 분의 숫자를 적어 두고 다음 시간을 위해 초기화한다. 교사는 이 자료를 지속시간 자료로 쓰거나 과제에 할당된 시간과 비교하여 퍼센트 자료로 환산할 수 있다.

기초선이 결정되면 교사는 과제이탈 행동에 대한 간단한 교실 중재를 실행한다. 주의력이 낮은 ADHD 학생들에게 유용한 간단한 중재가 한 가지 있는데, 이를 위해서는 진동이 울리는 타이머 시계가 필요하다. 이 시계는 소리 없이 진동만 울리는 알람이 있어 교사나 학부모가 원하는 시간 간격으로 설정할 수 있다. 이 시계는 처음 진동이 울린 후 동일 간격으로 계속해서 진동이 울리도록 자동 설정이 가능하다. 이 진동 알람은 학생에게 다시 과제로 돌아가야 함을 상기시킨다. 이 중재를 활용하면, 시계가 울릴 때마다 자신이 과제를 하고 있다면 그 구간에 표시를 하는 방식으로 학생이 자신의 행동을 점검할 수도 있다. Hattie(2009)는 학생들이 자신의 성공을 스스로 점검할 때 중재에 따른 향상 비율이 가장 높음을 발견했다.

　과제를 회피하려고 과제이탈 행동을 보이는 아동의 경우, 가장 우선적으로 해야 할 일은 아동이 해당 과제를 할 능력이 있는지를 파악하는 것이다. 새롭게 지도해야 할 기술의 부족이 원인일 수 있는데, 아동이 기술을 배우고 나면 과제를 하고 싶어 할 것이다. 교사들이 즉각 사용할 수 있는 중재는 이러한 문제를 보이는 학생을 수업에 15분 일찍 오게 하는 것이다. 다가올 수업 내용을 미리 가르쳐서 수업이 시작된 후 학생들에게 주어질 첫 번째 질문에 답할 수 있게 한다. 이 시간 동안 교사는 학생과 일대일의 시간을 가질 수 있고 학생은 스스로를 똑똑하다고 느끼며 주어진 과제에 임하게 된다. 많은 경우, 이 간단한 해결책이 과제이탈 행동을 감소시킨다.

자리이탈

　자리이탈 행동을 측정하는 가장 간단한 방법은 스톱워치를 사용하는 것이다. 교사는 스톱워치를 이용해 학생이 자리에 앉아 있는 시간이나 이탈하는 시간 중 어느 것을 측정해도 된다. 매 시간 교사는 자료를 수집하고 이를 기록한 후, 다음 시간을 위해 스톱워치를 다시 시작한다. 이러한 자료 수집 방법을 통해 교사는 지속시간 자료를 수집할 수 있으며, 이는 다시 비율로 환산될 수 있다. 중재 단계의 자료도 같은 방식으로 측정하면 된다. 교사는 스포츠용 계수기나 클립으로 1시간 동안 학생이 자리를 이탈한 횟수를 셀 수도 있다. 이런 방법은 행동의 빈도를 산출할 수 있게 해 준다.

학생이 빈번하게 자리를 이탈할 때, 그 행동의 기능은 감각적 요구에 의한 것일 수 있다. 고유수용감각(시각적인 안내 없이 근육의 움직임과 위치를 감지하는 신체 능력) 자극을 제공하기 위한 빠른 해결책은 학생이 요가-필라테스 코어 디스크(Yoga-Pilates core disk, 공기를 주입한 쿠션)에 앉게 하는 것이다. 어떤 교사들은 필라테스 볼이나 식탁 의자에 놓는 방석, 운동경기장용 방석 또는 폼(foam) 재질의 허리 지지대의 사용을 허락한다. 딱딱한 나무나 플라스틱으로 된 의자에 푹신한 것을 올려 두면 앉은 자세에 대한 거부감을 줄일 수 있고 고유수용감각 충족을 위한 움직임도 쉽게 할 수 있다. 또 다른 해결책은 자리를 이탈하는 학생에게 2개의 책상을 마련해 주고, 수업에 집중하기가 너무 힘들 때는 두 책상을 옮겨 다니도록 허락해 주는 것이다. 이는 수업 중 학생이 자리를 이탈하도록 허용하는 것이기는 하지만, 고유수용감각 자극을 얻으려고 마구 돌아다니는 것이 아니라 교사가 안내하는 범위 내에서만 움직이게 하는 것이다.

어떤 학생들은 단순히 성인의 관심을 얻기 위해 자주 자리를 이탈한다. 이런 행동에 대한 좋은 해결책은 학생들의 책상을 U자 모양으로 배열하고 교사가 U자의 중심에 서는 것이다. 학생들은 모두 자신이 앞줄에 앉은 것처럼 느낄 것이고 언제든지 교사와 눈을 맞출 수 있다. 교사는 이러한 책상 배열 덕분에 초기에는 정기적인 강화 스케줄에 따라 학생에게 관심을 주기 위해 학생 가까이로 손쉽게 다가갈 수 있고 차츰 간헐적 강화로 옮겨 갈 수 있다. 이 중재의 효과를 알아보기 위해서는 중재 단계의 수치를 측정하여 기초선 단계와 비교해 보면 된다.

불쑥 말하기

어떤 학생들은 가정에서 학교로 모드 전환을 할 줄 몰라서 충동적으로 불쑥 말하는 행동을 보인다. 가정에서는 말할 것이 있을 때 손을 들어 발언권을 구할 필요가 없고, 특히 외동이거나 첫 번째 자녀일 때 더욱 그렇다. 이 아이들은 가정에서 자유롭게 자주 말하며 지내 왔고, 말을 할 때 가족의 관심을 받는 데도 익숙할 것이다. 자료를 수집하기에 앞서, 불쑥 말하는 행동을 할 가능성이 가장 높은 학생들을 등장인물로 하여 교실에서의 바른 행동이 어떤 모습인지에 대한 동영상을 만들면 좋다. 이 동영상을 통해 손을 들고 교사의 호명을 기다리는 모습이 어떻게 보이고 들리며 느껴지는지를 학생들에게 알려 주라.

학교에서의 기대행동을 이해한 것이 분명한데도 여전히 문제를 일으키는 학생이 있다면 교사는 스포츠용 계수기를 사용해서 불쑥 말을 하는 행동의 빈도를 측정한다. 클립을 컵에 넣는 방법도 좋다. 매 시간 교사는 학생이 보이는 불쑥 말하기 행동의 횟수를 표시하고 하루 일과가 끝나면 모두 합산한다. 이 숫자는 나중에 중재의 성공 여부를 결정할 때 필요한 기초선 자료를 제공해 준다. 교사는 스톱워치를 이용하여 불쑥 말하는 행동의 지속시간을 측정할 수도 있다. 그러나 불쑥 말하는 행동의 대부분은 1~2개의 단어만 외치는 형태로 나타나기 때문에 스톱워치를 사용하기가 어려울 수도 있다.

교실에서 불쑥 말하는 학생을 위한 또 다른 방법은 문제행동에 대한 이들의 주의를 다른 방향으로 돌리기 위해 손으로 만지작거릴 수 있는 작은 물건을 주는 것인데 예를 들면, 사각형 모양의 인공 잔디, 목욕탕용 매트 혹은 각 면이 2인치(5cm) 정도인 셔닐 실로 짠 카펫 조각 등이다. 손을 들고 호명되기를 기다리는 동안 학생이 다른 한 손으로 이 사각형 조각을 문지르는 데 집중하게 한다. 이렇게 주의를 환기시키는 것은 교실에서 불쑥 말하려는 욕구를 억제하게 도와줄 것이다. 더 어린 학생들에게는 자신의 손에 정답을 속삭인 후 가상의 공기방울에 정답을 숨기라고 말한다. 그런 다음 교사가 셋을 세면 모든 학생이 가상의 공기방울을 터뜨리고 동시에 정답을 외친다. 교사는 또한 특정 학생들을 지목해 그들만 공기방울을 동시에 터뜨리게 할 수도 있다.

숙제 제출의 문제

숙제 제출은 매일 발생하는 '예' 혹은 '아니요'의 문제지만, 숙제의 일부분만 완료하고 나머지는 하지 않은 채 제출하는 학생도 있다. 후자의 경우 교사는 숙제의 완성도에 대한 퍼센트를 산출할 수 있다. 이런 경우를 제외하고는 숙제는 매일매일 예, 아니요 중 하나로 바로 답할 수 있다. 교사는 주별로 학생이 숙제를 제출하지 않은 날을 기록한다. 중재를 시작하기 전 3주 정도 자료를 수집할 수도 있다. 한 학급 전체에서 발생하는 문제라면 숙제를 완료한 학생이나 완료하지 않은 학생의 비율을 주 단위로 산출하여 추이를 살펴볼 수도 있다.

당신이 숙제의 가치를 믿는다면, 숙제 완료를 돕기 위한 간단한 몇 가지 전략을 소개하겠다. 'Homeworkopoly'라는 무료게임이 있는데, 다음 웹사이트에서 다운로드할 수 있다(http://teachnet.com/manage/classroomdecor/get-work-done-by-playing-homeworkopoly). 이 게임에 참여하는 학생들은 숙제를 제출할 때마다 전진할 수 있다. 학생들은 집단 보상을 위해 게임을 할 수도 있다. 집단강화나 집단 보상도 숙제 제출과 연결하여 적용할 수 있다. 또 다른 방법으로는 커다란 가상의 축구장을 설정하고, 복도를 공유하는 각 교실을 축구공으로 생각하는 것이다. 학급의 모든 학생이 숙제를 완료하면 축구공은 5야드 전진한다. 전진을 계속하다가 터치다운을 하면 숙제 없는 날을 보상으로 받게 되고 그들의 축구공이 더 커진 상태로 다시 처음부터 시작한다.

숙제 완료를 돕기 위한 또 다른 집단차원의 노력은 전화 연락망(calling tree)을 만드는 것이다. 각 학생에게 다른 한 학생의 전화번호를 준다. 학생들이 할 일은 숙제 제출 전날 밤에 자신이 받은 번호로 전화를 해서 숙제를 다 했는지 확인하는 것이다. 어린 학생들에게 이 방법을 적용하려면 부모의 동의가 있어야 한다. 숙제를 상기시키는 사람으로 서로에게 전화하는 학생들의 노력

은 게으른 학생들이 속도를 맞추게 하는 데 도움이 된다. 학생들은 서로를 실
망시키고 싶어 하지 않으며 누군가가 약간의 도움을 필요로 할 때 서로를 도
와줄 수도 있다. 이것은 긍정적인 또래 압박(positive peer pressure)이다.

마지막으로 많은 교사는 부모님이 숙제를 대신해 주거나 학생이 틀리게 숙
제를 하거나 아예 하지 않아서 생기는 어려움에 지쳐 플립(flipped) 수업(역자
주: 역진행 수업이라고도 하며, 가정에서는 동영상으로 교사의 수업을 듣고 학교에
와서는 숙제를 하므로 전통적 수업 방식을 뒤집었다는 의미)을 한다. 플립 수업은
교사가 수업할 내용을 스스로 녹화하여 인터넷에 게시하는 것이다(Berrett,
2012). 학생들이 해야 하는 숙제는 앉아서 교사의 수업을 시청하는 것이다.
학생들은 다음 날 학교에 와서 수업 중에 숙제를 하거나 교사의 지도하에 배
운 것을 연습한다. 이러한 수업 방법의 초기 연구 결과는 긍정적이었다. 플
립 수업에 대해 더 알고 싶다면 www.flippedclassroom.com 사이트를 참고
하라.

방해가 되는 돌발행동

수업에 방해가 되는 돌발행동은 학급 전체의 학습 과정을 중단시킬 수도
있지만, 그렇다고 교사가 수업을 방해하는 모든 학생의 이름을 적어 훈육실
로 보내고 싶어 하지는 않는다. 사실 그렇게 하는 것은 학생에게 수업을 빠져
나갈 방법을 가르칠 뿐이다. 교실 수업 방해는 스포츠용 계수기나 스톱워치
로 측정할 수 있는데, 행동의 빈도나 지속시간 중 가장 중요하다고 생각되는
요소를 측정하면 된다. 방해가 되는 돌발행동은 불쑥 말하는 행동과 매우 유
사해 보이지만 그 의도가 다른데, 이 행동의 의도는 충동적으로 질문에 답하
려는 것이 아니라 수업을 방해하는 것이다. 방해가 되는 돌발행동을 보이는
학생이 노래 전 곡을 랩으로 부르거나 알파벳의 모든 글자를 트림소리로 표

현하는 등 시간이 많이 걸리는 돌발행동을 하는 것만 아니라면 스포츠용 계
수기나 클립을 컵에 넣는 방법이 가장 쉬운 행동 측정방법이다.

교사가 방해행동 발생률의 기초선을 정하고 난 후 이러한 돌발행동에 성공
적인 효과를 가져올 중재는 학생–교사 평정 기록지를 사용하는 것이다. 7장
에서 학생–교사 평정 기록지에 대해서 알아보았다. 방해가 되는 돌발행동은
불쑥 말하는 것보다 그 의도가 분명하기 때문에, 이 행동을 개선하기 위한 가
장 좋은 방법은 학생 스스로 자신의 성공을 점검하게 하는 것인데 학생–교
사 평정 기록지는 이를 가능하게 할 뿐 아니라 가정과 학교를 연결하는 추가
요소를 포함시킬 수 있다.

복장 규정 위반

복장 규정 위반은 빈도를 측정하여 명백하게 산출할 수 있다. 학생들은 복
장 규정을 지키거나 어기거나 둘 중 하나다. 팀이 우선적으로 해야 할 일은
특정 요인을 조사하는 것이다. 다음의 질문들을 생각해 보자.

- 학부모가 필요한 옷을 세탁해 주지 않거나 사 주지 않아서 학생이 복장
  규정을 위반한 것인가?
- 학생이 비행집단 소속임을 드러내야 해서 복장 규정을 위반한 것인가?
- 학생이 성인이나 또래의 관심을 받고 싶어서 복장 규정을 위반한 것인가?
- 필요한 복장을 입으면 감각상의 문제가 있어서 복장 규정을 위반한 것
  인가?

이 질문들에 대해 모두가 만족할 만한 답이 나오면, 팀은 학생이 복장 규정
을 준수하게 할 계획을 세운다. 교장이 등교하는 모든 학생을 직접 맞이하는

앨라배마주의 한 학교를 예시로 살펴보자. 학생들이 복장 규정을 준수하면 학교에 일찍 들어가서 친구들과 돌아다니며 이야기를 나눌 수 있다. 학생들이 복장 규정을 어기면 종이 울릴 때까지 교장선생님과 함께 서 있어야 한다. 교장은 서 있는 학생들끼리의 대화를 허락하지 않는다. 시간이 되면 교장은 학생들과 함께 교장실로 가서 적절한 옷(벨트, 셔츠, 바지)을 주어 입게 한다. 수업이 끝나면 학생은 교장실에 와서 빌린 옷을 반납한다. 교장은 학생들이 그와 함께 서 있기보다는 들어가서 친구들과 이야기하기를 더 좋아할 것이라고 추측했다. 그 결과, 대부분의 학생은 한 번의 규정 위반 이후 복장 규정을 지키게 되었다.

부모가 교복을 살 여유가 없어서 복장 규정을 위반하는 경우에는 많은 교회가 이러한 가정을 지원하기 위해 교복이나 교칙에 맞는 옷을 자발적으로 학교에 기부하고 있으니 이를 이용하면 된다. 수돗물이나 세탁할 여력이 없는 부모를 위해서는 대부분의 학교가 세탁기와 건조기를 갖추고 있으며 몇몇 학교는 학생들이 학교에 일찍 와서 학교 세탁 시설을 사용하도록 허가하고 있다. 이렇게 함으로써 학생은 가치 있는 생활 기술을 습득하게 되며 깨끗한 교복을 입어 체면을 세울 수 있게 된다. 교복 색깔을 정할 때 셔츠와 바지의 색을 잘 고려해야 한다. 교복에 대한 중고등학생과의 최근 인터뷰에서 학생들은 교복 자체를 싫어하지는 않지만 하얀색 셔츠와 카키색 바지만 아니면 좋겠다고 대답했다. 학생들은 특히 미술수업이나 직업훈련, 요리수업이 있을 때 흰색 셔츠를 깨끗하게 유지하는 게 얼마나 힘든지에 대해 말했다. 학생들은 스웨터 조끼와 남색 셔츠에 남색 바지를 입거나 검은색 바지에 카키색 셔츠 입기를 선호했는데, 이는 깨끗함을 유지하기가 더 쉽다고 생각하기 때문이었다.

지각

　학생이 학교에 지각하는 것은 수업에 지각하는 것과는 다르다. 학교에 지각하는 것은 ① 학습에 도움이 되지 않는 수면 패턴, ② 집을 나설 때의 혼란, ③ 시간 관리 능력 부족 등 여러 가지를 뜻할 수 있다. 지각의 원인을 알아보기 위해 부모 면담을 추천한다. Timothy Morgenthaler(2013)가 메이요 클리닉(Mayo Clinic) 웹사이트에 쓴 글에 따르면, 연령에 따라 요구되는 수면 시간은 다음과 같다.

- 영아는 하루 14~15시간의 수면이 필요하다.
- 유아는 하루 12~14시간의 수면이 필요하다.
- 학령기 아동은 하루 10~11시간의 수면이 필요하다.
- 성인은 하루 7~9시간의 수면이 필요하다.

　부모에게 자녀의 수면 시간을 계산해 보고 권장되는 시간과 비교해 보게 하라. 학생의 학교생활 성공에서 가장 중요한 요소가 바로 충분한 수면이기 때문에 자녀가 잠을 제대로 자지 못하고 있다면 충분한 수면을 확보하도록 모든 노력을 기울여야 한다. 학생이 충분한 수면을 취하고 있는데 아침에 알람을 듣고 일어나지 못해서 지각을 하는 경우에는 다음 방법이 해결책이 될 수 있다.

　클라키는 바퀴가 달린 알람시계다. 알람이 울리면 시계가 침대 옆 탁자에서 굴러 내려와 방바닥을 돌아다니기 시작한다. 아이가 몸을 일으켜 끌 때까지 알람은 멈추지 않는다. 아이가 침대에서 나오게 하는 것만으로 전투의 절반은 끝난 셈이다. 아이와 협상을 하는 것도 침대에서 나오게 하는 것을 도울 수 있다. 1저자의 아들은 엄마의 노래 소리를 매우 싫어했기 때문에 엄마가 아침에 노래를 부르면 벌떡 일어났다. 1저자는 아들에게 발이 방바닥에 닿는 순간 노래 부르기를 멈추겠다고 말했다. 이 방법은 그가 침대를 빠져나오게 하는 데 효과적이었다. 1저자의 집에는 자폐성장애를 가진 성인도 함께 살고 있었는데 가끔 아침에 일어나기 힘들어했다. 그는 보통 아침식사 메뉴를 직접 고르고 싶어서 알람시계가 울리자마자 침대에서 빠져나오곤 했다. "조금만 더 잘게요."라고 말하는 순간 그는 선택권을 잃고 1저자 부부가 선택한 아침 메뉴를 먹어야 했다. 선택권이 주어지는 것은 그에게 큰 동기부여가 되었다. 부모들은 아이들이 제시간에 일어나 등교 시간이 되면 모든 준비가 끝나 있게 하기 위해 어떤 방법이 효과적일지를 파악해야 한다.

지각의 또 다른 이유는 집을 나설 때의 혼란이다. 아이가 자신의 왼쪽 신발, 숙제, 부모가 서명한 동의서 등을 찾지 못해서 혼란이 발생할 수도 있다. 이런 상황에 대한 간단한 해결책은 그 전날 밤에 모든 것을 준비해서 문 옆에 둔 우유 상자나 다른 상자 안에 넣어 두는 것이다. 이렇게 하면 아이는 모든 물건이 어디에 있는지 알 수 있고 하루를 짜증으로 시작하지 않아도 된다. 책가방에 여행용 가방의 주소 라벨을 달아 두는 것도 훌륭한 정리정돈 전략이다. 주소 라벨의 뒷면에 학교에 가져갔다가 다시 집으로 가져올 물건 목록을 적는다. 아이는 지울 수 있는 마커를 사용하여 목록을 하나씩 지우면서 가방에 모든 것을 넣었는지 확인하면 된다. 부모가 자녀에게 이 절차를 잘 따른 것에 대해 행동 특정적 칭찬과 함께 보상을 해 주면, 아이는 대개 이러한 행동을 반복한다. 아이가 학교에 입고 갈 옷에 대해 부모와 협상하느라 등교가 늦어지는 경우에는 그 전날 밤에 옷을 고르고 미리 합의를 하면 아침에 체크무늬 하의와 물방울무늬 상의 때문에 싸우는 일은 사라질 것이다.

마지막으로 어떤 학생들은 시간을 잘 관리하지 못해 지각한다. 이러한 학생들의 경우, 부모가 ① 씻기, ② 몸치장하기, ③ 옷 갈아입기, ④ 식사하기, ⑤ 침대 정리하기, ⑥ 이 닦기, ⑦ 물건 챙겨서 나가기와 같은 아침 일과의 각 단계별로 타이머를 사용해야 한다. 부모는 평소 가장 오래 걸리는 활동을 파악하여 타이머를 이용해서 시간을 줄여 나가기 시작해야 한다. 1저자의 딸은 샤워에만 45분이 걸렸다. 1저자는 물탱크에서 온수를 끄면 딸이 적절한 시간에 샤워를 멈춘다는 것을 알게 되었다. 아이는 샤워를 짧게 끝내야 한다는 것에 화를 냈지만 이렇게 함으로써 다른 가족들이 차가운 물로 샤워를 할 가능성이 줄어들게 되었고 아이가 제시간에 집을 나서게 되었다. 아이들이 제시간에 집을 나서게 할 방법을 알아내기 위해 부모들은 함께 뭉쳐서 서로 아이디어를 공유해야 한다.

중등학교의 경우, 한 수업에서 다음 수업으로 이동할 때 발생하는 지각은 주로 다음의 이유로 발생한다. ① 시간 관리 기술이 부족해서, ② 복도에서 친구들과 어울리느라, ③ 수업을 회피하고 싶어서, ④ 이목을 끌기 위해서. 습관적으로 시간을 지키지 못하는 학생들은 타이머를 가지고 다녀야 할 수도 있다. 타이머는 학생의 노트나 책가방에 벨크로로 스톱워치를 붙이는 식으로 간단하게 설치할 수 있다. 이렇게 하면 학생들이 시간을 놓치지 않고 따라가는 데 도움이 된다. 이런 학생들은 때때로 수업과 수업 사이에 생각이 다른 행성으로 날아가서 337 교실과 12B 교실이 얼마나 멀리 있는지를 완전히 잊어버리기도 한다. 친구들과 어울리느라 발생하는 지각도 이런 식이다. 어떤 학생들은 복도에서 친구를 만나 이야기하는 것에 너무 몰두한 나머지 수업 지각이라는 심각한 결과가 초래된다는 것을 잊는다. 학생들을 재촉하기 위해 교사들이 복도에 서 있는 것은 이러한 문제에 매우 도움이 된다. 또 다른 좋은 방법은 학생들에게 다음과 같이 말하는 것이다. "월요일부터 목요일까지 지각생이 없으면 금요일의 쉬는 시간 중 한 번은 친구들과 이야기하고 복도를 돌아다닐 수 있도록 5분간의 추가 시간을 줄 거예요." 학생들은 5분의 추가시간을 얻기 위해 동기화되어 서로를 단속하게 된다. 학생들이 교실에 제시간에 와서 얻게 되는 수업시간은 학교가 주 1회 제공하는 5분보다 훨씬 크다.

학생들이 수업을 회피하고자 지각이 발생한다면, 학교는 지각이 어떻게 관리되는지 살펴볼 필요가 있다. 지각할 때마다 학생을 훈육실로 보낸다면, 학생들은 지각으로 수업을 피할 수 있게 된다. 교사가 학생의 지각을 기록만 해 두고 교실에 머물게 해서 학습이 이루어지도록 하는 편이 훨씬 낫다. 학생의 지각 횟수가 정해진 기준을 넘어갈 경우 토요일의 시간 관리 특강에 참석하여 시간에 유의하며 다음 교실로 이동하는 법, 학용품을 잘 챙기는 법, 제시간에 할 일을 마치기 위한 목표를 세우는 법을 배우게 한다. 매일 지각으로 인해 '교장과의 면담'을 기다리는 학생이 50명씩 줄지어 있었던 학교가 있었다. 교장과의 일대일 면담은 학생이 수업에 들어가는 시간을 늦춰 주었기 때문에 학생들에게는 교장과의 일대일 면담을 기다리는 시간이 강력한 강화로 작용하였다. 처음에 교장은 지각을 다루는 학교 방침에서 비롯된 교장과의 면담이 문제의 유발 요인임을 깨닫지 못했다.

학생들이 교실에 늦게 들어갈 때 또래들과 성인에게 많은 관심을 받기 때문에 지각을 한다면, 직전 수업에서 그 학생이 먼저 이동을 시작하게 하여 그 다음 수업의 도우미 역할을 하게 할 수 있다. 즉, 그 학생은 직전 수업 마침종이 울리기 1분 전에 교실을 나서서 다음 수업 시작종이 울리기 1분 전에 교실에 도착한다. 그 학생은 교사의 도우미가 되어서 다른 학생들을 위한 교재를 준비하고 교사가 유인물 배부하는 것을 돕거나 수업을 위해 스마트 보드를 켜 둔다. 이런 활동은 그 학생에게 자신이 바라는 성인과 또래의 관심을 긍정적인 방식으로 얻게 해 준다.

학교 전체에 지각이 만연하다면 교장은 다음의 방법을 시도해 볼 수 있다. 첫째, 학생들에게 노래를 추천받는다. 둘째, 적절한 노래를 다운로드한다. 셋째, 수업 간 이동 시 마지막 1분만 제외하고 나머지 시간에는 학생들의 신청곡을 교내방송으로 틀어 주겠다고 알린다. 넷째, 이동 시간의 마지막 1분은 폴카나 클래식 음악 등 교장이 선곡한 노래를 틀겠다고 알린다. 다섯째, 학생들이 지각을 최소한으로 유지한다면 이동 시간의 75%는 학생들의 신청곡을, 25%는 교장의 음악을 틀겠지만, 지각이 특정 횟수를 넘으면 반대의 비율로 음악을 튼다. 앞에서 말했던 것처럼 학생들은 수업에 지각하지 않기 위해 서로를 단속하기 시작했다. 이 방법을 적용하려면 음악을 들어 보고 나서 틀어 주어야 한다. 교내방송에 욕설이 나오지 않도록 음악을 다운로드할 때 라디오 방송 가능 버전을 선택해야 한다.

학용품 안 가져오기

학용품을 안 가져오는 문제행동은 학생을 가게로 데려가서 필요한 물품을 사 줄 수 없는 학부모의 무능력이나 의지 부족으로 발생한다. 이 때문에 우리는 학교의 칭찬 가게에서 팔 수 있는 구체물은 학용품이어야 한다고 생각한다. 학생이 학용품을 살 돈이 없다면 팀은 학생이 '참 잘했어요' 티켓을 많이 모아서 칭찬 가게가 열릴 때 모은 티켓으로 학용품을 구입하게 해 주어야 한다. 학교 상담교사도 교회나 다른 기관으로부터 기증된 학용품을 갖고 있을 수 있으므로, 학생이 필요한 물품을 구입할 돈이 없을 경우 기증된 물품을 사용하게 해 줄 수 있다.

그러나 어떤 경우에는 학용품이 없다는 것은 학생에게 정리정돈 기술이 부족함을 암시한다. 책가방에 여행가방용 주소 라벨을 달면 이 문제를 해결하는 데 도움이 될 것이다.

교사들은 교실에 여분의 교과서와 학용품을 가지고 있어야 한다. 학생이 적절한 학용품 없이 교실에 왔다는 이유로 교장실에 보내서는 안 된다. 이 방법은 교실을 빠져나가는 방법을 정확히 가르쳐 주는 셈이다. 학용품 없이 오는 학생에게 미소를 지으며 "네 물건을 가져오지 않아서 아쉽구나. 오늘은 선생님 것을 쓰도록 해."라고 말해야 한다. 학생이 수업에서 빠져나가기 위해 훈육실로 가게 되기를 바라고 학용품을 안 가져온 거라면, 곧 그 행동이 아무 소용이 없음을 알게 될 것이다.

교사들과 이런 접근법을 공유하면 때때로 교사들은 이렇게 반문한다. "우리가 학용품을 준다면 학생이 배울 수 있는 교훈은 무엇인가요?" 우리는 이렇게 대답한다. "이런 행동으로는 교실 활동을 피할 수 없음을 학생에게 지도하는 것입니다. 이런 정도의 규칙 위반으로 수업을 놓치기에는 학습이 너무 중요하니까요." 수업 중이 아니라 수업 전이나 후에 규칙 위반 행동을 다루라. 이렇게 말하는 교사들도 있다. "그렇게 하면 학생들이 책임감에 대해 배우지 못합니다." 우리의 대답은 다음과 같다. "연필을 가져 오지 않았다는 이유로 교장실에 보내져서 8학년 전체 수업을 모두 빠진다면 학생이 책임감을 가지기는 힘들 것입니다. 우리도 때때로 필요한 보고서나 필기구 없이 회의에 참석해 본 경험이 있지 않나요? 학생이 수업 이탈이라는 달콤한 간식을 공급하는 자판기 버튼을 누르게 내버려 두지 마십시오."

　　우리가 세운 계획을 실행하고 그 계획이 제대로 작동할 정도의 충분한 시간 동안 계획을 수행하면 대부분의 학생은 제시간에, 연필을 가지고, 적절한 복장으로, 충분한 수면을 취한 후 등교할 것이다. 학생이 수업에서 빠져나가지 못하게 하고 교실에서 요구하는 기대행동이 무엇인지 가르친다면 방해행동, 불쑥 말하는 행동, 숙제 제출과 관련된 문제는 줄어들 것이다. 우리의 모토는 일관성, 일관성, 또 일관성이어야 한다. 매일, 매시간, 우리는 같은 방식으로 행동을 관리해야 한다. 우리의 생각하는 바와 말하는 바는 일치해야 한다. 그래야 학생들이 교사로서 우리에게 가장 중요한 목표가 학생들의 배움이며 교사들은 학생들과 힘겨루기를 하는 데 아무 관심이 없음을 이해할 것이다.

　　우리는 중재 단계에서 자료를 수집하고 기초선 단계와 비교한다. 기초선과 비교하여 적어도 80%의 감소가 있기를 바란다. 중재를 통해 높은 수준의 측정 가능한 행동 감소가 나타났다면, 중재의 효과가 지속되는지를 확인하기 위해 월 1회 정도의 점검은 계속해야 한다. 이 점검 기간에 중재를 학생들에게서 서서히 제거하기 위한 소거 기술을 사용하고, 마지막에는 학생들이 스스로를 점검할 수 있게 한다. 우리가 자료에 근거한 결정을 하고, 자료에 근거하여 우리의 성공을 평가하는 한, 우리의 학생, 우리의 학교, 교사로서의 우리 자신은 반드시 성공할 것이다.

맺음말

이 책은 행동 개선을 위해 추가의 도움이 필요한 학생을 돕기 위한 학급 전략과 학교차원의 전략에 초점을 맞추었다. 당신의 교실과 학교를 위한 유용한 정보를 많이 발견했기를 바란다. 이 책에서 논의된 2차 지원보다 더 많은 지원을 필요로 하는 학생들을 위해서는 1저자의 또 다른 책『개별 학생을 위한 긍정적 행동지원: 심각한 문제행동을 보이는 학생을 위한 개별 중재』를 참고하기 바란다.

다음 장에는 이 책에서 소개한 중재에 사용된 서식의 예시를 제시한다.

표적집단 중재를 위한 서식 모음

보편적 선별 표(초등학교용)

학생명 \ 과목	읽기 유창성	읽기 이해	수학 연산	수학 추론	맞춤법	필기

5＝A,　4＝B,　3＝C,　2＝D,　1＝F

출처: Riffel, L. A., & Mitchiner, M. (2015). *Positive behavior support at the secondary "Targeted Group" level: Yellow zone strategies.* Thousand Oaks, CA: Corwin(www.corwin.com).

보편적 선별

학생명 ＼ 기대행동						

5＝항상 그렇다, 4＝주로 그렇다, 3＝때때로 그렇다, 2＝별로 그렇지 않다, 1＝전혀 그렇지 않다

출처: Burke et al. (2012).

교직원 질문지

보편적 중재만으로 행동이 개선되지 않는 학생에게 우리는 일반적으로 어떻게 반응하는가?

학업 영역에서	행동 영역에서

출처: Riffel, L. A., & Mitchiner, M. (2015). *Positive behavior support at the secondary "Targeted Group" level: Yellow zone strategies.* Thousand Oaks, CA: Corwin(www.corwin.com).

주 단위 자기점검지

과목명: _____   이름: _____

나의 점수

		과제	과제	과제	과제	과제
A	90~100점					
B	80~89점					
C	70~79점					
D	60~69점					
F	50~59점					
	40~49점					
	30~39점					
	20~29점					
	10~19점					
	0~9점					

각 과제별로 자신이 받은 점수가 해당되는 칸에 점수를 쓰고 그 칸을 색칠하세요. 그런 다음 계산기를 사용하여 5개 과제 각각에서 받은 점수를 합하고 그것을 5로 나누세요. 이것이 이번 주 과제에서 받은 점수의 평균입니다.

이번 주 평균 점수를 여기에 써 보세요. _____점

매주 금요일마다 이 표에 부모님 서명을 받고 월요일 등교 시 가져오세요.

출처: Riffel, L. A., & Mitchiner, M. (2015). *Positive behavior support at the secondary "Targeted Group" level: Yellow zone strategies.* Thousand Oaks, CA: Corwin(www.corwin.com).

학생–교사 평정 기록지

학생 이름: _____　　　　날짜: _____

	1교시		2교시		3교시		4교시		5교시		6교시		7교시	
	교사	학생	교사	학생	교사	학생	교사	학생	교사	학생	교사	학생	교사	학생
손과 발 가지런히 두기														
	교사	학생	교사	학생	교사	학생	교사	학생	교사	학생	교사	학생	교사	학생
다른 사람과 적정 거리 유지하기														
	교사	학생	교사	학생	교사	학생	교사	학생	교사	학생	교사	학생	교사	학생
기한 안에 과제 제출하기														
평가결과 수용하기 (교사만 평정)														
총점														

오늘의 총점: _____ (만점 84점)

오늘의 상: _____

부모님 서명: _____

67~84점을 받을 때 내일 받게 될 상: _____

58~66점을 받을 때 내일 받게 될 상: _____

50~57점을 받을 때 내일 받게 될 상: _____

49점 이하를 받을 때 내일 받게 될 상: _____

출처: Riffel, L. A., & Mitchiner, M. (2015). *Positive behavior support at the secondary "Targeted Group" level: Yellow zone strategies.* Thousand Oaks, CA: Corwin(www.corwin.com).

학생-교사 평정 기록지(학생용)

* 이 표는 학생이 계속 쓸 수 있도록 코팅해서 사용한다.

	1교시	2교시	3교시	4교시	5교시	6교시	7교시
손과 발 가지런히 두기	내 점수	내 점수	내 점수	내 점수	내 점수	내 점수	내 점수
다른 사람과 적정 거리 유지하기	내 점수	내 점수	내 점수	내 점수	내 점수	내 점수	내 점수
기한 안에 과제 제출하기	내 점수	내 점수	내 점수	내 점수	내 점수	내 점수	내 점수
선생님의 점수와 비교한 후 받은 점수의 총점							

3 = 내가 스스로 규칙을 잘 지켜서 선생님이 규칙을 알려 주실 필요가 없었음

2 = 내가 규칙을 잘 지키지 못해서 선생님이 규칙을 두세 번 알려 주셔야 했음

1 = 내가 규칙을 전혀 지키지 않아서 선생님이 규칙을 여러 번 알려 주셨음

정직하게 답하기: 선생님의 점수와 내 점수가 같아야 점수를 받을 수 있음을 잊지 말자!

출처: Riffel, L. A., & Mitchiner, M. (2015). *Positive behavior support at the secondary "Targeted Group" level: Yellow zone strategies.* Thousand Oaks, CA: Corwin(www.corwin.com).

학생-교사 평정 기록지(유아용)

* 이 표는 학생이 계속 쓸 수 있도록 코팅해서 사용한다.

	1교시	2교시	3교시	4교시	5교시	6교시	7교시
손과 발 가지런히 두기	내 점수	내 점수	내 점수	내 점수	내 점수	내 점수	내 점수
다른 사람과 적정 거리 유지하기	내 점수	내 점수	내 점수	내 점수	내 점수	내 점수	내 점수
기한 안에 과제 제출하기	내 점수	내 점수	내 점수	내 점수	내 점수	내 점수	내 점수
유아를 대신하여 교사가 총점 기록							

출처: Riffel, L. A., & Mitchiner, M. (2015). *Positive behavior support at the secondary "Targeted Group" level: Yellow zone strategies.* Thousand Oaks, CA: Corwin(www.corwin.com).

부모가 자녀에게 사용할 수 있는 무료 또는 저비용의 보상

유아 및 아동

1. 부모가 집안일을 할 때 아동이 도우미가 되어 함께 한다.
2. 친척에게 학교에서 칭찬받은 일을 자랑하는 메일을 쓰게 한다. 예를 들면, "린다 이모에게 메일을 보내서 받아쓰기 100점 받은 걸 알려 드리렴."
3. 저녁식사 때 사용할 개인용 종이 접시깔개를 아동이 장식하게 한다.
4. 저녁식사 메뉴로 정해져 있는 두 음식 중 하나를 아동이 선택하게 해 준다. 예를 들면, "타코(tacos)와 미트로프(meatloaf) 중 어느 것으로 할까?"
5. 부모의 저녁식사 준비를 돕게 한다. 예를 들면, 콩 껍질 까기, 감자 껍질 까기, 샐러드 야채로 작품 만들기, 나물로 곤충 모양 만들어 접시에 모양 내기 등
6. 저녁식사 자리에서 '별 셋 소망 하나'를 가장 먼저 발표하게 해 준다('별 셋 소망 하나'란 오늘 있었던 세 가지의 좋은 일과 좀 더 나아지기를 바라는 한 가지의 일을 뜻함).
7. 그날 저녁 가족들이 함께할 활동을 고른다. 예를 들면, 롤러스케이트 타기, 공원 산책하기, 거실 바닥에 앉아 소풍 기분 내며 저녁 먹기
8. 부모님과 집 뒷마당에서 캠핑한다.
9. 등하교 시 학교버스 대신 부모가 차를 태워 준다.
10. 부모님 사무실에 걸어 둘 사진을 액자에 끼우는 역할을 준다.
11. 저녁에 가족이 함께할 게임을 고르게 해 준다.
12. 가족과 함께 소리 내어 읽을 동화(모두가 아는 고전동화)를 고르게 해 준다.
13. 부모와 함께 양로원에서 자원봉사를 한다(양로원에 가면 엄청난 관심을

독차지하게 됨).

14. 안 쓰는 장난감을 모아 필요한 아이들에게 갖다 주는 임무를 맡긴다.

15. 장난감 대신 동물사료를 생일선물로 받고 싶다고 친구들에게 말하게 한다. 친구들에게 받은 사료를 다음날 동물 보호소에 기증하러 간다 (아이는 엄청난 관심을 받게 됨).

16. 부모님이 모래 속에 숨긴 보물을 찾는다. 플라스틱 부활절 달걀 속에 단어 조각을 숨기면 아이가 달걀을 찾아내어 그 안에 든 단어를 조합하여 보상(예: 할머니와의 산책, 공원에서 자전거 타기 등)을 알아낸다.

17. 뒷마당에서 부모와 진흙놀이를 하며 누가 가장 훌륭한 진흙파이를 만들었는지 자랑한다.

18. 모래상자에서 모양을 파낸 후 집 주변에서 주운 물건들로 안쪽 빈 공간을 꾸민다. 저렴한 석고반죽을 그 안에 붓고 마를 때까지 기다린다. 마른 후에 꺼내면 벽에 걸 수 있는 부조 장식품이 된다(마르기 전에 잊지 말고 석고 맨 위 가장자리에 종이클립을 붙여야 벽에 걸 수 있음).

19. 엄마나 아빠와 단둘이 쇼핑을 하게 해 준다. 이때 아이에게 특정 물건을 찾도록 미션을 준다. 예를 들면, "이 사진에 있는 파란 블라우스가 엄마가 찾고 있는 옷이야. 엄마를 도와서 같이 찾아줘."

20. 주말에 자녀 중 1명만 빼고 모두를 할머니 댁에 보낸다. 1명만 집에 남아 주말 동안 부모를 독차지하게 해 준다. 할머니 댁에 간 자녀들은 할머니와 할아버지의 관심과 사랑을 듬뿍 받고, 외동이 된 자녀는 부모의 관심과 사랑을 듬뿍 받는다(할머니, 할아버지가 근처에 살지 않는다면, 이웃 가정과 번갈아 가며 서로의 아이를 맡아 주는 방법을 써도 됨).

21. 인터넷에서 재미있는 요리법을 찾아 가족들 몰래 아동과 함께 요리하여 저녁식사 때 가족들을 놀라게 한다. 부엌에 '비밀의 특별요리 중'이라고 써 붙인다. 나머지 가족은 특별 통행권이 있어야 부엌에 들어올 수 있다.

22. 집에서 깜짝 보물찾기 대회를 연다. 만약 아이가 글을 읽을 줄 안다면, 다음 힌트가 있는 장소를 글자로 적어 숨긴다. 맨 마지막에 찾는 힌트에는 아이가 받게 될 큰 선물이 적혀 있다(아이가 글을 못 읽으면 그림 힌트를 사용).

23. 마이크로소프트사의 파워포인트 프로그램을 사용하여 슬라이드쇼로 볼 수 있는 이야기를 아동과 함께 만든다. 이때 아이가 이야기의 주인공이 되게 한다.

24. 뒷마당에서 디지털카메라로 아이가 이것저것 사진을 찍게 한다. 아이가 찍은 사진을 컴퓨터로 옮겨 이야기를 만든다. 사진 이야기가 완성되면 이를 출력하여 멀리 사는 친척에게 보내는 것을 도와준다.

25. 아이와 밖에 나가 나뭇잎이나 꽃을 주워 온다. 아이가 잎사귀와 꽃잎을 왁스 종이 두 장 사이에 끼우면, 부모가 다림질로 이 두 종이를 붙여서 식탁용 매트를 만든다. 저녁식사 시간에 모두의 그릇 아래 1개씩 놓는다.

26. 가족들이 돌아가며 한 부분씩 추가하여 완성하는 이야기 만들기 시간에 보상을 받을 아이가 이야기의 처음과 마지막을 만들 수 있게 해 준다.

27. 아이에게 밤에 5분 더 늦게 자거나, 아침에 5분 더 늦잠 잘 특권을 준다. 늦게 자는 쪽을 선택했다면 아이에게 책을 읽어 준다.

28. 아이의 비서가 되어 아이가 이야기를 만들면 그것을 받아쓴다. 아이를 아끼는 친척에게 이야기를 보낸다. 친척은 아이에게 전화해서 이야기가 너무 재미있다고 칭찬해 준다.

29. 아이나 아이가 좋아하는 인물이 등장하는 이야기를 만들어 준다.

30. 컴퓨터의 스크린세이버를 "우리 ○○가 최고야." 또는 자녀가 스스로에 대해 자부심을 가질 만한 글귀로 저장한다. 직장 사무실 컴퓨터에 저장해 놓고 이 사진을 찍어 보여 주거나 주말에 아이와 함께 직장 사무실을 방문하여 아이가 보게 한다.

31. 아이에게 빨래 개는 일을 돕게 하고 저녁에 특별 디저트로 보상한다. "○○가 빨래 개는 걸 도와줘서 엄마가 집안일을 빨리 끝냈어. 일을 빨리 끝냈더니 이렇게 특별 디저트 만들 시간이 생기네."라고 말해 준다.

32. 아이가 물건을 정리할 때 재미있는 기억 전략을 알려 주어 스스로 정리 정돈하게 한다. 예를 들어, 무지개 색 순서인 '빨주노초파남보'를 알려 주고 옷을 이 순서대로 걸도록 한다. 이후 아이의 옷이 순서대로 잘 걸려 있는 모습을 보면 깜짝 '무지개 선물(바른 행동을 할 때 받는 선물)'을 아이 방문에 걸어 놓는다.

33. 아이들이 학교에 간 사이에 침실요정이 와서 가장 잘 정돈된 방을 고른 것처럼 꾸민다. 가장 잘 정돈된 방문에 요정을 달아 놓고 그 방의 주인에게는 밤에 아빠의 안락의자에 앉아 책을 볼 기회를 준다(또는 각 가정 상황에 적합한 상을 고른다).

34. 비밀의 복주머니를 활용한다. 베개 커버를 복주머니로 쓰면 편리하다. 이 페이지에 열거한 여러 보상을 쪽지에 하나씩 적어 복주머니 안에 넣는다. 아이가 올바른 행동을 했을 때 복주머니에서 보상을 뽑게 한다.

35. 아이를 차에 태워 집으로 돌아올 때 아이에게 지나가고 싶은 길을 정하게 해 준다. 즉, 아이가 부모에게 "여기서 왼쪽으로 꺾어요. 이번엔 오른쪽으로……." 하는 식으로 말하는 것이다. 아이가 인도한 방향에 아이스크림 가게가 있다면, 잠깐 차를 멈추고 가족이 함께 아이스크림을 먹는 것도 나쁘지 않다.

36. 당신이 가진 액세서리를 아이가 하루 동안 지니고 착용해 볼 기회를 준다(너무 비싼 귀중품 말고, 당신에게 소중한 것처럼 보이는 것이면 됨). 아이는 하루 종일 특별한 사람이 된 기분을 느낄 것이다.

37. 자녀를 1명씩 도서관에 데려가 책을 빌리거나 동화를 읽는 등 둘만의 특별한 시간을 보낸다.

38. 자녀를 연기수업에 등록해 준다(아이의 행동에 대한 보상으로 주어져야

함). 여러 대학에서는 주말에 아동을 위한 연기수업을 무료로 제공한다.

39. 자녀를 미술관에 데려간 후 가장 마음에 들었던 작품을 그리도록 한
다. 이렇게 그린 작품을 모아 친척이 집에 왔을 때 작은 전시회를 꾸밀
수도 있다. 진짜 전시회와 비슷하게 치즈와 포도주스를 내온다.

40. 자녀를 지역 대학의 천문학 연구실에 데려간다(보통 무료다). 아이 방
천장에 아이가 가장 좋아하는 별자리로 별을 붙이는 것을 도와준다.
가능하다면 별에 야광물감을 칠하는 것도 좋다.

41. 아이와 자연을 거닐며 돌을 주워 온다. 돌 위에 동물 모양 그림 그리기
대회를 연다.

42. 아이에게 더 이상 가지고 놀지 않는 장난감을 모으도록 한다. 장난감
을 깨끗이 닦은 후, 지역 병원의 소아병동에 기부하게 한다. 아이는 많
은 관심을 얻고, 뿌듯함을 느낄 것이다.

43. 가까운 가전제품 매장에 가서 빈 냉장고 상자 하나를 얻어 온다. 자녀
가 적절한 행동을 했을 때 상으로 이 상자를 주고, 아이가 원하는 상상
의 공간으로 꾸미도록 도와준다.

44. 핼러윈 가면을 직접 만든다. 풍선 위에 종이반죽을 붙인 후 코, 뿔, 혀
등 원하는 것을 모두 만들어 붙인다. 그 위에 색칠을 하고 마를 때까지
기다리면 독특하면서도 돈이 들지 않는 핼러윈 가면이 생긴다. 이 가
면을 만드는 과정에서 당신은 아이에게 많은 관심을 주게 될 것이다.

45. 구식 팝콘 기계를 구하여 거실 바닥에 낡은 천을 깔고 팝콘 기계를 놓
은 후 안에 기름을 약간 넣는다. 아이들은 천 바깥에 앉게 하여 가까이
오지 않도록 한다. 팝콘 알맹이를 기계에 넣고 팝콘이 튀어 오르는 것
을 보여 준다. 아이들은 팝콘이 튀겨지는 장면을 정말 좋아할 것이다.
특별 서비스로 완성된 팝콘에 시나몬 설탕을 뿌려 준다.

46. 물에 잘 뜨는 가벼운 나무 조각을 구하고 고무 밴드와 종이클립으로 만
든 페달로 나아가는 작은 보트를 만든다. 멋있는 돛을 만들어 달고, 근

처 개울이나 호수에 놀러 가서 아이가 보트를 띄우고 놀도록 한다. 보트가 강에 떠내려갈 때 건져 올릴 뜰채도 가져가도록 한다. 또는 미리 보트 앞쪽에 고리를 달고 낚싯줄을 묶어 보트가 떠내려갈 때 끌어당길 수 있게 한다.

47. 낚시 갈 때 아이를 데려간다. 깊은 대화를 나눌 수 있는 좋은 기회가 될 것이다.

48. 아이와 함께 드라이브를 하며 각 알파벳으로 시작하는 물건을 찾아본다. 찾은 물건 앞에서 아이의 사진을 찍고 이후 사진들을 모아서 ABC 책을 만든다. 예를 들어, "A: 애플비스(Applebee's) 음식점 앞에서 조니" "B: 블록버스터(Blockbuster) 비디오 대여점 앞에서 조니"처럼 라벨을 붙인다.

49. 지역 동물보호협회에 연락하여 18세 미만의 아동도 동물에게 음식과 물을 주는 자원봉사가 가능한지 확인한다(일부 보호소는 18세 이상의 성인에게만 자원봉사를 허가함). 아이의 올바른 행동에 대한 보상으로 동물보호소에서 동물에게 음식과 물을 줄 기회를 준다. 또는 작은 개를 산책시키거나 고양이를 쓰다듬게 해 준다.

50. 아이를 지역 소방서에 데려간다. 소방서 직원들이 바쁘지 않다면 기꺼이 아이에게 소방서 이곳저곳을 보여 주고 큰 관심을 줄 것이다. 많은 아이가 소방차를 본 적이 있겠지만 직접 소방서에 가서 본 아이들은 많지 않을 것이다.

51. 아이와 '문지기'게임을 한다. 이 게임에 대한 설명은 www.behavior doctor.org에서 찾을 수 있다(『Stork Manual』 60쪽에 있음).

52. 아이에게 깜짝 공연을 보여 주겠다고 말한 후 튼튼한 탁자와 털모자를 준비한다. 고개를 젖혀 턱이 허공을 향하게 한 채로 탁자 위에 눕고, 입과 턱을 제외한 얼굴 전체를 털모자로 가린다. 턱에 눈 2개를 그린 후 재미있는 노래에 맞춰 립싱크를 한다. 이런 연극은 마치 작은 얼굴에

큰 입을 가진 사람이 노래 부르는 것 같아 매우 웃긴다. 이후 아이가 연극을 해 보게 한다.

53. 어둠 속에서 숨바꼭질을 한다. 집 안의 불을 다 끄고, 모두가 숨게 한다. 한 사람의 술래가 집 안 곳곳을 돌아다니며 숨어 있는 사람을 찾는다. 어둠 속 숨바꼭질은 어둠을 무서워하는 아이를 돕는 데 좋은 방법이다. 자녀가 어리다면 숨는 장소를 방 1~2개로 제한해도 좋다.

54. 아이들에게 하루 1달러(약 1,000원)씩 30일간 돈을 받고 싶은지, 첫날 1센트(약 10원)를 받고 이후부터 전날 받은 돈의 두 배를 30일간 받고 싶은지 퀴즈를 낸다. 다시 말해, 첫날은 1센트, 둘째 날은 2센트, 셋째 날은 4센트, 넷째 날은 8센트와 같은 식이다. 아이들이 선택을 마치면 어느 편이 더 나은 조건인지 계산하게 도와준다(1센트에서 시작하여 매일 전날의 두 배에 해당하는 금액을 받게 되면 30일 후 10,737,418.23달러를 받게 됨).

55. 마닐라지와 밀랍 크레용을 아이에게 주고 아이가 종이에 빈틈없이 다양한 색으로 칠하도록 한다. 줄무늬나 물결무늬 등 아이가 좋아하는 어떤 방식으로 칠해도 좋다. 이후 아이에게 색칠한 그림 전체를 검정 크레용으로 덮게 한다. 아이에게 한쪽 끝을 편 종이클립을 주고 원하는 대로 검정 크레용 위를 긁어내게 한다. 검정 크레용 아래 미리 칠해 둔 색들이 나타날 것이다. 작품을 전시하고 여러 그림을 보며 차와 쿠키를 먹는다.

56. 아이에게 미식축구공을 던지거나, 농구공을 바구니에 던지거나, 축구공을 골대 안으로 차거나, 야구공을 치거나, 골프공을 퍼팅하는 것을 가르친다. 이후 재미를 위해 반대 손이나 발로 이것들을 다시 해 본다.

57. 중고 크로케(운동) 장비를 구한다. 이베이(eBay)에서 찾을 수 있을 것이다. 장비를 마당에 설치하고 아이들끼리 크로케 경기를 하도록 한다. 우승자는 가족 저녁식사 메뉴를 고를 기회를 얻는다.

58. 식탁에 여러 개의 담요, 누비이불, 시트 등을 덮어 동굴을 만든다. 동굴 안에 들어가 손전등을 달고 석기시대 사람처럼 그림을 그려 동굴에 전시한다. 그림은 핀으로 동굴 벽에 안전하게 고정할 수 있다.

59. 가족 장기자랑 대회를 연다. 어떤 장기를 보여 줄지는 비밀로 한 후 모두의 앞에서 장기자랑을 한다.

60. 아이에게 양말 접는 법을 가르쳐 주고, 양말을 마법의 꼭두각시 인형으로 변신시킨다. 서로에게 인형극을 보여 준다.

61. 커튼봉으로 문틀에 오래된 커튼을 달아서 무대처럼 꾸민다. 아이가 무대에 입장하듯이 커튼을 통과해 들어와 장기자랑을 하게 한다.

62. 부엌 벽에 코르크 판자나 큰 액자틀을 붙이고, 아이가 만든 특별한 작품, 시, 훌륭한 과제를 게시하는 장소로 활용한다. 가족 모두가 이것을 보고 저녁에 한마디씩 칭찬하도록 한다.

63. 아이에게 감사카드, 생일카드, 명절카드를 디자인하여 장식하게 하고, 이것을 친구나 친척들에게 카드를 보낼 때 활용한다. 아이가 자신의 작품 아래 서명하도록 한다.

64. 아이에게 저렴한 디지털카메라를 사 주고 사진을 찍게 한다. 카메라를 TV에 연결시키거나, 사진 파일을 컴퓨터로 옮겨 컴퓨터를 TV에 연결시키고, 가족이 함께 모여서 팝콘을 먹으며 TV로 사진을 본다. 각자 제일 좋아하는 사진을 고르고 그 사진에 대해 이야기하는 시간을 갖는다.

65. 아이와 단둘이 데이트를 한다. 아이 1명과 단둘이 밖에서 저녁식사를 한 후 연극이나 영화를 본다.

청소년

1. 페인트 한 통은 그리 비싸지 않다. 아이에게 색을 고르게 하고 아이와 함께 그 색으로 아이의 방에 페인트칠을 한다. 다른 사람들이 잘 사 가지

않는 페인트를 사서 아이가 자기 방 벽에 벽화를 칠하게 할 수도 있다.

2. 청소년들은 학업 이외의 특별활동이 필요하다. 그러나 특별활동에는 돈이 많이 든다. 가라테 교사, 승마장 관리자, 미술교사, 운동 코치 등과 협상을 하여 차편 제공, 월 1회 청소, 도시락 등을 제공할 테니 자녀의 수업료를 할인해 달라고 부탁해 본다.

3. 청소년들은 감정 조절에 어려움을 겪는다. 인터넷에서 요가수업을 다 운받아, 가족 전체가 요가 호흡법을 연습한다. 아이에게 학교에서 긴장을 느낄 때 이 호흡법을 사용하라고 이야기한다.

4. 청소년 자녀와 계약을 맺는다. 아이가 당신과 합의한 성적을 유지하고, 불필요한 학교 결석이 없고, 바르게 행동한다면, 하루 정도 정신 건강 휴일을 허락한다. 이는 당신이 집에 있는 날, 아이도 학교를 가지 않고 쉬는 것이다. 이날에는 아이쇼핑, 낚시, 경주용 자동차 타러 가기 또는 아이가 좋아할 어떤 활동을 해도 좋다. 내가 어렸을 때 어머니도 우리 형제들에게 이런 기회를 주었는데, 나는 지금도 그 시절을 그리워한다.

5. 저녁식사 시간에 청소년 자녀에게 좋아하는 음악을 틀게 하고, 왜 이 곡을 좋아하는지 말하게 한다.

6. 오래된 흑백영화를 함께 보고 영화가 얼마나 변화했는지 함께 이야기한다. 우리 아이들이 청소년이었을 때 Jimmy Stewart가 주연한 〈하비(Harvey)〉(역자 주: 1950년대 흑백 코미디 영화)를 매우 좋아했다.

7. 부모가 이야기나 시의 전반부를 쓰고, 나머지를 청소년 자녀가 이어서 쓰게 한다. 완성된 이야기들을 책자로 만들어 본다.

8. 청소년 자녀의 글이나 미술작품을 스캔하여 제본한다(www.lulu.com에서 저렴한 가격에 제본해 줌). 특별한 저녁식사 자리에서 이 책을 아이에게 선물로 준다.

9. 아이와 친구들의 사진이나 각종 티켓 조각들로 스크랩북을 만들고, 깜짝 파티에서 스크랩북을 선물한다.

10. 1년간 거스름돈을 저금통에 모은다. 모은 돈으로 무엇을 할지 청소년 자녀에게 정하게 한다. 내가 아는 어떤 가족은 6인 가족 모두가 디즈니 랜드에 갈 돈을 모았다.

11. 청소년에게 줄 수 있는 훌륭한 선물 중 하나는 '이웃 사랑'을 가르치는 것이다. 한 달에 한 번씩 무료급식소나 양로원 같은 곳에 자원봉사를 신청하여 아이와 함께 간다.

12. 동네에서 축구나 배구 대회를 열어 형님팀-아우팀 또는 남성팀-여성 팀 대항 경기를 한다. 경기 후 바비큐 파티를 한다.

13. 특별한 경우 아이에게 좋은 차를 몰아 볼 기회를 준다.

14. 아이가 좋아하는 디저트를 깜짝 선물로 준다.

15. 자녀를 사랑하는 이유 20가지를 적어 준다. 웃기고 재미있는 사진도 곁들인다.

16. 매달 가족끼리 '이달의 인물'을 뽑아 그 가족 구성원의 포스터를 만든 다. 뽑힌 사람이 한 달 동안 금요일 저녁 메뉴를 고르게 한다.

17. 아이에게 스푼스, 카나스타, 포커 등의 카드게임을 가르쳐 준다. 가족 끼리 게임하는 날을 정해 함께 카드게임을 한다.

18. 집 안의 불을 모두 끄고, 어둠 속에서 숨바꼭질을 한다. 가장 오래 숨어 있는 사람에게 토요일 저녁에 가족이 함께 볼 영화를 고르게 한다.

19. 아이에게 인테리어를 맡기고, 집 안에 있는 물건만으로 집을 새롭게 꾸 며 보도록 한다.

20. 서로의 공간을 새롭게 꾸며 준다. 부모는 청소년 자녀의 침실을, 자녀 는 부모의 침실을 새롭게 꾸며 본다.

21. 종이 여러 장에 다양한 금액을 쓴 후 플라스틱 부활절 계란 안에 각각 넣는다. 각 플라스틱 계란에 유성펜으로 번호를 매긴다. 부모 중 1명 이 뱅커의 역할을 하며 '딜 오어 노 딜(Deal or No Deal)' 게임을 아이들 과 한다[역자 주: 미국 NBC 텔레비전 게임쇼로, 돈을 가지고 하는 심리게임

이다. 도전자는 26가지의 다른 금액이 들어 있는 철가방 중 하나를 선택한 후, 매 라운드에 무대에 있는 다른 철가방을 열어 보면서 자신의 철가방 속에 있는 금액을 유추해 간다. 라운드가 끝날 때마다 뱅커는 협상금을 제시하는데 '딜(Deal)'을 선택하면 협상금을 받고 게임이 종료되며, '노 딜(No Deal)'을 선택하면 게임이 계속된다. 게임이 끝나면 자신이 처음에 선택한 철가방을 열어 금액을 확인한다. 만약 중간에 '딜'을 선택한 경우에는 자신의 철가방 속의 금액이 협상금보다 낮은지 혹은 높은지에 따라 '굿 딜(Good Deal)'의 여부가 결정된다. 끝까지 '노 딜'을 선택한 후에는 마지막으로 남은 2개 중 하나의 철가방을 선택할 수 있으며, 선택한 철가방 속의 금액을 획득하게 된다].

22. 〈Who Wants to be a Millionaire〉 퀴즈쇼의 화면으로 꾸민 파워포인트 서식을 다운받아 자녀의 시험 준비를 돕는다. 예상 문제의 답안을 파워포인트 서식 속 퀴즈쇼 보기 항목에 (오답과 함께) 적어 넣고, 게임쇼를 진행하여 아이의 공부를 돕는다.

23. 예상 문제를 녹음하여 아이가 자기 전에 듣게 한다.

24. 아이가 큰 시험에 대비할 때 중요 내용이 담긴 플래시 카드를 만들어 준다.

25. 청소년 자녀가 공책을 잘 정리하도록 도와준다. 과목별로 색깔을 다르게 한 폴더나 시험 대비용 플래시 카드를 담을 포켓 폴더를 사용하게 한다.

26. 청소년 자녀에게 보내는 긍정적 메시지를 아이 방 여기저기, 아이가 집에서 읽는 책 속(학교에서 사용하는 책에 넣어 두면 아이가 부끄러워할 수 있음), 화장실 거울 등에 숨기거나 적어 놓는다.

27. 가족과 〈Jeopardy〉 퀴즈쇼(역자 주: 역사, 문학, 예술, 대중문화, 과학, 스포츠, 지리, 세계사 등 다양한 주제를 다루는 미국의 텔레비전 퀴즈쇼)를 함께 본다. 메모지를 나누어 주고, 퀴즈의 답을 적게 하고 점수를 매긴다. 이긴 사람이 주말에 할 가족활동을 고를 수 있다.

28. 청소년 자녀를 위해 자료검색을 한다. 예를 들어, 자녀가 그리스 신화를 배우고 있다면, 도서관에서 그리스 신화와 관련된 책들을 빌려 오거나, 적절한 자료를 인터넷에서 다운받아 준다(인터넷 자료는 부정확할 수 있으니 주의할 것).

29. 박물관, 산책, 스포츠 경기 등 자녀가 좋아할 만한 곳에 데려간다. 중요한 것은 당신이 자녀와 함께 시간을 보내는 것이다. 아이와 함께 갈 수 있는 무료 행사들은 많이 있다.

30. 청소년 자녀가 좋아하는 음악을 모아 믹스 CD를 만들어 준다. 좋아하는 음악만 모아 하나의 CD로 엮어 주면 아이가 좋아하는 노래를 들으려고 CD를 여러 장 뒤적거릴 필요가 없다.

31. 낱개로 보면 용도를 알 수 없는 물건(예: 남성용 셔츠 고정 멜빵, 장난감 스프링 등)을 가져와 용도를 맞히는 게임을 한다.

32. 가족들에게 유명한 인용구를 하나씩 찾아오게 하고 그 인용구를 유행시킨 사람을 맞히는 게임을 한다.

33. 청소년 자녀가 학교에서 돌아왔을 때 할 수 있는 깜짝 보물찾기를 준비한다. 보물이 있는 장소에 대한 힌트는 어려워야 한다. 힌트를 계속 따라가다가 최종적으로 보물을 찾으면 야구 카드 같은 작은 상을 준다.

34. 청소년 자녀를 안내견 훈련에 참여시킨다. 이를 통해 자녀는 책임감을 배우고 자부심을 갖게 된다.

35. 청소년 자녀가 멘토가 필요한 어린 아동의 큰 형/누나가 될 수 있게 연결한다. 도움이 필요한 사람에게 봉사하는 것은 스스로에게 줄 수 있는 가장 훌륭한 선물이다.

출처: Riffel, L. A., & Mitchiner, M. (2015). *Positive behavior support at the secondary "Targeted Group" level: Yellow zone strategies.* Thousand Oaks, CA: Corwin(www.corwin.com).

행동 피라미드

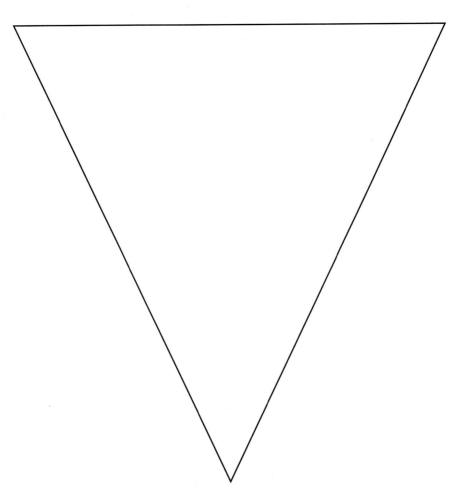

출처: Riffel, L. A., & Mitchiner, M. (2015). *Positive behavior support at the secondary "Targeted Group" level: Yellow zone strategies.* Thousand Oaks, CA: Corwin(www.corwin.com).

경쟁행동 경로 도표

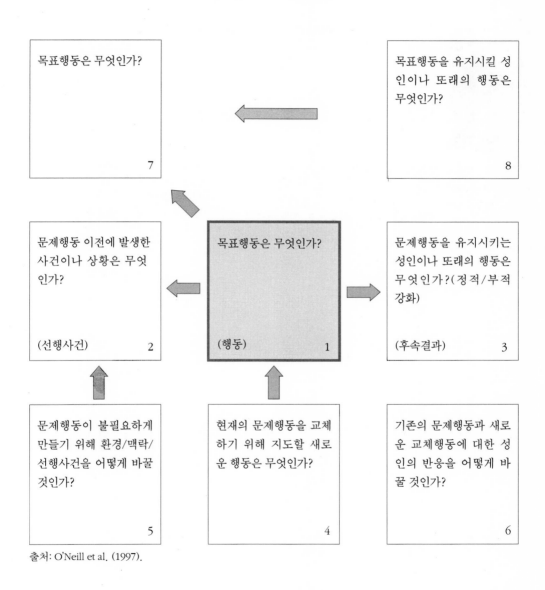

출처: O'Neill et al. (1997).

사회적 상황 분석

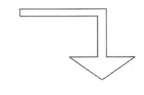

무슨 일이 일어났는가?	사회적 문제를 일으킨 나의 행동은 무엇인가?	나의 행동 때문에 어떤 결과가 발생했는가?	나 때문에 마음이 상한 사람(들)에게 어떻게 해야 할까?	앞으로 올바르게 행동하려면 어떻게 해야 할까?

출처: LaVoie (2005).

수정된 체크인 체크아웃

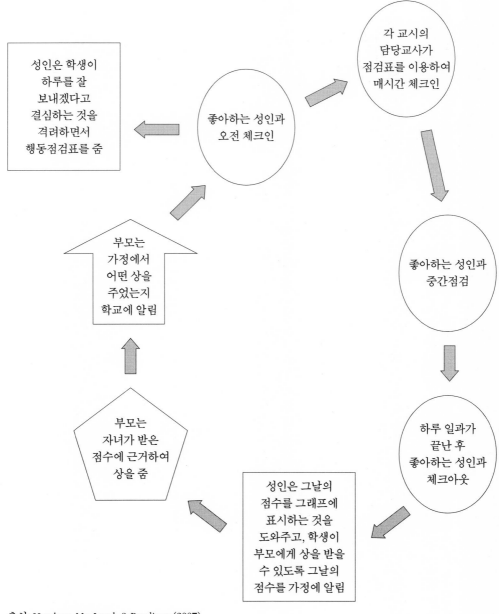

출처: Hawken, MacLeod, & Rawlings (2007).

참고문헌

Alberto, P., & Troutman, A. (2006). *Applied behavior analysis for teachers* (7th ed.). Columbus, OH: Merrill.

Algozzine, B., & Algozzine, K. (2009). Facilitating academic achievement through schoolwide positive behavior support. In W. Sailor, G. Dunlap, G. Sugai, & R. Horner (Eds.), *Handbook of positive behavior support* (pp. 521–550). New York: Springer.

Ambrose, S. A., Bridges, M. W., DiPietro, M., Lovett, M. C., & Norman, M. K. (2010). *How learning works: Seven research-based principles for smart teaching.* San Francisco, CA: Jossey-Bass.

American Civil Liberties Union & Human Rights Watch. (2009). *Impairing education: Corporal punishment of students with disabilities in U.S. public schools.* New York: Author. Retrieved from http://www.hrw.org

Anderson, A. R., Christenson, S. L., Sinclair, M. F., & Lehr, C. A. (2004). Check & Connect: The importance of relationships for promoting engagement with school. *Journal of School Psychology, 42*(2), 95–113.

Appelt, K. (2006). Become an able educator with the latest resources on learning disabilities. *Literacy Links, 10*(5).

Archer, A., & Hughes, C. (2011). *Explicit instruction: Effective and efficient teaching.* New York: Guilford Press.

Bandura, A. (1976). *Social learning theory* (1st ed.). New York: Pearson.

Barley, Z., Lauer, P., Arens, S., Apthorp, H., Englert, K., Snow, D., & Akiba, M. (2002). *Helping at risk students meet standards: A synthesis of evidencebased classroom practices.* Washington, DC: U.S. Department of Education, Office of Educational Research and Improvement.

Berrett, D. (2012). How 'flipping' the classroom can improve the traditional lecture. *The Chronicle of Higher Education.* Retrieved from http://chronicle.com/article/How–Flipping–the–Classroom/130587

Beyda, S. D., Zentall, S. S., & Ferko, D. J. K. (2002). The relationship between teacher practices and the task–appropriate and social behavior of students with behavioral disorders. *Behavioral Disorders, 27,* 236–255.

Bezdek, J. M. (2011). An examination of the validity of office disciplinary referrals (ODR) as a behavioral screener: A descriptive study. (Order No. 3454497, University of Kansas). *ProQuest Dissertations and Theses,* 113. Retrieved from http://search.proquest.com/docview/870025142?accountid=14556

Bhaerman, R., & Kopp, K. (1988). *The school's choice: Guidelines for dropout prevention at the middle and junior high school.* Columbus, OH: National Center of Research in Vocational Education.

Biffle, C. (2013). *Whole brain teaching for challenging kids.* Retrieved from http://wholebrainteaching.com

Birdsell, B. A., Ream, S. M., Seyller, B. S., & Zobott, B. S. (2009). *Motivating students by increasing student choice.* Chicago, IL: St. Xavier University, School of Education.

Bloom, B. S., Englehart, M. D., Furst, E. J., Hill, W. H., & Kraathwohl, D. R. (1956). *Taxonomy of educational objectives: The classification of educational goals.* White Plains, NY: Longman.

Boynton, M., & Boynton, C. (2005). *The educator's guide to preventing and solving discipline problems.* Alexandria, VA: Association for Supervision and Curriculum Development.

Buggey, T., Toombs, K., Gardener, P., & Cervetti, M. (1999). Using videotaped self–

modeling to train response behaviors in students with autism. *Journal of Positive Behavior Intervention, 1,* 205-214.

Burke, M., Davis, J., Lee, Y., Hagan-Burke, S., Kowk, O., & Sugai, G. (2012). Universal screening for behavioral risk in elementary schools using SWPBS expectations. *Journal of Emotional and Behavioral Disorders, 20,* 38-54.

Cameron, J., & Pierce, W. D. (2002). *Rewards and intrinsic motivation: Resolving the controversy.* Westport, CT: Bergin and Garvey.

Centers for Disease Control. (2010). *Statistics on students with ADHD.* Retrieved from http://www.cdc.gov/nchs/fastats/adhd.htm

Christenson, S. L., Sinclair, M. F., Lehr, C. A., & Hurley, C. M. (2000). Promoting successful school completion. In K. Minke & G. Bear (Eds.), *Preventing school problems-promoting school success: Strategies and programs that work* (pp. 377-420). Bethesda, MD: National Association of School Psychologists.

Christenson, S. L., Thurlow, M. L., Sinclair, M. F., Lehr, C. A., Kaibel, C. M., Reschly, ... & Pohl, A. (2008). *Check & Connect: A comprehensive student engagement intervention manual.* Minneapolis: University of Minnesota, Institute on Community Integration.

Christenson, S., Thurlow, M., Sinclair, M., Lehr, C. A., Kaibel, C. M., Reschly, ... & Pohl, A. (2010). *Check & Connect: A comprehensive student engagement intervention manual* (2nd ed.). Minneapolis: University of Minnesota Press.

Cihak, D., Kirk, E., & Boon, R. (2009). Effects of classwide positive peer "tootling" to reduce the disruptive classroom behaviors of elementary students with and without disabilities. *Journal of Behavioral Education, 18,* 267-278.

Colvin, G. (2010). *Defusing disruptive behavior in the classroom.* Thousand Oaks, CA: Corwin.

Colvin, G., Kame'enui, E. J., & Sugai, G. (1993). School-wide and classroom management: Reconceptualizing the integration and management of students with behavior problems in general education. *Education and Treatment of Children, 16,* 361-381.

참고문헌

Colvin, G., & Sugai, G. (1989). *Managing escalating behavior* (2nd ed.). Eugene, OR: Behavior Associates.

Colvin, G., Sugai, G., & Patching, B. (1993). Precorrection: An instructional approach for managing predictable problem behaviors. *Intervention in School and Clinic, 28,* 143-150.

Corwin, A. (2007). *The child connection: Simple parenting solutions* [DVD, produced by Joe Brandmeir]. San Luis Obispo, CA: Better Life Media.

Council for Children with Behavior Disorders (CCBD). (2009a). CCBD's position summary on the use of physical restraint procedures in school settings. *Behavioral Disorders, 34,* 223-234.

Council for Children with Behavior Disorders (CCBD). (2009b). *CCBD's position on the use of seclusion procedures in school settings.* Arlington, VA: Author.

Council of Parent Attorneys and Advocates. (2009). *Unsafe in the schoolhouse: Abuse of children with disabilities.* Towson, MD: Author.

Couvillon, M., Peterson, R., Ryan, J., Scheuermann, B., & Stegall, J. (2010). A review of crisis intervention programs for schools. *Teaching Exceptional Children, 42*(5), 6-17.

Crone, D. A., & Horner, R. H. (2003). *Building positive behavior support systems in schools: Functional behavioral assessment.* New York: Guilford Press.

Crone, D. A., Horner, R. H., & Hawken, L. S. (2004). *Responding to problem behavior in schools: The behavior education program.* New York: Guilford Press.

Crone, D. A., Hawken, L. S., & Horner, R. H. (2010). *Responding to problem behavior in schools: The behavior education program* (2nd ed.). New York: Guilford Press.

Crosby, S., Jolivette, K., & Patterson, D. (2006). Using precorrection to manage inappropriate academic and social behaviors. *Beyond Behavior, 16*(1), 14-17.

Curry, C. (2003). Universal design accessibility for all learners. *Educational Leadership, 61*(2), 55-60.

Dowd, T., & Tierney, J. (2005). *Teaching social skills to youth.* Boys Town, NE:

Boys Town Press.

Duhon, G., Noell, G., Witt, J., Freeland, J., Dufrene, B., & Gilbertson, D. (2011). Identifying academic skill and performance deficits: The experimental analysis of brief assessments of academic skills. In E. Shapiro (Ed.), *Academic skills problems: Direct assessment and intervention* (4th ed., p. 60). New York: Guilford Press.

Duncan, A. (2009, July 31). *Letter to chief state school officers regarding policies on physical restraint and seclusion.* Washington, DC: Secretary of Education, U.S. Department of Education.

DuPaul, G. J., & Stoner, G. (2002). Interventions for attention problems. In M. Shinn, H. M. Walker, & G. Stoner (Eds.), *Interventions for academic and behavioral problems II: Preventive and remedial approaches* (pp. 913-938). Bethesda, MD: National Association of School Psychologists.

Everett, S., Sugai, G., Fallon, L., Simonsen, B., & O'Keeffe, B. (2011). *School-wide tier II interventions: Check-in, check-out getting started workbook.* Retrieved from http://pbis.org/common/pbisresources/presentations/8APBS_Tier2_GettingStartedWorkbook.pdf

Expectation. (2011). *Definition.* Retrieved from http://dictionary.reference.com/browse/expectation

Fairbanks, S., Sugai, G., & Guardino, D. (2007). Response to intervention: Examining classroom behavior support in second grade. *Exceptional Children, 73*(3), 288-310.

Fantuzzo, J., Davis, G., & Ginsburg, M. (1995). Effects of parent involvement in isolation or in combination with peer tutoring on student self-concept and mathematics achievement. *Journal of Educational Psychology, 87,* 272-281.

Filter, K. J., McKenna, M. K., Benedict, E. A., Horner, R. H., Todd, A. W., & Watson, J. (2007). Check in/check out: A post-hoc evaluation of an efficient, secondary-level targeted intervention for reducing problem behaviors in schools. *Education and Treatment of Children, 30*(1), 69-84.

Foss-Feig, J., Tadin, D., Schauder, K., & Cascio, C. (2013). A substantial and unexpected enhancement of motion perception in autism. *Journal of Neuroscience, 33*(19), 8243-8249.

Fox, L., Dunlap, G., & Powell, D. (2002). Young children with challenging behavior: Issues and considerations for behavior support. *Journal of Positive Behavior Interventions, 4,* 208-217.

Freeman, R., Grzymala-Busse, J., Riffel, L., & Schroeder, S. (2001). Analyzing the relation between heart rate, problem behavior, and environmental events using data mining system LERS. *Journal of Intelligent Information, 21*(2), 173-181.

Gardner, H. (1999). *The disciplined mind: Beyond facts and standardized tests, the K-12 education that every child deserves.* New York: Penguin.

Gladwell, M. (2000). *The tipping point.* Boston, MA: Little, Brown.

Government Accountability Office. (2009). *Seclusions and restraints: Selected cases of death and abuse at public and private schools and treatment centers.* Washington, DC: Author.

Greenwood, C. R., Carta, J. J., & Kamps, D. M. (1990). Teacher versus peermediated instruction. In H. Foot, M. Morgan, & R. Schute (Eds.), *Children helping children.* New York: Wiley.

Greenwood, C. R., Delquadri, J., & Carta, J. J. (1988). *Classwide peer tutoring (CWPT).* Delray Beach, FL: Education Achievement Systems.

Gresham, F. M. (2004). Current status and future directions of school-based behavioral interventions. *School Psychology Review, 33*(3), 326-343.

Hall, T., Strangman, N., & Meyer, A. (2003). *Differentiated instruction and implications for universal design for learning implementation.* Wakefield, MA: National Center on Accessing the General Curriculum.

Hattie, J. (2009). *Visible learning: A synthesis of over 800 meta-analyses relating to achievement.* New York: Routledge.

Hawken, L. S. (2006). School psychologists as leaders in the implementation of a targeted intervention: The Behavior Education Program (BEP). *School*

Psychology Quarterly, 21, 91–111.

Hawken, L., Adolphson, S., MacLeod, K., & Schumann, J. (2009). Secondarytier interventions and supports. In W. Sailor, G. Dunlap, G. Sugai, & R. Horner (Eds.), *Handbook of positive behavior supports* (pp. 395–420). New York: Springer.

Hawken, L. S., & Horner, R. (2003). Evaluation of a targeted group intervention within a school-wide system of behavior support. *Journal of Behavioral Education, 12,* 225–240.

Hawken, L. S., MacLeod, S., & O'Neill, R. (2011). Effects of function of problem behavior on the responsiveness to the Behavior Education Program. *Education and Treatment of Children, 34,* 551–574.

Hawken, L., MacLeod, K., & Rawlings, L. (2007). Effects of the behavior education program (BEP) on problem behavior with elementary school students. *Journal of Positive Behavior Interventions, 9,* 94–101.

Hawken, L., Pettersson, H., Mootz, J., & Anderson, C. (2005). *The behavior education program: A check-in, check-out intervention for students at risk* (DVD). New York: Guilford Press.

Heiss, R. (2004). *Feng shui for the classroom: 101 easy to use ideas.* Chicago, IL: Zephyr Press.

Heward, W. L. (2003). Ten faulty notions about teaching and learning that hinder the effectiveness of special education. *Journal of Special Education, 36,* 186–205.

Hickson, J., Land, A., & Aikman, G. (1994). Learning style differences in middle school pupils from four ethnic backgrounds. *School Psychology,* 349–359.

Hinshaw, S. (1992). Externalizing behavior problems and academic underachievement in childhood and adolescence: Causal relationships and underlying mechanisms. *Psychological Bulletin, 111*(1), 127–155.

Hunter, M. (1994). *Enhancing teaching.* New York: Macmillan.

Jones, F. H., Jones, P., & Jones, J. L. T. (2007). *Tools for teaching: Discipline, instruction, motivation.* Santa Cruz, CA: Authors.

Kamii, C. (1991). Toward autonomy: The importance of critical thinking and choice making. *School Psychology Review, 20*, 387.

Kennedy, M., & Swain-Bradway, J. (2012, March). *Using dynamic practices to support PBIS.* Presented at the International Convention of the Association for Positive Behavior Support (APBS). Atlanta, Georgia.

Kern, L., & Clemens, N. (2007). Antecedent strategies to promote appropriate classroom behavior. *Psychology in the School, 44*(1), 65-75.

Kerr, M., & Nelson, M. (2010). *Strategies for addressing behavior problems in the classroom.* Upper Saddle River, NJ: Pearson.

Kohn, A. (2011). Well, duh!-Ten obvious truths that we shouldn't be ignoring. *American School Board Journal*, April.

Labbé, E., Schmidt, N., Babin, J., & Pharr, M. (2007). Coping with stress: The effectiveness of different types of music. *Appl Psychophysiol Biofeedback, 32*(3-4), 163-168.

LaVoie, R. (2005). *It's so much work to be your friend: Helping the child with learning disabilities find social successes.* New York: Touchstone.

Lehr, C., Sinclair, M. F., & Christenson, S. L. (2004). Addressing student engagement and truancy prevention during the elementary school years: A replication study of the Check & Connect model. *Journal of Education for Students Placed at Risk, 9*(3), 279-301.

Lewis, T. (2007). *Small group/targeted interventions.* Unpublished manuscript, OSEP Center for Positive Behavioral Interventions & Supports, University of Missouri, Columbia, Missouri. Retrieved from https://www.google.com/search?q=site%3Awww.pbis.org+lewis+2007

Lloyd, R. (2009). Most people prefer right ear for listening. *Live Science.* Retrieved from http://www.livescience.com/9679-people-prefer-earlistening.html

Lo, Y., Algozzine, B., Algozzine, K., Horner, R., & Sugai, G. (2010). Schoolwide positive behavior support. In B. Algozzine, A. Daunic, & S. Smith (Eds.), *Preventing problem behaviors: Schoolwide programs and classroom practices* (pp. 33–52). Thousand Oaks, CA: Corwin.

Long, N. (2010). Why competent persons have meltdowns working with troubled students: A personal essay. *Reclaiming Children and Youth, 18*(4), 40. Retrieved from http://www.reclaimingjournal.com

Louv, R. (2005). *Last child in the woods: Saving our children from nature-deficit disorder.* New York: Algonquin Books.

March, R. E., & Horner, R. H. (2002). Feasibility and contributions of functional behavioral assessment in schools. *Journal of Emotional and Behavioral Disorders, 10,* 158–170.

Marzoli, D., & Tommasi, L. (2009). Side biases in humans (Homo sapiens): Three ecological studies on hemispheric asymmetries. *Naturwissenschaften, 96*(9), 1099–1106.

Mathes, P., Howard, J., Allen, S., & Fuchs, S. (1998). Peer-assisted learning strategies for first-grade readers: Responding to the needs of diverse learners. *Reading Research Quarterly, 33*(1), 62–94.

Mayer, G. R., & Sulzer-Azaroff, B. (1990). Interventions for vandalism. In G. Stoner, M. K. Shinn, & H. M. Walker (Eds.), *Interventions for achievement and behavior problems* (pp. 559–580) [Monograph]. Washington, DC: National Association of School Psychologists.

McCurdy, B. L., Kunsch, C., & Reibstein, S. (2007). Secondary prevention in the urban school: Implementing the Behavior Education Program. *Preventing School Failure, 51*(3), 12–19.

McGonigal, J. (2011). *Reality is broken: Why games make us better and how they can change the world.* New York: Penguin Press.

McIntosh, K., Campbell, A., Carter, D., & Dickey, C. (2009). Differential effects of a tier two behavior intervention based on function of problem behavior. *Journal of Positive Behavior Interventions, 11*(2), 82–93.

Miller, K. A., Gunter, P. L., Venn, M. J., Hummel, J., & Wiley, L. P. (2003). Effects of curricular and materials modifications on academic performance and task engagement of three students with emotional or behavioral disorders. *Behavioral Disorder, 28,* 130-149.

Morgenthaler, T. (2013). How many hours of sleep are enough for good health? Mayo Clinic Website, *Expert Answers.* Retrieved from http://www.mayoclinic. org/healthy-living/adult-health/expert-answers/how-many-hours-of-sleep-are-enough/faq-20057898

National Disabilities Rights Network. (2009). *School is not supposed to hurt.* Washington, DC: Author.

Neitzel, J., & Busick, M. (2009). *Overview of self-management.* Chapel Hill, NC: National Professional Development Center on Autism Spectrum Disorders, Frank Porter Graham Child Development Institute, The University of North Carolina.

Newcomer, L. (2008). *Universal positive behavior support for the classroom.* Retrieved from http://www.pbis.org/common/pbisresources/publications/ PBIS_newsletter_V4I4.df

Oliver, R., & Reschly, D. (2007). *Effective classroom management: Teacher preparation and professional development* (TQ Connection Issue Paper). Washington, DC: National Comprehensive Center for Teacher Quality.

O'Neill, R., Horner, R., Albin, R., Sprague, J., Storey, K., & Newton, J. (1997). *Functional assessment and program development for problem behavior: A practical handbook* (2nd ed.). Pacific Grove, CA: Brooks.

Panitz, T., & Panitz, P. (2004). *Encouraging the use of collaborative learning in higher education.* Retrieved from http://home.capecod.net/~tpanitz/tedsarticles/ encouragingcl.htm

Patterson, G. R. (1982). *A social learning approach in family intervention: Coercive family practice* (Vol. 3). Eugene, OR: Castalia Press.

Pigott, H., Fantuzzo, J., Heggie, D., & Clement, P. (1984). A student-administered group-oriented contingency intervention: Its efficacy in a regular classroom. *Child and Family Behavior Therapy, 6,* 41-55.

Premack, D. (1965). Reinforcement theory. In M. Jones (Ed.), *Nebraska symposium on motivation*. Lincoln: University of Nebraska Press.

Procedure. (2011). *Definition*. Retrieved from http://dictionary.reference.com/browse/procedure

Riffel, L. (2011). *Positive behavior support at the tertiary level: Red zone strategies*. Thousand Oaks, CA: Corwin.

Routine. (2011). *Definition*. Retrieved from http://dictionary.reference.com/browse/routine

Rule. (2011). *Definition*. Retrieved from http://dictionary.reference.com/browse/rule

Ryan, J., Sanders, S., Katsiyannis, A, & Yell, M. (2007). Using time-out effectively in the classroom. *Teaching Exceptional Children, 26*(2), 60-67.

Sailor, W. (2009). *Making RTI work*. San Francisco, CA: Jossey-Bass.

Sailor, W., Dunlap, G., Sugai, G., & Horner, R. (Eds.). (2008). Handbook of positive behavior supports. In M. Roberts (Ed.), *Handbook of clinical child psychology*. New York: Springer.

Scholastic, Inc. (2011). *Time management for teachers*. Retrieved from http://www.scholastic.com/teachers/article/time-management

Shores, R., Gunter, P., & Jack, S. (1993). Classroom management strategies: Are they setting events for coercion? *Behavior Disorders, 18*, 92-102.

Simmons, D., Fuchs, D., Fuchs, L., Hodge, J., & Mathes, P. (1994). Importance of instructional complexity and role reciprocity to classwide peer tutoring. *Learning Disabilities Research and Practice, 9*, 203-212.

Simonsen, B., Fairbanks, S., Briesch, A., Myers, D., & Sugai, G., (2008). Evidence-based practices in classroom management: Considerations for research to practice. *Education and Treatment of Children, 31*(3), 351-380.

Sinclair, M., Christenson, S., Evelo, D., & Hurley, C. (1998). Dropout prevention for youth with disabilities: Efficacy of a sustained school engagement procedure. *Exceptional Children, 65*, 7-21.

Sinclair, M. F., Christenson, S. L., & Thurlow, M. L. (2005). Promoting school completion of urban secondary youth with emotional or behavioral disabilities. *Exceptional Children, 71*(4), 465–482.

Sinclair, M. F., & Kaibel, C. (2002). *Check & Connect program.* [Program Evaluation 2002 final summary report]. Minneapolis: University of Minnesota, College of Education and Human Development, Institute on Community Integration.

Skinner, B. F. (1953). *Science and human behavior.* New York: Macmillan.

Sprague, J., Walker, H., Golly, A., White, K., Myers, D., & Shannon, T. (2001). Translating research into effective practice: The effects of a universal staff and student intervention on indicators of discipline and school safety. *Education and Treatment of Children, 24*(4), 495–511.

Stormont, M., Lewis, T., Beckner, R., & Johnson, N. (2008). *Implementing positive behavior support systems in early childhood and elementary settings.* Thousand Oaks, CA: Corwin.

Sugai, G., & Horner, R. H. (2002). The evolution of discipline practices: Schoolwide positive behavior supports. *Child and Family Behavior Therapy, 24,* 23–50.

Sugai, G., & Horner, R. (2009). Defining and describing schoolwide positive behavior support. In W. Sailor, G. Dunlap, G. Sugai, & R. Horner (Eds.), *Handbook of positive behavior support* (pp. 307-326). New York: Springer.

Sugai, G., Horner, R., & Gresham, F. M. (2002). Behaviorally effective school environments. In M. R. Shinn, G. Stoner, & H. M. Walker (Eds.), *Interventions for academic and behavior problems: Preventive and remedial approaches* (pp. 315-350). Silver Spring, MD: National Association for School Psychologists.

Sulzer-Azaroff, B., & Mayer, G. R. (1994). *Achieving educational excellence: Behavior analysis for achieving classroom and school-wide behavior change.* San Marcos, CA: Western Image.

Thurlow, M., Christenson, S., Sinclair, M., Evelo, D., & Thornton, H. (1995). *Staying in school: Strategies for middle school students with learning & emotional disabilities.* Minneapolis: University of Minnesota, Institute on Community Integration.

Todd, A. W., Kaufman, A., Meyer, G., & Horner, R. H. (2008). The effects of a targeted intervention to reduce problem behaviors: Elementary school implementation of check in/check out. *Journal of Positive Behavioral Interventions, 10,* 46-55.

U.S. Department of Education. (2012). *What works clearinghouse.* Washington, DC: Institute of Education Sciences, National Center for Education Evaluation and Regional Assistance.

U.S. Public Health Service. (2000). *Report of the Surgeon General's conference on children's mental health: A national action agenda.* Washington, DC: Government Printing Office, U.S. Department of Health and Human Services. Retrieved from http://www.surgeongeneral.gov/topics/cmh/childreport.html

Walker, H., Colvin, G., & Ramsey, E. (1995). *Antisocial behavior in public school: Strategies and best practices.* Pacific Grove, CA: Brooks/Cole.

Walker, H., Ramsey, E., & Gresham, F. (2003). *How disruptive students escalate hostility and disorder-and how teachers can avoid it.* Washington, DC: American Federation of Teachers.

Walker, H. M., Ramsey, E., & Gresham, F. M. (2004). *Antisocial behavior in school: Evidence-based practices* (2nd ed.). Belmont, CA: Wadsworth/Thomson.

Wheeler, M., Keller, T., & Dubois, D. (2010). Social policy report: Review of three recent randomized trials of school-based mentoring. Making sense of mixed feelings. *Sharing Child & Youth Development Knowledge, 24*(3), 1-21.

Wong, H. K., & Wong, R. T. (2004). *The first days of school: How to be an effective teacher.* Mountain View, CA: Author.

찾아보기

인명

내용

저자 소개

Laura A. Riffel

현장 교사들이 교실에서 발생하는 행동문제를 개선하는 방법을 익히도록 지원하기 위해 설립된 'Behavior Doctor Seminars'의 운영자다. Riffel 박사는 미국, 아이슬란드, 호주, 뉴질랜드, 캐나다에서 수십만 명의 교사, 학교 행정가, 학교버스 운전기사, 부모, 보조교사, 상담가, 심리학자, 사회복지사를 대상으로 연수를 실시해 왔다. Riffel 박사는 30년 이상 가르치는 일에 종사해 왔으며, 대표적인 경력으로는 교실에서 학습을 방해하는 문제행동을 보이는 아동을 위한 주 차원의 프로그램 운영, 심각한 문제행동을 가진 아동을 위한 주간 프로그램 운영 등이 있다.

Melinda Mitchiner

캔자스주 로렌스시에 위치한 캔자스 대학교(University of Kansas)에서 박사학위를 받고, 현재는 유치원부터 8학년까지의 모든 학생에게 학업 및 행동지원을 제공하는 SWIFT 센터의 기술 지원 부소장으로 일하고 있다. Mitchiner 박사는 학교, 교육구 및 주 차원의 기관에서 일하면서 문제행동을 보이는 학생과 그 가족을 지원해 왔다. 또한 교사 및 여러 전문가가 긍정적 행동지원을 잘 적용할 수 있게 하기 위한 연수를 제공해 왔다.

역자 소개

박지연(Park, Jiyeon)
미국 캔자스 대학교 대학원 철학박사(특수교육 전공)
현   이화여자대학교 특수교육과 교수
     서울특별시교육청 긍정적행동지원단 단장
전   이화여자대학교 특수교육연구소 소장
     비치 장애와 가족 연구소(Beach Center on Families and Disability) 연구원

〈관심 연구 분야〉
긍정적 행동지원, 정서행동장애, 장애인 가족지원

김예리(Kim, Yeri)
이화여자대학교 대학원 특수교육학박사(정서행동장애 전공)
현   이화여자대학교 특수교육과 강사
     서울특별시교육청 긍정적행동지원단 단원
전   서부장애인종합복지관 가족상담지원팀 팀장

〈관심 연구 분야〉
긍정적 행동지원, 정서행동장애, 장애인 가족지원

표적집단을 위한 긍정적 행동지원
-문제행동의 조기 예방과 대응을 위한 표적집단 중재-

Positive Behavior Support at the Secondary "Targeted Group" Level:

Yellow Zone Strategies

2019년 1월 25일 1판 1쇄 발행
2022년 11월 25일 1판 3쇄 발행

지은이 • Laura A. Riffel · Melinda Mitchiner
옮긴이 • 박지연 · 김예리
펴낸이 • 김 진 환
펴낸곳 • (주) **학지사**

   04031 서울특별시 마포구 양화로 15길 20 마인드월드빌딩 5층
대표전화 • 02) 330-5114 팩스 • 02) 324-2345
등록번호 • 제313-2006-000265호

홈페이지 • http://www.hakjisa.co.kr
페이스북 • https://www.facebook.com/hakjisabook

ISBN 978-89-997-1722-2 93370

정가 **16,000원**

출판미디어기업 **학지사**

간호보건의학출판 **학지사메디컬** www.hakjisamd.co.kr
심리검사연구소 **인싸이트** www.inpsyt.co.kr
학술논문서비스 **뉴논문** www.newnonmun.com
원격교육연수원 **카운피아** www.counpia.com